Léon Delbos

The Student's Graduated French Reader

Léon Delbos

The Student's Graduated French Reader

ISBN/EAN: 9783337400675

Printed in Europe, USA, Canada, Australia, Japan

Cover: Foto ©Paul-Georg Meister /pixelio.de

More available books at **www.hansebooks.com**

THE STUDENT'S
GRADUATED FRENCH READER,

FOR THE

Use of Public Schools.

I.

FIRST YEAR.
ANECDOTES, TALES, HISTORICAL PIECES.

EDITED, WITH NOTES AND A COMPLETE VOCABULARY, BY

LEON DELBOS, M.A.
OF KING'S COLLEGE, LONDON.

FIFTH EDITION.

WILLIAMS AND NORGATE,
14, HENRIETTA STREET, COVENT GARDEN, LONDON;
AND 20, SOUTH FREDERICK STREET, EDINBURGH.

1880.

PREFACE.

THE Editor of this Reader has long been of opinion that the best way of inducing young students of French to take an interest in their work, is to present them with a selection of pieces combining utility with pleasure. With this object in view, he has made choice of interesting as well as instructive extracts, and he has carefully avoided giving pieces which, though interesting to students of more mature age, are exceedingly irksome to younger learners.

The Editor feels sure that this little book, if well studied, will lay a solid foundation, and lead, by easy steps, to the perusal of more difficult extracts.

The notes which have been appended will considerably smooth the path; and the Vocabulary, which has been prepared with great care, will spare young students the difficult task of finding the proper meaning of a word out of the numerous translations given in regular dictionaries.

KING'S COLLEGE, 1884.

CONTENTS.

NO.		PAGE
1.	Riposte de Crillon	1
2.	Bon jeu de mots	1
3.	Sans chapeau	1
4.	Le jardinier à l'ombre	2
5.	Frédéric le Grand	2
6.	Réponse d'un Écolier	2
7.	L'opération inutile	3
8.	La servante et le cadran solaire	3
9.	Le déserteur et Frédéric le Grand	3
10.	Une jambe de bois	4
11.	Louis XIV et le courtisan	4
12.	Voir et croire	4
13.	Joseph II	5
14.	Nour-Eddyn le Juste	5
15.	Moyen ingénieux de retrouver un objet volé	6
16.	Le poète Ibycus et les grues	6
17.	Ignorance d'un marquis	6
18.	Une tête précieuse et une tête sans valeur	7
19.	Le cocher de fiacre trompeur et trompé	7
20.	La préposition "avec"	8
21.	Le bouffon et son maître	8
22.	Turenne et le valet	9
23.	Louis XI et l'astrologue	9
24.	Le comte d'Alets et le lieutenant du roi	10
25.	Le cocher de Frédéric le Grand	10
26.	L'espagnol et ses titres	11
27.	Le maréchal Lefebvre	11
28.	L'évêque au bal	12
29.	Le porte-monnaie	12
30.	Pierre le Grand à Saardam	13
31.	Grotius sauvé par son épouse	14
32.	Destruction de la bibliothèque d'Alexandrie	15
33.	L'incendie de Londres	15
34.	Le voleur volé	16
35.	Leçon de libéralité	17
36.	Façon singulière d'affirmer	17
37.	La tabatière d'or	18
38.	Modestie honorable	19
39.	Menzikoff	20
40.	Cambronne	22
41.	Drouot	23
42.	Justice de la république de Venise	24
43.	L'académie silencieuse, ou les emblèmes (L'abbé Blanchet)	25
44.	Le chevalier d'Assas	27

Contents.

NO.		PAGE
45.	Le pilote Boussard	28
46.	L'horloger Monnot	29
47.	Régulus	30
48.	Fidélité d'un chien	31
49.	L'officier des gardes suisses sauvé par un domestique	33
50.	Le phare	34
51	Le trône d'or	36
52	L'œuf de Christophe Colomb	38
53	Histoire d'un revenant	38
54	L'enfant retrouvé	40
55.	L'ordre et l'économie	43
56.	Les cheveux blancs de Lemierre	44
57.	La fête de Noël en France (J. Baumgarten)	47
58.	César	49
59.	Une peur (Madame de Genlis)	51
60.	Une singulière méprise (De Ségur)	53
61.	Solon et Crésus	55
62.	Le marchand de cidre et le maçon	58
63.	Le service intéressé (Berquin)	60
64.	Maître chat, ou le chat botté (C. Perrault)	64
65.	Le billet mystérieux	69
66.	Combat d'un gladiateur contre un tigre (A. Guiraud)	71
67.	Une journée de l'enfance de Mozart (Eugénie Foa)	74
68.	L'alliance amicale de la richesse et de la pauvreté (E. Souvestre)	78
69.	La patte de dindon (E. Legouvé)	83
70.	Cook	86
71.	Alexandre le Grand (V. Duruy)	89
	Enfance d'Alexandre	89
	Destruction de Thèbes	90
	Alexandre généralissime de la Grèce	91
	Victoire du Granique	91
	Conquête de l'Asie Mineure	91
	Le nœud gordien	91
	Le médecin Philippe	91
	Victoire d'Issus; conquête de la Syrie et de l'Égypte	92
	Victoire d'Arbèles	92
	Occupation des capitales de Perse	92
	Mort de Darius	93
	Campagnes au nord de l'empire	93
	Mort de Clitus et de Philotas	94
	Campagnes dans l'Inde	95
	Danger que court Alexandre chez les Malliens	95
	Retour à Babylone; navigation de Néarque	96
	Étendue de l'empire d'Alexandre	96
	Sagesse de sa politique	96
	Mort d'Alexandre	96
72.	La vie de Benjamin Franklin (Mignet et Triqueti)	97
	BIOGRAPHICAL AND GEOGRAPHICAL VOCABULARY	102
	FRENCH AND ENGLISH VOCABULARY	107

FIRST FRENCH READER.

1. RIPOSTE DE CRILLON.

Henri IV était au milieu¹ d'étrangers² qui se trouvaient³ à sa cour. Il voit venir Crillon.⁴ " Messieurs," dit-il, "voilà l'homme le plus brave de mon royaume." " Vous en avez menti,⁵ Sire, c'est vous," répondit celui-ci.⁶

2. BON JEU DE MOTS.

Un prisonnier de la Bastille¹ vit² entrer dans sa chambre un grand³ homme maigre qui lui causa quelque frayeur. " Qui êtes-vous, monsieur?" dit-il. " Je suis le barbier de la Bastille." " Parbleu,⁴ vous auriez dû⁵ la raser."⁶

3. SANS CHAPEAU.

Un évêque¹ ayant été inutilement² à Rome chercher³ un chapeau de Cardinal en était revenu⁴ fort enrhumé ;⁵ quelqu'un⁶ dit⁷ qu'il ne fallait pas s'en étonner,⁸ puisqu'il était venu⁹ de si loin¹⁰ sans chapeau.

---

1. ¹ *au milieu*, in the midst. ² foreigners. ³ *se trouvaient = qui étaient*. ⁴ *il voit venir Crillon = il voit Crillon venir; voit* from *voir*, to see; *venir*, use the present participle, 'coming.' ⁵ *Vous en avez menti*, from *en avoir menti*, you have told a falsehood. ⁶ *celui-ci = Crillon*, the latter.

2. ¹ *la Bastille*, a famous state prison of France. ² *vit* from *voir*, saw. ³ tall. ⁴ Zounds! ⁵ *vous auriez dû*, you should have. ⁶ *raser*, to raze; *raser*, in French, means 'to shave,' and also 'to raze,' 'to demolish.'

3. ¹ bishop. ² uselessly. ³ to seek. ⁴ *en était revenu*, had come back. ⁵ *fort enrhumé*, with a bad cold; *être enrhumé*, to have a cold; *s'enrhumer*, to catch cold. ⁶ somebody. ⁷ from *dire*, to say. ⁸ *qu'il ne fallait pas s'en étonner*, that one must not be astonished at it. ⁹ *venu* from *venir*. ¹⁰ *de si loin*, so far.

B

4. LE JARDINIER À L'OMBRE.

Un garçon jardinier[1] s'était endormi[2] sous des arbres fruitiers.[3] "Malheureux,"[4] lui crie son maître en l'éveillant,[5] "n'es-tu pas honteux[6] de dormir au lieu de[7] travailler? Va,[8] lâche,[9] tu n'es pas digne[10] que le soleil t'éclaire."[11] "Monsieur, c'est pour cela que[12] je m'étais mis à l'ombre."[13]

5. FRÉDÉRIC LE GRAND.

Un jour, Frédéric le Grand vit,[1] de sa fenêtre, une quantité de monde[2] qui lisait[3] une affiche.[4] "Va[5] voir ce que c'est,"[6] dit-il à un de ses pages. Celui-ci revint[7] lui dire que c'était un écrit satirique contre sa personne.[8] "Il est[9] trop haut," dit-il, "va le détacher,[10] et mets-le[11] plus bas, afin qu'on puisse mieux le lire."[12]

6. RÉPONSE D'UN ÉCOLIER.

Un professeur de rhétorique lisait un jour à ses élèves l'oraison funèbre[1] de Turenne par Fléchier. Frappé de la beauté de la composition et de la force des expressions, l'un d'eux dit[2] ironiquement à un de ses camarades,[3] "Quand serez-vous capable[4] d'en faire autant?"[5] "Quand vous serez[6] Turenne," répliqua l'autre.

---

4. [1] *garçon jardinier*, gardener's assistant. [2] *s'était endormi*, had fallen asleep. [3] *arbres fruitiers*, fruit trees. [4] wretch. [5] *en l'éveillant*, waking him. [6] *n'es-tu pas honteux*, are you not ashamed. [7] *au lieu de*, instead of. [8] from *aller*. [9] lazy fellow. [10] worthy. [11] should give you light, or should shine upon you. [12] *c'est pour cela que*, that is the reason why. [13] *je m'étais mis à l'ombre*, I had put myself in the shade.

5. [1] from *voir*. [2] people. [3] were reading; from *lire*. [4] a placard. [5] from *aller*. [6] *ce que c'est*, what it is. [7] came back; from *revenir*. [8] *sa personne*, him. [9] *il est*, it is; *il* refers to *écrit*. [10] to unfasten. [11] put it; from *mettre*. [12] *afin qu'on puisse mieux le lire*, in order that they may be better able to read it.

6. [1] *l'oraison funèbre*, the funeral oration. [2] from *dire*, to say. [3] schoolfellows. [4] *serez-vous capable;* from *être capable*, to be able. [5] *d'en faire autant*, to do as much. [6] The future in French is translated by the present in English after conjunctions of time like *quand*, *aussitôt que*, &c.

7. L'OPÉRATION INUTILE.

Un officier ayant[1] reçu une balle dans la cuisse, fut transporté à son domicile où les médecins[2] furent appelés.[3] Pendant longtemps[4] ils ne firent que[5] sonder[6] et chercher. L'officier, qui souffrait beaucoup, leur demanda ce qu'ils cherchaient.[7] "Nous cherchons la balle qui vous a blessé,"[8] lui répondirent-ils. "Mille bombes!" s'écria l'officier, "il fallait donc le dire plus tôt;[9] je l'ai[10] dans ma poche."[11]

8. LA SERVANTE ET LE CADRAN SOLAIRE.

"Catherine," disait une dame à sa servante, "la pendule[1] du salon[2] est arrêtée; allez au jardin voir l'heure[3] au cadran solaire."[4] "Mais votre montre,[5] madame?" "Depuis hier, elle[6] est chez l'horloger;[7] allez vite."[8] "J'y vais,[9] madame." Cinq minutes après, Catherine rentre, portant[10] le cadran solaire dans son tablier.[11] "Ma foi,[12] madame," dit-elle, "je ne connais rien à ces machines-là;[13] regardez vous-même."[14]

9. LE DÉSERTEUR ET FRÉDÉRIC LE GRAND.

Au milieu de la grande crise de la guerre de sept ans, un des soldats de Frédéric le Grand déserte;[1] il est pris[2] et on le lui amène.[3] "Pourquoi m'as-tu quitté?" lui demande Frédéric. "Ma foi, Sire," répond le déserteur, "vos affaires sont si mauvaises[4] que j'ai pensé qu'il fallait les abandonner."[5]

---

7. [1] from *avoir*. [2] physicians. [3] *furent appelés*, were summoned. [4] *pendant longtemps*, for a long time. [5] *ils ne firent que*, they did nothing but. [6] to probe. [7] *ce qu'ils cherchaient*, what they were looking for. [8] *blessé*, from *blesser*, to wound. [9] *il fallait donc le dire plus tôt*, you should have said so sooner. [10] *l'* refers to *balle*. [11] pocket.

8. [1] *pendule*, when feminine, a clock; when masculine, a pendulum. [2] drawing-room. [3] *voir l'heure*, to see the time. [4] *cadran solaire*, sun-dial. [5] *mais votre montre = mais vous avez votre montre*. [6] *elle* refers to *montre*. [7] *chez l'horloger*, at the watchmaker's. [8] quickly. [9] *j'y vais*, I am going (there). [10] carrying. [11] apron. [12] *ma foi*, upon my word. [13] *je ne connais rien à ces machines-là*, I do not understand these things; word for word, I do not know anything to those machines. [14] *regardez vous-même*, look for yourself.

9. [1] Note that the verbs are mostly in the present tense. The present in French gives more vivacity to the phrase. [2] from *prendre*. [3] *on le lui amène*, he is brought before him. [4] *vos affaires sont si mauvaises*, your affairs are in such a bad state; word for word, are so bad. [5] *qu'il*

" Eh bien ! reste encore jusqu'à demain⁶ (c'étai: le jour d'une bataille), et si elles ne sont pas meilleures, nous déserterons ensemble."

10. UNE JAMBE DE BOIS.

Un officier de la marine¹ anglaise, ayant eu une jambe emportée² dans une bataille navale, s'en fit faire une autre de bois,³ très artistement construite et imitant parfaitement celle⁴ qu'il avait perdue.⁵ Quelque temps après,⁶ dans un nouveau combat, un boulet⁷ lui fracassa⁸ cette jambe. Ceux qui étaient autour de lui se mirent à crier :⁹ "Vite, faites venir le chirurgien."¹⁰ "Non, mes amis," leur dit-il tranquillement, "faites venir le charpentier."

11. LOUIS XIV ET LE COURTISAN.

Louis XIV dit un jour à un de ses courtisans,¹ "Savez²-vous l'espagnol?" "Non, Sire," répondit le courtisan, "mais je l'apprendrai."³ "Cela est fâcheux,"⁴ dit le roi, "car⁵ j'avais dessein⁶ de vous nommer⁷ ambassadeur à la cour d'Espagne." Trois mois⁸ après, il dit à Louis XIV : "Sire, je sais à présent⁹ l'espagnol." "Bon," reprit¹⁰ le roi ; "en ce cas, vous pouvez¹¹ lire Don Quichotte¹² dans l'original."

12. VOIR ET CROIRE.

L'abbé Reignier, secrétaire de l'Académie française, faisait¹ un jour dans son chapeau la collecte² d'une pistole auprès de³ chacun de ses⁴ membres pour défrayer les dépenses constantes. L'abbé, qui ne s'était pas aperçu⁵ que le président, homme connu⁶ pour son avarice, avait déposé sa pistole,

---

fallait les abandonner, that they should be abandoned. ⁶ *jusqu'à demain*, until to-morrow.

10. ¹ navy.   ² carried off.   ³ *s'en fit faire une autre de bois*, had another one made of wood.   ⁴ the one; that is, the leg.   ⁵ from *perdre*.   ⁶ *quelque temps après*, some time after.   ⁷ cannon-ball.   ⁸ shattered.   ⁹ *se mirent à crier*, began to call out.   ¹⁰ *faites venir le chirurgien*, send the surgeon; word for word, make the surgeon come.

11. ¹ courtier.   ² from *savoir*.   ³ from *apprendre*.   ⁴ *cela est fâcheux*, that is a pity.   ⁵ for.   ⁶ *j'avais dessein*, I purposed; from *avoir dessein*.   ⁷ to appoint.   ⁸ months.   ⁹ *à présent*, now.   ¹⁰ from *reprendre*.   ¹¹ from *pouvoir*.   ¹² Don Quixote.

12. ¹ from *faire*.   ² collection.   ³ *auprès de*, from.   ⁴ refers to *académie*.   ⁵ *qui ne s'était pas aperçu*, who had not perceived.   ⁶ from

lui tendit⁷ une seconde fois son chapeau. "J'ai déjà donné," dit le président. "Je le crois,"⁸ répondit l'abbé, "mais je ne l'ai pas vu."⁹ "Eh bien ! moi," remarqua Fontenelle qui était assis¹⁰ à côté de lui,¹¹ "je l'ai vu, mais je ne l'ai pas cru."

13. JOSEPH II.

Un officier se présenta devant l'empereur Joseph II et implora des secours¹ nécessaires à la subsistance² de sa femme et de sa fille malade. "Je n'ai que³ 24 souverains d'or," lui dit l'empereur, "s'ils vous suffisent,⁴ les voilà."⁵ "C'est trop," reprit sur-le-champ⁶ un courtisan ; "ce serait assez de 24 ducats."⁷ "Les avez-vous?"⁸ demanda l'empereur. L'officieux⁹ courtisan s'empressa¹⁰ de les tirer¹¹ de sa bourse, et de les présenter au monarque, qui les prit les joignit¹² aux 24 souverains; et dit à l'officier : "Remerciez monsieur¹³ qui contribue avec moi à votre soulagement."¹⁴

14. NOUR-EDDYN LE JUSTE.

Nour-Eddyn, sultan de Syrie et d'Égypte, surnommé le Juste, étant un jour à la chasse,¹ voulut² manger du gibier qu'il avait tué. Mais, comme il n'avait pas de sel, il en envoya chercher³ au village le plus voisin,⁴ en défendant, sous les peines⁵ les plus sévères, de le prendre sans payer. "Quel mal arriverait-il,"⁶ dit⁷ un des courtisans, "si l'on ne payait pas une pincée de sel?" "Si un roi," répondit Nour-Eddyn, "cueille⁸ une pomme dans le jardin de ses sujets, le lendemain,⁹ les courtisans couperont l'arbre."

---

connaître. ⁷ *lui tendit*, held out to him ; *tendit*, from *tendre*. ⁸ from *croire*. ⁹ from *voir*. ¹⁰ from *s'asseoir*. ¹¹ *à côté de lui*, by his side or near him.

13. ¹ assistance. ² sustenance or maintenance. ³ *je n'ai que*, I have but. ⁴ from *suffir*. ⁵ *les voilà*, here they are. ⁶ at once. ⁷ *ce serait assez de 24 ducats*, 24 ducats would be enough; note the construction. ⁸ *les avez-vous?* have you got them (the 24 ducats)? ⁹ obliging. ¹⁰ hastened. ¹¹ *de les tirer*, to pull them out. ¹² *les joignit*, added them; *joignit* from *joindre*. ¹³ *remerciez monsieur*, thank this gentleman. ¹⁴ relief.

14. ¹ *être à la chasse*, to be hunting, or shooting. ² from *vouloir*. ³ *il en envoya chercher*, he sent for some. ⁴ *le plus voisin*, the nearest. ⁵ penalties. ⁶ would come of it. ⁷ from *dire*. ⁸ from *cueillir*. ⁹ *le lendemain*, the day after, or the next day.

First French Reader.

15. MOYEN INGÉNIEUX DE RETROUVER UN OBJET VOLÉ.

Alphonse, roi d'Aragon, alla[1] chez un joaillier avec plusieurs courtisans. Il fit[2] des achats.[3] A sa sortie[4] de la boutique, le marchand[5] courut[6] après lui et se plaignit[7] du vol[8] d'un diamant de grand prix. Le roi rentra chez le marchand[9] avec toute sa suite et se fit apporter[10] un vase plein de son.[11] Il ordonna[12] que chacun de ses courtisans y mît[13] la main fermée et la retirât tout ouverte[14] Il commença le premier. La cérémonie faite, il fit vider le vase[15] sur le comptoir[16] du bijoutier, et le diamant fut retrouvé.

16. LE POÈTE IBYCUS ET LES GRUES

Le poète grec Ibycus, passant par[1] une forêt, fut assassiné par des voleurs. On dit[2] qu'en mourant[3] il aperçut[4] une troupe de grues, qui volaient[5] sur sa tête, et qu'il les prit[6] à témoins[7] du crime de ses meurtriers. Quelque temps après, un de ces scélérats ayant vu voler[8] des grues sur la place,[9] dit à ses compagnons : " Voilà les témoins de la mort d'Ibycus." Les magistrats, avertis[10] de ces paroles, les firent arrêter[11] comme suspects[12] et mettre à la question.[13] Après avoir confessé le meurtre, ils furent exécutés.

17. IGNORANCE D'UN MARQUIS.

Un jeune marquis, aussi[1] ignorant qu'[2]il était présomptueux, alla[3] un jour chercher quelques dames pour les mener[4] à l'observatoire de Paris, où devait se faire l'observation d'une

---

15. [1] from *aller*. [2] from *faire*. [3] purchases. [4] *à sa sortie*, on his leaving. [5] tradesman. [6] from *courir*. [7] *se plaignit*, from *se plaindre*. [8] theft. [9] *chez le marchand*, the tradesman's shop. [10] *se fit apporter*, and caused to be brought, or, and had brought. [11] bran. [12] commanded. [13] from *mettre*. [14] *tout ouverte*, quite open. [15] *il fit vider le vase*, he had the vase emptied. [16] counter.

16. [1] through. [2] *on dit*, it is said. [3] from *mourir*. [4] from *apercevoir*. [5] were flying. [6] from *prendre*. [7] witness. [8] & [7] *prendre à témoin*, to call to witness. [8] to fly. [9] square. [10] from *avertir*. [11] *les firent arrêter*, had them arrested. [12] suspicious persons. [13] *mettre à la question*, put to the rack.

17. [1] as. [2] as. [3] from *aller*. [4] *pour les mener*, to take them.

éclipse de soleil.⁵ Mais comme les dames s'étaient un peu trop arrêtées à leur toilette, l'éclipse était passée lorsqu'il se présenta à la porte. On lui annonça⁶ qu'il était venu⁷ trop tard, et que tout était fini. Comme les dames en témoignaient⁸ du regret : "Montons⁹ toujours,¹⁰ mesdames," leur dit-il ; "ces messieurs sont de mes amis ;¹¹ ils auront la complaisance de recommencer."

18. UNE TÊTE PRÉCIEUSE ET UNE TÊTE SANS VALEUR.

Sous le règne du dernier roi de Pologne, une révolte éclata, tout-a-coup¹ contre lui, et ce ne fut pas une petite affaire. Un des rebelles, un prince polonais,² alla jusqu'³ à mettre la tête du roi à prix,⁴ pour 20,000 florins. Ce n'est pas tout : il eut encore l'audace de l'écrire lui-même au roi. Mais le roi se contenta de⁵ lui répondre avec le plus grand sang-froid :⁶ "J'ai reçu et lu votre lettre. J'ai vu, avec un certain plaisir, que ma tête a encore quelque valeur à vos yeux ;⁷ mais je dois avouer⁸ que je ne donnerais pas un liard⁹ de la vôtre."

19. LE COCHER DE FIACRE TROMPEUR ET TROMPÉ.

Un jour il pleuvait¹ à torrents² à Londres. Un riche marchand qui sortait³ de la Bourse,⁴ aperçoit⁵ un fiacre,⁶ y monte et se fait conduire⁷ dans un quartier très éloigné.⁸ En route,⁹ le marchand remarque qu'il a oublié de prendre son porte-monnaie. Comment faire ? Arrivé devant la maison où il allait, il descendit et dit au cocher : "Ayez la complai-

---

⁵ *où devait se faire l'observation d'une éclipse de soleil;* translate as if you had *où l'observation d'une éclipse de soleil devait se faire;—devait se faire,* was to be made. ⁶ *on lui annonça,* he was told. ⁷ from *venir.* ⁸ showed. ⁹ let us go upstairs. ¹⁰ all the same. ¹¹ *sont de mes amis,* are friends of mine.

18. ¹ suddenly. ² Polish. ³ *alla jusqu',* went so far. ⁴ *à mettre la tête du roi à prix,* to set a price on the king's head. ⁵ *se contenta de,* contented himself with. ⁶ coolness. ⁷ *à vos yeux,* in your eyes. ⁸ *je dois avouer,* I must confess. ⁹ farthing.

19. ¹ from *pleuvoir.* ² *à torrents,* in torrents. ³ from *sortir.* ⁴ *la Bourse,* the Exchange. ⁵ from *apercevoir.* ⁶ hackney carriage. ⁷ *se faire conduire,* to be driven. ⁸ *très éloigné,* very distant. ⁹ *en*

sance de me passer une allumette.[10] J'ai laissé tomber[11] un souverain dans la voiture." Aussitôt[12] le cocher donne un vigoureux coup de fouet[13] à son cheval et disparait bientôt au bout de la rue.

20. LA PRÉPOSITION "AVEC."

Dans la plupart[1] des magasins,[2] les commis,[3] après avoir[4] vendu[5] un article, s'empressent[6] de demander à l'acheteur[7] s'il n'a pas besoin d'autre chose.[8] La formule qu'on emploie[9] à Paris à cet effet est : " Et avec ça,[10] monsieur ou madame ?" Un jour, un peintre renommé, qui était connu pour sa brusquerie,[11] entra dans un grand magasin pour faire quelques emplettes.[12] La répétition continuelle de cette phrase finit par l'impatienter.[13] Il venait d'acheter[14] un mouchoir. " Et avec ça, monsieur ?" lui demande le commis avec un sourire[15] des plus aimables. " Avec ça, je me moucherai,[16] imbécile."[17]

21. LE BOUFFON ET SON MAÎTRE.

Un bouffon avait offensé son souverain d'une manière très grave. Le monarque le fit amener devant lui[1] et, prenant[2] le ton de la colère, lui reprocha son crime en ces termes : "Malheureux ! tu vas[3] être puni, prépare-toi à la mort." Le coupable, effrayé, se prosterna jusqu'à terre et demanda grâce[4] en pleurant. "Je t'accorde une seule grâce," dit le prince,

---

route, on the way. [10] *ayez la complaisance de me passer une allumette*, oblige me with a match; word for word, have the kindness to pass me a match. [11] *j'ai laissé tomber*, I have dropped; *laisser tomber*, to drop. [12] at once. [13] *coup de fouet*, a lash.

20. [1] *dans la plupart*, in most. [2] shops. [3] shopmen. [4] the present participle must be used. [5] from *vendre*. [6] hasten. [7] customer. [8] *s'il n'a pas besoin d'autre chose*, if he does not want anything else. [9] *qu'on emploie*, which is employed. [10] *ça* for *cela*, that. [11] abruptness. [12] *faire quelques emplettes*, to make a few purchases. [13] to put out of patience. [14] *il venait d'acheter*, he had just bought. [15] smile. [16] *je me moucherai*, I shall blow my nose; *se moucher*, to blow one's nose. [17] fool, stupid.

21. [1] *le fit amener devant lui*, had him brought before him. [2] from *prendre*, has here the sense of 'assuming.' [3] from *aller*. [4] pardon.

"je te laisse la liberté de choisir⁵ le genre de mort qui sera de ton goût.⁶ Décide promptement ; je veux⁷ être obéi." Le bouffon répondit : "Puisque vous me laissez le choix, je demande à mourir de vieillesse." Cette réponse spirituelle⁸ fit⁹ rire le monarque, qui lui accorda sa grâce.

22. TURENNE ET LE VALET.

Un jour d'été¹ qu'il faisait² fort chaud,³ Turenne, en petite veste blanche et en bonnet,⁴ était à la fenêtre de son antichambre. Un de ses gens⁵ survient⁶ et, trompé par l'habillement, le prend pour un aide de cuisine⁷ avec lequel ce domestique était familier. Il s'approche doucement par derrière⁸ et, d'une main qui n'était pas légère, applique un grand coup.⁹ L'homme frappé se retourne à l'instant. Le valet voit,¹⁰ en frémissant, le visage de son maître. Il se jette à ses genoux tout éperdu : "Monseigneur,¹¹ j'ai cru¹² que c'était Georges." "Et quand c'eût été Georges,"¹³ s'écria Turenne, "il ne fallait pas¹⁴ frapper si fort."¹⁵

23. LOUIS XI ET L'ASTROLOGUE.

Louis XI étant fâché¹ contre un astrologue, le fit venir² chez lui³ et commanda à ses gens⁴ de le jeter par la fenêtre⁵ à un signal qu'il leur donnerait. Aussitôt que le roi l'aperçut, il lui dit : "Toi qui prétends être un si habile homme,⁶ apprends-moi⁷ ton sort et dis-moi combien de temps⁸ tu as à vivre." L'astrologue instruit⁹ des projets du roi, ou les

---

⁵ *de choisir*, use the present participle. ⁶ *qui sera de ton goût*, which will be to your taste. ⁷ from *vouloir*. ⁸ witty. ⁹ from *faire*.

22. ¹ summer. ² from *faire*. ²&³ *faire chaud*, to be warm. ⁴ cap. ⁵ servants. ⁶ from *survenir*. ⁷ *aide de cuisine*, scullion. ⁸ *par derrière*, from behind. ⁹ *applique un grand coup*, gives him a great slap (a great blow). ¹⁰ from *voir*. ¹¹ my lord. ¹² from *croire*. ¹³ *et quand c'eût été Georges*, and even if it had been George. ¹⁴ *il ne fallait pas*, you should not have; *fallait* from *falloir*. ¹⁵ so hard.

23. ¹ *étant fâché*, being angry. ² *le fit venir*, made him come. ³ *chez lui*, to his house, or palace. ⁴ servants. ⁵ *par la fenêtre*, out of the window. ⁶ *un si habile homme*, so clever a man. ⁷ *apprends-moi*, tell me, or let me know; *apprends* from *apprendre*. ⁸ *combien de temps*, how long. ⁹ informed.

soupçonnant avec raison, répondit sans frayeur: "Sire, je mourrai[10] trois jours avant votre Majesté." Embarrassé par cette réponse, le roi se garda bien de[11] donner le signal convenu.[12] Au contraire il ordonna de le bien traiter, car il voulait que cet astrologue vécût[13] le plus longtemps possible.

24. LE COMTE D'ALETS ET LE LIEUTENANT DU ROI.

Le comte d'Alets, passant par[1] Lyon, fut conduit[2] chez le lieutenant du roi, qui, ne le connaissant[3] pas, le reçut avec hauteur[4] et lui dit: "Mon ami, vous arrivez de Paris, que dit-on[5] dans ce pays-là?" "Des messes,"[6] répondit le comte. "J'entends[7] bien; mais quel est le bruit[8] commun?" "Celui des charrettes et des fiacres." "Mais je vous demande ce qu'il y a de nouveau."[9] "Des pois[10] verts." Le lieutenant surpris[11] qu'on osât[12] lui répondre de cette sorte: "Mon ami, comment vous appelez-vous?"[13] "Les sots[14] à Lyon m'appellent mon ami, et à Paris on m'appelle le comte d'Alets."

25. LE COCHER DE FRÉDÉRIC LE GRAND.

Dans un voyage[1] que fit[2] Frédéric le Grand, son cocher eut le malheur de le verser.[3] Le roi n'éprouva aucun mal,[4] mais il fut si furieux contre ce pauvre homme qu'il s'élança vers lui, la canne levée,[5] dans l'intention de lui administrer une bonne volée.[6] Celui-ci[7] ne perdit[8] pas son sang froid: "Sire, dit-il au roi, vous êtes le meilleur général de votre siècle;[9] et cependant[10] vous avez déjà perdu mainte bataille.[11] Je viens d'en perdre une,[12] mais depuis trente ans que je

---

[10] from *mourir*.   [11] *se garda bien de*, took very great care not to.   [12] agreed upon.   [13] from *vivre*.

24. [1] through.   [2] from *conduire*.   [3] from *connaître*.   [4] haughtiness.   [5] *que dit-on*, what do people say.   [6] masses; *dire des messes*, to celebrate masses.   [7] I understand.   [8] rumour; *bruit* also means noise.   [9] *ce qu'il y a de nouveau*, what news there is; word for word, what there is of new.   [10] peas.   [11] from *surprendre*.   [12] from *oser*.   [13] *comment vous appelez-vous?* what is your name?   [14] fools.

25. [1] journey.   [2] from *faire*.   [3] *de le verser*, to overturn the carriage.   [4] harm.   [5] raised.   [6] thrashing.   [7] the latter, that is, the coachman.   [8] from *perdre*.   [9] age.   [10] yet.   [11] *mainte bataille*, many a battle.   [12] *je viens d'en perdre une*, I have

vous sers,[12] c'est la première. Je prie votre Majesté de croire que j'en suis aussi fâché qu'elle."[14] Le roi se mit à rire[15] de cette singulière comparaison, remonta dans[16] son carosse qu'on avait réparé dans l'intervalle, et continua sa route.[17]

26. L'ESPAGNOL ET SES TITRES.

Un certain cavalier[1] espagnol, noble comme[2] le roi catholique, comme le pape, et gueux[3] comme Job, étant arrivé de nuit[4] à une hôtellerie de France, frappa[5] longtemps[6] avant de pouvoir[7] réveiller l'hôte; à la fin il le fit lever à force de[8] tintamarre.[9] "Qui est là?" dit l'hôte par la fenêtre, "C'est," dit[10] l'Espagnol, "don Juan Pedro Hernandes Rodrigues de Villa-Nueva, comte de Malafra, caballero[11] de Santiago et d'Alcantara." Alors l'hôte lui répondit en fermant la fenêtre: "Monsieur, j'en suis bien fâché,[12] mais nous n'avons pas assez de chambres pour loger tous ces messieurs-là."[13]

27. LE MARÉCHAL LEFEBVRE.

Le maréchal Lefebvre, duc de Dantzig, né[1] en Alsace, était fils d'un meunier. Étant devenu[2] orphelin, il fut éleve[3] par son oncle qui était curé.[4] Il ne brillait pas par les capacités[5] de son esprit,[6] mais il était instruit,[7] prudent et modeste. Sa bravoure est restée célèbre. Un jour, un de ses amis d'enfance[8] vint[9] le voir et admira son bel hôtel,[10] ses superbes voitures, sa nombreuse livrée,[11] ses magnifiques appartements, tout le train d'un grand personnage de l'empire. "Parbleu!" dit le visiteur, "il faut avouer[12] que tu es bien heureux;[13] le ciel t'a bien traité." "Veux[14]-tu avoir tout

---

just lost one. [13] from *servir*. [14] *elle* refers to *votre Majesté*, which is always feminine. [15] *se mit à rire*, began to laugh. [16] *remonta dans*, got into. [17] *continua sa route*, went on his way.

26. [1] knight. [2] *noble comme*, as noble as. [3] poor. [4] *de nuit*, by night. [5] knocked. [6] a long time. [7] *de pouvoir*, he could. [8] *à force de*, by dint of. [9] uproar. [10] from *dire*. [11] knight. [12] *j'en suis bien fâché*, I am very sorry for it. [13] *ces messieurs-là*, those gentlemen.

27. [1] born; *né*, past participle of *naître*, to be born. [2] from *devenir*. [3] brought up. [4] vicar. [5] abilities. [6] mind. [7] informed. [8] childhood. [9] from *venir*. [10] mansion. [11] livery servants. [12] *il faut avouer*, one must confess. [13] lucky. [14] from

cela?" lui répondit le maréchal. "Sans doute ; que faut-il faire?"[15] "La chose est très simple : tu vas[16] descendre dans la cour[17] de mon hôtel ; je mettrai à chaque fenêtre deux soldats qui tireront[18] sur toi. Si tu échappes aux balles,[19] je te donnerai tout ce que tu vois. Moi, je l'ai obtenu de cette façon."[20]

28. L'ÉVÊQUE AU BAL.

L'intendant[1] d'Amiens donnait un jour un grand bal auquel il avait invité les principaux personnages des environs. A minuit, l'évêque, Monseigneur de la Motte, âgé de soixante-dix ans,[2] parut[3] au milieu de la salle, au grand étonnement des danseurs, car il était fort[4] pieux et vivait[5] très retiré.[6] Il remercia l'intendant de son invitation qui lui valait[7] la vue de cette guirlande de beautés qui se livraient au plaisir. "Je veux," dit-il, "augmenter[8] votre joie. Un incendie[9] a ruiné trente familles ; les caisses[10] de bienfaisance[11] sont épuisées, et nous avons besoin[12] d'argent. Je vais faire[13] une quête, et je compte sur votre générosité." Il commença par la dame de la maison qui jeta[14] son bracelet d'or. Alors ce fut une pluie[15] de pièces de monnaie et de bijoux. Quand il eut fini, il remercia et dit en saluant gracieusement : "Le plaisir du bal sera embelli par le charme de la bonne action."

29. LE PORTE-MONNAIE.

Un célèbre médecin avait soigné[1] un petit enfant pendant une maladie dangereuse. La mère reconnaissante[2] arrive chez le sauveur de son fils. "Docteur," dit-elle, "il y a des services qui ne se payent pas :[3] je ne savais[4] comment reconnaître vos soins, . . . j'ai pensé que vous voudriez bien[5]

---

vouloir. [15] *que faut-il faire?* what must I do? [16] from *aller*. [17] court-yard. [18] *qui tireront*, who will fire. [19] bullets. [20] *de cette façon*, in that way.

28. [1] the Lord-Lieutenant. [2] *âgé de soixante-dix ans*, seventy years old. [3] from *paraître*. [4] *fort=très*. [5] from *vivre*. [6] secluded. [7] from *valoir; qui lui valait*, which procured him. [8] to increase. [9] a conflagration or a fire. [10] cash-boxes. [11] charity organization. [12] *nous avons besoin*, we are in want of. [13] *je vais faire*, I am going to make. [14] from *jeter*. [15] shower.

29. [1] attended. [2] grateful. [3] *qui ne se payent pas*, which cannot be paid for. [4] from *savoir*. [5] *voudriez bien*, that you would kindly;

accepter ce porte-monnaie que j'ai brodé de ma main."
"Madame," répliqua un peu rudement[6] le docteur, "la
médecine n'est pas une affaire de sentiment, et nos soins
veulent être rémunérés en argent;[7] les petits cadeaux entretiennent[8] l'amitié, mais ils n'entretiennent pas nos maisons."
"Mais, docteur," dit la dame effarée et blessée, "parlez,
fixez[9] un chiffre." "Madame, c'est deux mille francs." La
dame ouvre le porte-monnaie, en tire cinq billets de banque[10]
de mille francs, en donne deux au médecin, remet[11] les trois
autres dans le porte-monnaie, salue froidement et se retire.[12]

30. PIERRE LE GRAND À SAARDAM.

Le czar se rendit[1] à Amsterdam quinze jours[2] avant l'ambassade ; il logea d'abord dans la maison de la Compagnie
des Indes,[3] mais bientôt il choisit[4] un petit logement dans
les chantiers[5] de l'amirauté. Il prit un habit de pilote,[6] et
alla dans cet équipage[7] au village de Saardam, où l'on construisait[8] alors encore beaucoup plus de vaisseaux qu'aujourd'hui. Ce village est aussi grand, aussi peuplé, aussi
riche et plus propre[9] que beaucoup de villes opulentes. Le
czar admira cette multitude d'hommes toujours occupés,
l'ordre, l'exactitude des travaux, la célérité prodigieuse à
construire un vaisseau, et à le munir[10] de tous ses agrès,[11]
et cette quantité incroyable de magasins[12] et de machines qui
rendent le travail plus facile et plus sûr. Le czar commença
par acheter une barque à laquelle il refit[13] de ses mains[14]
un mât brisé :[15] ensuite il travailla à toutes les parties de la
construction d'un vaisseau, menant[16] la même vie que les
artisans de Saardam, s'habillant, se nourrissant comme eux,
travaillant dans les forges, dans les corderies dans les moulins
où l'on scie le sapin et le chêne. Il se fit inscrire[17] au

---

voudriez from *vouloir*. [6] sharply. [7] *veulent être rémunérés en argent,*
and our cares must be paid for in money. [8] keep up. [9] name.
[10] *billets de banque,* bank-notes. [11] from *remettre.* [12] *se retire,*
from *se retirer,* to withdraw.

30. [1] *se rendit,* repaired to. [2] *quinze jours,* a fortnight. [3] *la
Compagnie des Indes,* the East India Company. [4] from *choisir.*
[5] dockyards. [6] *prit* from *prendre ; il prit un habit de pilote,* he dressed
himself as a pilot. [7] attire. [8] were building. [9] clean. [10] provide.
[11] riggings. [12] storehouses. [13] from *refaire.* [14] *de ses mains,*
with his own hands. [15] *un mât brisé,* folding mast. [16] leading.
[17] *il se fit inscrire,* he had his name registered.

nombre des charpentiers sous le nom de Pierre Michaeloff. On l'appelait communément maître Pierre, et les ouvriers, d'abord interdits d'avoir un souverain pour compagnon, s'y accoutumèrent facilement.

31. GROTIUS SAUVÉ PAR SON ÉPOUSE.

L'illustre Grotius, condamné à une prison perpétuelle à la suite[1] d'une querelle religieuse où[2] son parti avait eu le dessous,[3] avait été enfermé[4] au château de Lœwenstein. Cependant son épouse avait la permission de le voir assez[5] souvent, et de lui apporter le linge dont il avait besoin.[6] Cette femme, aussi prudente que courageuse, avait remarqué plus d'une fois[7] que les gardes[8] se lassaient[9] de visiter un grand coffre dans lequel on emportait[10] ordinairement le linge destiné au blanchissage. Elle profita de cette négligence[11] pour conseiller à son mari de se placer dans le coffre, et de s'échapper ainsi. Dans cette vue,[12] elle avait eu la précaution d'ouvrir un passage à la respiration en perçant quelques trous dans le coffre. Ses mesures étaient si bien prises,[13] que son mari, en suivant son conseil, parvint[14] à s'évader, et fut porté dans le coffre chez[15] un de ses amis. De là,[16] il se rendit[17] déguisé à Anvers, et passa en France, où il fut très bien reçu. Pour donner à Grotius le temps d'échapper, et pour ôter à ses ennemis tout moyen de l'arrêter dans sa fuite, elle feignit[18] qu'il était malade, et, sous ce prétexte,. écarta[19] tous ceux qui auraient pu pénétrer[20] dans la chambre qu'il occupait dans la prison. Lorsqu'elle fut bien persuadée que son mari était en sûreté, elle dit aux gardiens en se moquant d'eux,[21] que l'oiseau s'était envolé.[22] On voulut d'abord lui intenter un procès[23] criminel, et il se trouva[24]

---

31. [1] *à la suite*, in consequence. [2] in which. [3] *avait eu le dessous*, had been worsted; inf. *avoir le dessous*. [4] confined. [5] pretty. [6] *il avait besoin*, he stood in need. [7] *plus d'une fois*, more than once. [8] keepers. [9] *se lassaient*, grew tired. [10] took away. [11] *elle profita de cette négligence*, she took advantage of that neglect. [12] *dans cette vue*, to that effect. [13] from *prendre*. [14] from *parvenir*. [15] to the house of. [16] *de là*, thence. [17] *il se rendit*, he repaired to. [18] *elle feignit*, she pretended; *feignit* from *feindre*. [19] kept away. [20] *auraient pu pénétrer*, who might have penetrated; *pu* from *pouvoir*. [21] *se moquant d'eux*, laughing at them. [22] *s'était envolé*, had flown; from *s'envoler*. [23] *intenter un procès*, to bring an action. [24] *il se trouva*,

même des juges qui conclurent[25] à la retenir prisonnière à la place de son mari; mais la pluralité des voix décida en faveur de la tendresse conjugale. La courageuse épouse fut relâchée,[26] et tout le monde[27] applaudit à sa conduite.

32. DESTRUCTION DE LA BIBLIOTHÈQUE D'ALEXANDRIE.

Alexandrie, ville d'Égypte, fut pendant[1] deux siècles le siège[2] des sciences et possédait la bibliothèque[3] la plus considérable de l'antiquité. Le calife Omar, successeur de Mahomet, parut à la tête d'une armée fanatique devant la ville, l'assiégea et la conquit. "Ou bien,"[4] dit-il, "les livres de la bibliothèque contiennent des choses qui se trouvent déjà dans le Koran,[5] ou ils en renferment d'autres. Dans le premier cas, ils nous seront inutiles, dans le second dangereux." Il les fit donc distribuer parmi les personnes qui tenaient[6] des bains, pour en chauffer leurs poêles.[7] Par cet acte de vandalisme les sciences firent[8] une perte incalculable.

33. L'INCENDIE DE LONDRES.

Dans la nuit du 3 au 4 septembre 1666, un incendie éclata[1] au sein de la partie de Londres appelée la *Cité*, quartier très peuplé et très commerçant. Les maisons voisines, remplies de marchandises combustibles, devinrent[2] bientôt la proie des flammes. Les pompes[3] étaient en mauvais état, l'eau manqua, et le vent, qui soufflait avec une extrême violence, porta le feu de toit en toit avec la rapidité de l'éclair. La ville entière présenta bientôt le spectacle d'une immense colonne de flammes de plus d'un mille de diamètre, qui remplissait l'air d'innombrables parcelles de feu, semant partout de nouveaux incendies.

Cette horrible destruction s'étendit[4] dans tous les sens[5] pendant deux nuits et deux jours. Le 6, le vent s'apaisa, et

---

and there were, everybody. [25] decided. [26] released. [27] *tout le monde*,

32. [1] during, or for. [2] seat. [3] library. [4] either. [5] the Scriptures of the Mahommedans. [6] kept. [7] stoves. [8] sustained.

33. [1] broke out. [2] from *devenir*. [3] fire-engines. [4] spread. [5] direc-

on espérait maîtriser le feu ; mais, le soir, il reparut[6] avec fureur aux environs de la Tour. On fit sauter[7] des maisons avec de la poudre ; on pratiqua ainsi de larges ouvertures, et l'on parvint[8] à restreindre[9] l'incendie aux quartiers déjà consumés. Treize mille deux cents maisons et quatre-vingt-neuf églises étaient réduites en cendres. Deux cent mille individus, dans le plus absolu dénûment couchèrent sur la terre dans les environs de Londres ; le roi, les princes, les grands de l'État, la population du reste du royaume, vinrent à leur secours, et on les répartit dans les villes et villages voisins, où ils trouvèrent toute l'hospitalité que la charité et la sympathie peuvent[10] inspirer.

34. LE VOLEUR VOLÉ.

Le jeune fils d'un riche fermier d'une province d'Angleterre se rendait[1] toutes les semaines à la ville voisine pour acheter des provisions. Comme à cette époque de nombreux voleurs s'étaient montrés[2] dans cette contrée et s'étaient livrés[3] à des vols et à d'autres crimes, ce garçon se tenait sans cesse sur ses gardes : il n'eut pas lieu de[4] s'en repentir. Un beau matin, il s'était mis en campagne ; à peine se fut-il avancé à une demi-lieue qu'un voleur bien monté alla droit à lui et lui demanda la bourse ou la vie. D'abord le jeune voyageur parut s'effrayer beaucoup ; il se recula,[5] cria et refusa de rien donner : le brigand s'emporta[6] et fit un geste menaçant. Affectant alors une crainte qu'il n'avait pas en réalité, le jeune homme se décida[7] à fouiller dans ses poches ; il en tira une poignée de menue monnaie.[8] Il la jeta au delà du fossé, en disant au voleur : " Puisque vous vous êtes approprié mon argent, donnez-vous au moins la peine de le ramasser." Les coquins ne pensent jamais à tout. Comment celui-ci se serait-il méfié d'un enfant qui était seul et sans

---

tions.   [6] from *reparaître.*   [7] from *faire sauter*, to blow up.   [8] from *parvenir.*   [9] to circumscribe.   [10] from *pouvoir.*

34.   [1] from *se rendre à*, to repair to.   [2] *s'étaient montrés*, had appeared.   [3] *s'étaient livrés*, had committed.   [4] *il n'eut pas lieu de*, he had no reason to.   [5] *se recula*, drew back.   [6] lost his temper.   [7] *se décida*, made up his mind.   [8] *menue monnaie*, small change.

force? Il met pied à terre,⁹ se baisse et s'empare des pièces qu'il aperçoit. Mais pendant ce temps le jeune fermier, qui était fort agile, s'était élancé¹⁰ sur le cheval du voleur, l'avait frappé de son bâton et s'était enfui à toute bride,¹¹ laissant là le fripon. "Il se repentira," se disait-il, "mais un peu tard, de sa maladresse, surtout quand il se sera aperçu que pour quelques francs qu'il aura ramassés, il a perdu un bon cheval et la valise bien garnie¹² qui se trouve¹³ en croupe."

35. LEÇON DE LIBÉRALITÉ.

Un jour, un ami de Swift, célèbre écrivain anglais du dix-huitième siècle, lui envoya un magnifique poisson. Le garçon chargé de la commission s'était acquitté déjà maintes fois¹ de pareils messages sans avoir jamais rien reçu de Swift. Fatigué d'une besogne aussi peu lucrative, il déposa brusquement le poisson sur une table en s'écriant : " Voici un poisson que mon maître vous envoie." " Plaît-il ?"² repartit aussitôt Swift. " Est-ce ainsi que tu t'acquittes de tes fonctions? Tiens,³ prends ce siège ; nous allons changer de rôle, et tâche, une autre fois, de mettre à profit⁴ ce que je vais t'enseigner." Swift s'avance alors respectueusement vers le domestique, qui s'était assis⁵ dans un large fauteuil, et lui dit en lui présentant le poisson : " Monsieur, je suis chargé par mon maître de vous prier de vouloir bien accepter ce petit cadeau." " Vraiment," reprit effrontément le domestique, " c'est très aimable à lui ; et tiens, mon brave garçon, voici trois francs pour ta peine." Swift comprit⁶ la leçon et se montra généreux envers le domestique.

36. FAÇON SINGULIÈRE D'AFFIRMER.

Frédéric II avait coutume¹ quand il était à table, de raconter ses campagnes avec les plus minutieux détails. Un jour qu'il faisait² un long récit d'une attaque nocturne, le général Ziethen, qui était à ses côtés³ l'interrompit tout à coup:

---

⁹ *il met pied à terre*, he dismounts. ¹⁰ *s'était élancé*, had sprung up. ¹¹ *à toute bride*, full speed. ¹² *bien garnie*, well filled. ¹³ *se trouve=est*.

35. ¹ *maintes fois*, many a time. ² *plaît-il?* what do you say?—a peculiar use of the verb *plaire*. ³ come. ⁴ *de mettre à profit*, to profit by. ⁵ from *asseoir*. ⁶ from *comprendre*.

36. ¹ *avait coutume*, was accustomed. ² from *faire*. ³ *à ses côtés*,

"Votre Majesté se trompe,"[4] lui dit-il, "ce n'est pas ainsi que l'affaire s'est passée."[5] "Eh bien! racontez-la donc comme vous la savez."[6] Lorsque Ziethen eut terminé sa narration, le roi s'écria avec un ton d'aigreur : "Cela n'est pas vrai! Prétendez-vous donc savoir les choses mieux que moi?" "Dans le cas dont il s'agit,"[7] reprit Ziethen, "oui, je dois mieux les savoir, car c'est moi-même qui ai dirigé l'attaque dont il est question.[8] Mais j'aperçois dans la chambre voisine le sergent Kruger, qui ce jour-là a bravement combattu à mes côtés; interrogez-le, et vous verrez." "Eh bien! faites-le venir."[9] Le sergent s'avança la tête haute et d'un pas délibéré[10] près de la chaise du roi, puis se mit[11] à raconter la bataille dans son naïf[12] langage de soldat. "Vous mentez," dit le roi. Le hussard fit un pas de plus,[13] prit la fourchette du roi, et l'enfonçant dans les flancs d'un faisan rôti, "je veux,"[14] s'écrie-t-il, "avaler la mort avec ce faisan, si je ne dis[15] pas toute la vérité." Et sans attendre la réponse, il se retira, emportant le butin qu'il venait de ravir à la table du roi. Le roi rit[16] beaucoup de cette façon d'affirmer la vérité. Il se hâta d'envoyer au hussard une bouteille de vin pour accompagner le faisan ; puis, se tournant vers Ziethen, "Voilà,"[17] dit-il, "comme j'aime mes braves soldats. Allons, général, prenez une prise ;[18] je vois bien que vous avez raison."[19]

37. LA TABATIÈRE D'OR.

Un colonel montra à quelques officiers qui dînaient chez lui, une tabatière d'or qu'il venait[1] d'acheter. Quelques moments après, voulant prendre une prise, il chercha dans ses poches, et fut alors fort étonné de ne plus la trouver. "Messieurs," dit-il, "veuillez avoir la complaisance[2] de voir si quelqu'un de vous ne l'aurait pas mise,[3] par distraction,[4]

---

by his side. [4] *se trompe*, makes a mistake. [5] *s'est passée*, happened. [6] from *savoir*. [7] *dans le cas dont il s'agit*, in the case we are alluding to. [8] *dont il est question*, of which we speak. [9] *faites-le venir*, make him come, or send him here. [10] firm. [11] *se mit*, began to. [12] artless. [13] *fit un pas de plus*, advanced another step. [14] from *vouloir*; to be translated here by 'may.' [15] tell. [16] from *rire*, to laugh. [17] that is. [18] a pinch of snuff. [19] *avoir raison*, to be right.

37. [1] *qu'il venait*, which he had just. [2] *veuillez avoir la complaisance*, will you have the kindness. [3] from *mettre*. [4] *par distraction*, through

dans sa poche." Tous se levèrent aussitôt et retournèrent leurs poches sans que la tabatière reparût.[5] Un enseigne,[6] dont l'embarras était visible, resta seul assis, et refusa de retourner ses poches. "J'affirme sur ma parole d'honneur que je n'ai point la tabatière," dit-il; "cela doit suffire." Les officiers se séparèrent en secouant la tête, et chacun le regarda[7] comme le voleur. Le lendemain matin, le colonel l'ayant fait appeler,[8] lui dit: "La tabatière s'est retrouvée![9] elle était tombée entre la doublure[10] de mon habit. Dites-moi maintenant pour quel motif vous avez refusé, hier au soir, de retourner vos poches, tandis que tous les autres n'ont pas hésité à le faire." "Monsieur[11] le colonel," répondit l'enseigne, "c'est une chose que je n'[12]avouerai qu'[12]à vous seul. Mes parents étant fort pauvres, je leur donne la moitié de ma solde,[13] et je ne mange jamais rien de chaud à dîner. Lorsque vous me fîtes, hier, l'honneur de m'inviter, j'avais déjà mon dîner dans ma poche. Jugez de ma confusion[14] si, en la retournant, j'en avais fait tomber une saucisse[15] et un morceau de pain bis."[16] "Vous êtes un excellent fils," dit le colonel, touché de cet aveu. "Afin que vous puissiez plus facilement soutenir vos parents, votre couvert sera mis tous les jours chez moi." Là-dessus il le conduisit dans la salle à manger et, devant tous les officiers, il lui présenta la tabatière comme une marque de son estime.

38. MODESTIE HONORABLE.

Le général Bauer, qui commandait la cavalerie russe dans le Holstein, était un officier de fortune;[1] personne ne connaissait ni son pays ni sa famille. Ce fut au camp de Husum qu'il révéla le secret de son origine d'une manière aussi neuve qu'aimable. Ayant invité à dîner les officiers de son état-major,[2] il ordonna[3] à son aide-de-camp d'aller chercher[4] un meunier et sa femme qui demeuraient[5] dans le voisinage.

---

absence of mind. [5] from *reparaître*. [6] ensign. [7] *le regarda*, looked upon him. [8] *l'ayant fait appeler*, having summoned him. [9] *s'est retrouvée*, has been found again. [10] lining. [11] not to be translated before a title. [12] *n'... qu'*, only. [13] pay. [14] shame. [15] sausage. [16] *pain bis*, brown bread.

38. [1] *officier de fortune*, risen from the ranks. [2] staff. [3] commanded. [4] *d'aller chercher*, to fetch. [5] lived.

Ils arrivèrent tout effrayés en présence du général russe. Bauer les mit à leur aise[6] par la bonté avec laquelle il les entretint[7] du village et des environs. Au diner, le général plaça le meunier et sa femme à ses côtés, et leur adressa[8] mille questions sur leur famille et leur parenté.[9] Le meunier dit qu'il était l'aîné[10] de sa famille, et qu'il avait deux frères et une sœur. "N'aviez-vous point un autre frère?" lui dit le général. "Oui," répondit le meunier, "j'avais un frère qui est parti[11] avec des soldats lorsqu'il était encore très jeune, mais il doit être tué depuis longtemps."[12] Le général, s'apercevant que chacun paraissait très surpris de sa conversation avec le meunier, dit aux officiers qui l'entouraient : " Mes frères d'armes, vous avez toujours désiré connaître mon origine : sachez[13] que c'est ici le lieu de ma naissance. Ce meunier, qui est mon frère aîné, vous a dit quelle était ma famille." Se tournant alors du côté[14] du meunier et de sa femme, qui ne revenaient pas de leur surprise,[15] Bauer les embrassa, et leur dit qu'il était ce frère qu'on avait cru mort. Puis il invita toute la société à se rendre[16] le lendemain[17] chez le meunier et, après un beau repas, le général montra à ses frères d'armes la chambre où il était né,[18] avec autant de plaisir que s'il leur avait montré un champ[19] de victoire.

39. MENZIKOFF.

Le prince Menzikoff vendait dans sa jeunesse[1] des petits pâtés[2] dans les rues de Moscou. Un jour, il entre par hasard dans la cuisine d'un boyard,[3] où le czar Pierre devait[4] dîner. Le boyard y[5] donnait quelques ordres et parlait à son cuisinier d'un plat[6] que le prince aimait beaucoup. Le jeune Menzikoff vit[7] qu'à l'insu du[8] cuisinier le boyard y jetait une poudre en manière[9] d'épices. Il remarque attentivement ce

---

[6] *les mit à leur aise*, made them comfortable. [7] from *entretenir*, with the meaning of 'to talk.' [8] asked. [9] kinsfolk. [10] eldest. [11] *est parti*, set out. [12] *il doit être tué depuis longtemps*, he must have been killed a long time ago. [13] from *savoir*. [14] *du côté*, towards. [15] *qui ne revenaient pas de leur surprise*, who could not recover from their surprise. [16] *se rendre*, to repair to. [17] the next day. [18] from *naître*. [19] field.

39. [1] youth. [2] pies, or pasties. [3] a Russian nobleman. [4] was to. [5] refers to *cuisine*—need not be translated. [6] dish. [7] from *voir*. [8] *à l'insu du*, unknown to. [9] *en manière*, by way of.

mets, pour pouvoir le reconnaître, lorsqu'il sera servi, et il sort. Il se promène[10] devant la maison du boyard jusqu'à l'arrivée du prince. Aussitôt que Menzikoff le voit,[11] il crie[12] ses pâtés plus fort que de coutume;[13] il chante, s'approche du prince et cherche à se mettre en évidence.[14] Pierre, frappé de sa bonne mine,[15] l'appelle, lui fait quelques questions, auxquelles le jeune homme répond d'une manière si heureuse[16] que le prince lui dit : "Je te prends à mon service." Menzikoff s'incline[17] et, sans en recevoir l'ordre, il entre dans la salle où l'on dinait, s'avance hardiment et se place derrière le fauteuil du czar. Le plat en question[18] paraît. Menzikoff se baisse et glisse à l'oreille du prince[19] de ne pas y toucher. Pierre se lève, et d'un air riant,[20] sous un prétexte plausible, il entraine le jeune homme dans la pièce voisine.[21] Là, Menzikoff lui explique ce qui lui rend le plat suspect. Le czar rentre, et du même air dont il était sorti il se remet à table.[22] Le boyard vante[23] au prince le mets[24] poudré, et l'assure qu'il sera de bon goût.[25] Le prince lui ordonne de venir s'asseoir auprès de lui, prend de ce plat, en met sur une assiette et invite le boyard à en manger le premier, pour lui donner l'exemple et s'assurer de sa bonté. Le boyard change de couleur,[26] et d'un air embarrassé dit que comme sujet[27] il n'ose manger ni avant le prince, ni dans la même assiette que le prince. L'assiette est aussitôt présentée à un chien, qui avale gloutonnement ce qu'elle contenait. Mais quelques instants après ses yeux se troublent;[28] il va,[29] il vient,[30] il tourne sur lui-même, il chancelle[31] et il meurt.[32] Le chien fut ouvert, le poison constaté,[33] et le boyard gardé à vue.[34] Le lendemain il fut trouvé mort[35] dans son lit. Menzikoff n'eut plus besoin dès lors[36] de

---

[10] *se promène*, to walk. [11] from *voir*. [12] calls out. [13] *plus fort que de coutume*, louder than usual. [14] *à se mettre en évidence*, to make himself conspicuous. [15] *sa bonne mine*, his good appearance. [16] fortunate. [17] bows. [18] spoken of. [19] whispers in the prince's ear. [20] *d'un air riant*, with a smiling countenance. [21] *la pièce voisine*, the next room. [22] *il se remet à table*, he sits at table again. [23] praises. [24] dish. [25] *de bon goût*, of good savour, or, better, savoury. [26] *change de couleur*, turns pale; note the idiom, to change colour. [27] *comme sujet*, as a subject. [28] *ses yeux se troublent*, his eyes grow dim. [29] from *aller*. [30] from *venir*. [29] & [30] he goes to and fro. [31] staggers. [32] from *mourir*. [33] proved. [34] *gardé à vue*, closely watched. [35] from *mourir*. [36] *dès lors*, henceforward.

vendre des petits pâtés ; le premier pas de sa fortune rapide était fait.

40. CAMBRONNE.

En 1795, un jeune soldat de la garnison de Nantes allait être fusillé.[1] Etant ivre, il avait rencontré un de ses chefs et irrité de la remontrance de ce dernier, il l'avait frappé. Saisi et jeté dans un cachot, il fut appelé[2] devant un conseil de guerre[3] et condamné à mort.

Ce jeune soldat s'appelait Cambronne ; après quelques mois de service, il avait déjà gagné les galons[4] de caporal, et il semblait destiné à une carrière brillante, que son funeste vice semblait avoir brisée pour toujours.[5] Le colonel résolut d'obtenir sa grâce.[6] Il va voir le représentant du peuple qui se trouvait[7] à Nantes, fait valoir[8] les services rendus par le jeune caporal, les espérances que donnent sa bravoure et ses talents, et enfin il obtient la grâce de Cambronne, à une condition, c'est que de sa vie il ne s'enivrera plus.

Plein de joie, le colonel retourne à la prison, et après un long et sérieux entretien[9] avec Cambronne, ce dernier lui promet solennellement, non-seulement qu'il ne s'enivrera plus, mais même qu'il renonce au[10] vin pour toujours.

Bien[11] des années s'écoulent.[12] Le jeune caporal fait son chemin dans les armées impériales. Il commande la vieille garde à Waterloo, où il prononça, dit-on,[13] ce mot célèbre : "La garde meurt et ne se rend pas." Echappé au désastre, il revient en France et se fixe[14] à Paris.

Là vivait[15] aussi, depuis longtemps retiré du service et fort âgé, son ancien[16] colonel. Ce vieux militaire invite Cambronne à dîner ; il rassemble avec lui d'illustres frères d'armes et le fait asseoir à la place d'honneur. Mais, au commencement du repas, au moment où il va verser dans le verre de Cambronne un vin qu'il réservait pour les grandes occasions, Cambronne l'arrête : " Souvenez-vous de Nantes," lui dit-il ; "depuis lors pas une goutte de vin n'a touché mes lèvres ; je l'avais juré, et j'ai tenu ma promesse."

---

40. [1] *être fusillé*, to be shot. [2] brought. [3] *conseil de guerre*, court-martial. [4] stripes. [5] *pour toujours*, for ever. [6] pardon. [7] *qui se trouvait*=*qui était*. [8] *fait valoir*, makes the most of. [9] conversation. [10] *qu'il renonce au*, that he gives up. [11] many. [12] pass. [13] it is said. [14] *se fixe*, settles. [15] from *vivre*. [16] former.

Le colonel n'insista pas, mais il s'applaudit une fois de plus d'avoir conservé un tel homme à la France.

41. DROUOT.

Le général Drouot, né à Nancy le 17 janvier 1774, et mort dans la même ville dans le courant[1] de l'année 1846, était de condition obscure. Ses parents, pauvres, mais honnêtes, gagnaient[2] leur pain et celui d'une nombreuse famille à la sueur de leur front.[3] Ils eurent beaucoup de peine à faire donner à leurs enfants quelque instruction ; mais avant tout ils leur inspirèrent l'amour de la vertu et du travail. Leurs efforts eurent de grands succès, particulièrement pour notre jeune héros, qui était d'une extrême simplicité et d'une rare modestie ; seul il semblait ignorer son mérite.

Un jour, il lut une affiche[4] qui prévenait[5] les jeunes gens qu'un examen pour entrer dans le corps d'artillerie allait avoir lieu[6] à Metz. Il obtint de son père la permission de s'y rendre. Il reçut six francs pour faire son voyage. Arrivé à Metz, il alla droit à la salle d'examen. Il y fut reçu[7] avec un immense éclat de rire.[8] Il est vrai que Drouot était petit, maigre, chétif et que son accoutrement n'était pas fait pour lui préparer une réception bien distinguée de la part[9] d'une jeunesse moqueuse. Il était encore tout poudreux,[10] quand il entra dans le local de la séance, chaussé de gros souliers, et un bâton noueux à la main. Un peu décontenancé par cet accueil, il s'arrête, lorsque l'examinateur lui dit avec bonté : "Mon ami, vous vous trompez sans doute ; que demandez-vous ?"[11] "Je voudrais[12] subir l'examen," répondit le jeune homme. Et un nouvel éclat de rire retentit dans la salle. "Vous savez que c'est un examen d'artillerie," reprit le professeur, "vous connaissez donc les matières indiquées au programme?" "Monsieur, je les ai étudiées." "Eh bien, mon ami, asseyez-vous, et quand votre tour viendra, je vous appellerai." Drouot s'assit

---

41. [1] *dans le courant*, in the course. [2] earned. [3] brow. [4] a placard. [5] informed. [6] *allait avoir lieu*, was about to take place. [7] greeted. [8] *éclat de rire*, burst of laughter. [9] *de la part*, from. [10] dusty. [11] *que demandez-vous?* what do you want? [12] *je*

dans un petit coin, poursuivi[13] par les sourires moqueurs des jeunes gens qui, comme lui, voulaient se faire examiner. Cependant en écoutant les questions de l'examinateur et les réponses des aspirants,[14] le courage lui revint. "J'en sais bien autant qu'eux," se dit-il à lui-même.

Enfin son tour arriva; la salle se remplit de curieux qui venaient pour assister à l'examen du petit paysan. L'examinateur lui demanda d'abord les principes de l'arithmétique et poursuivit ses questions. Frappé des réponses, il s'arrêta et demanda à Drouot: "Où avez-vous suivi vos cours de mathématiques?" "J'ai travaillé tout seul, monsieur," dit le jeune homme, "veuillez m'examiner sur les matières du programme, j'espère pouvoir y répondre." Son examen dura deux heures. Lorsqu'il fut terminé, l'examinateur se leva et lui dit: "Recevez mes compliments; dès aujourd'hui[15] vous êtes admis dans le corps d'artillerie." Les jeunes gens qui, le matin, s'étaient moqués de lui, l'entourèrent et le portèrent en triomphe dans les rues de Metz. "Ce fut," dit-il dans ses mémoires, "un des plus beaux jours de ma vie."

Général de division en 1813, pair de France en 1815, il a atteint par son talent et son mérite la position la plus élevée, sans avoir perdu la modestie.

"J'ai éprouvé,"[16] écrivait-il à son frère, "bien des changements de position dans le cours de ma vie; mais je n'ai connu de véritable bonheur que dans l'obscurité, l'innocence et la pauvreté de mes premières années. J'ai quelquefois supporté des épreuves bien dures,[17] mais les souffrances physiques et morales n'ont jamais été sans compensation. Elles ont presque toujours été accompagnées ou suivies de consolations qui en adoucissaient l'amertume. Je n'ai donc que des actions de grâce[18] à rendre à la divine Providence: elle ne m'a jamais abandonné."

42. JUSTICE DE LA RÉPUBLIQUE DE VENISE.

Un grand seigneur français se trouvant à Venise, y fut volé

---

voudrais, I should like. [13] followed. [14] candidates. [15] *des aujourd'hui*, from this very day. [16] experienced. [17] *épreuves bien dures*, very hard trials. [18] *actions de grâce*, thanks.

d'une somme considérable ; il en conçut assez d'humeur[1] pour laisser échapper quelques mots fort vifs contre la police vénitienne qui ne s'occupait, suivant lui, que d'espionner les étrangers au lieu de veiller à leur sûreté. Quelques jours après il partit. A peine était-il à la moitié du trajet de Venise à la côte, que sa gondole s'arrête ; il en demande la raison, et les gondoliers lui répondent qu'il ne leur est plus possible de donner un coup de rame,[2] parce qu'un bateau à flamme[3] rouge, qu'ils voyaient au loin, venait de leur faire signe de mettre en panne.[4] Tout à coup le voyageur se rappelle les propos qu'il a tenus ; toutes les sinistres anecdotes qu'on lui avait contées sur la police secrète de Venise lui revenant à l'esprit, il se croit perdu, et se voyant au milieu des lagunes, entre le ciel et l'eau, sans secours et sans témoins, il attend dans les plus vives angoisses le drapeau rouge qui s'avance. On aborde[5] sa gondole, et une voix lui ordonne de passer dans la barque. Il obeit. "Monsieur," lui dit un homme masqué, "n'êtes-vous pas le prince de Craon?" "Oui, monsieur." "N'avez-vous pas été volé vendredi dernier?" "Oui, monsieur." "De quelle somme?" "De cinq cents ducats." "Où étaient-ils?" "Dans une bourse verte." "Et soupçonnez-vous quelqu'un de ce vol?" "Un domestique de place."[6] "Le reconnaîtriez-vous?" "Sans doute." Alors, l'interlocuteur masqué pousse avec le pied un méchant[7] manteau, découvre un homme mort, tenant à la main une bourse verte, et ajoute d'un ton sévère : "Justice est faite, monsieur ; voilà votre argent, reprenez-le : partez, et souvenez-vous qu'on ne remet pas le pied dans un pays où l'on a méconnu la sagesse du gouvernement."

43. L'ACADÉMIE SILENCIEUSE, OU LES EMBLÈMES.

Il y avait à Amadan une célèbre académie, dont le premier statut[1] était conçu[2] en ces termes : "Les académiciens penseront beaucoup, écriront peu, et ne parleront que le moins qu'il sera possible." On l'appelait "l'Académie silencieuse,"

---

42. [1] bad temper. [2] *donner un coup de rame*, to give another stroke of the oar. [3] fleam, flag. [4] *mettre en panne*, to bring to. [5] *on aborde*, they board. [6] *un domestique de place*, a guide. [7] paltry, poor.

43. [1] statute, rule. [2] from *con voir*.

et il n'était point en Perse de vrai savant qui n'eût l'ambition d'y être admis. Le docteur Zeb, auteur d'une petit livre excellent, intitulé "le Baillon,"³ apprit, au fond de sa province, qu'il vaquait une place⁴ dans l'Académie silencieuse. Il part aussitôt ; il arrive à Amadan et, se présentant à la porte de la salle où les académiciens sont assemblés, il prie l'huissier⁵ de remettre⁶ au président ce billet : "Le docteur Zeb demande humblement la place vacante." L'huissier s'acquitta sur-le-champ⁷ de la commission ; mais le docteur et son billet arrivaient trop tard, la place était déjà remplie.

L'académie fut désolée⁸ de ce contretemps : elle avait reçu, un peu malgré elle, un bel esprit⁹ de la cour, dont l'éloquence vive et légère faisait l'admiration de toutes les ruelles, et elle se voyait réduite à refuser le docteur Zeb, le fléau¹⁰ des bavards ; une tête si bien faite, si bien meublée ! Le président, chargé d'annoncer au docteur cette nouvelle désagréable, ne pouvait presque s'y résoudre,¹¹ et ne savait comment s'y prendre.¹² Après avoir un peu rêvé, il fit remplir d'eau une grande coupe, mais si bien remplir, qu'une goutte de plus eût fait déborder la liqueur ;¹³ puis il fit signe qu'on introduisît le candidat. Il parut avec cet air simple et modeste, qui annonce presque toujours le vrai mérite. Le président se leva, et sans proférer¹⁴ une seule parole, il lui montra d'un air affligé la coupe emblématique, cette coupe si exactement pleine. Le docteur comprit du reste qu'il n'y avait plus de place à l'académie ; mais, sans perdre courage, il songeait à faire comprendre qu'un académicien surnuméraire n'y dérangerait rien. Il voit à ses pieds une feuille de rose, il la ramasse, il la pose délicatement sur la surface de l'eau, et fait si bien qu'il n'en échappe pas une seule goutte.

A cette réponse ingénieuse, tout le monde battit des mains,¹⁵ on laissa dormir les règles¹⁶ pour ce jour-là, et le docteur

---

³ "the Gag." ⁴ *qu'il vaquait une place*, that there was a vacant seat. ⁵ usher. ⁶ *de remettre*, to hand. ⁷ at once. ⁸ grieved. ⁹ *un bel esprit*, a wit. ¹⁰ scourge. ¹¹ *ne pouvait presque s'y résoudre*, could hardly make up his mind to do so. ¹² *et ne savait comment s'y prendre*, and did not know which way to set about it. ¹³ liquid. ¹⁴ *sans proférer*, without uttering. ¹⁵ *tout le monde battit des mains*, all clapped their hands. ¹⁶ *on laissa dormir les règles*, the rules were discarded; word for word, were allowed to sleep.

Zeb fut reçu par acclamation. On lui présenta sur-le-champ le régistre de l'académie, où les récipiendaires devaient s'inscrire eux-mêmes. Il s'y inscrivit donc ; et il ne lui restait plus qu'à prononcer, selon l'usage, une phrase de remercîment. Mais, en académicien vraiment silencieux, le docteur Zeb remercia sans dire mot. Il écrivit en marge le nombre "cent," c'était celui de ses nouveaux confrères ; puis en mettant un zéro devant le chiffre,[17] il écrivit au-dessous : "Ils n'en vaudront ni plus ni moins" (0100). Le président répondit au modeste docteur avec autant de politesse que de présence d'esprit. Il mit le chiffre "un" devant le nombre "cent" (1100), et il écrivit : "Ils en vaudront dix fois davantage."[18]

44. LE CHEVALIER D'ASSAS.

Le prince héréditaire de Brunswick assiégeait Vesel, dont la prise eût engagé[1] les Hollandais à se déclarer contre la France. Le marquis de Castries, à la tête d'une armée française formée à la hâte, s'avança avec rapidité, emporta Rhinsberg l'épée à la main, et parvint à jeter des secours dans la ville assiégée qui allait succomber. Méditant une affaire plus décisive encore, il alla camper à un quart de lieue de l'abbaye de Clostercamp. Le prince héréditaire ne crut[2] pas devoir l'attendre devant Vesel, et se porta au devant de lui[3] par une marche forcée, la nuit du 15 au 16 octobre 1760.

Le général français, qui se doute du dessein du prince, fait coucher son armée sous les armes ; il envoie à la découverte,[4] pendant la nuit, le chevalier d'Assas, capitaine au régiment d'Auvergne. A peine cet officier a-t-il fait quelques pas, que des grenadiers ennemis, en embuscade, l'environnent et le saisissent, à peu de distance de son régiment. Ils lui présentent la baïonnette,[5] en lui disant que, s'il fait du bruit, il est mort. D'Assas se recueille un moment pour

---

[17] figure. [18] more.

44. [1] *eût engagé*, would have induced. [2] from *croire*. [3] *se porta au devant de lui*, advanced to meet him. [4] *à la découverte*, reconnoitring. [5] *ils lui présentent la baïonnette*, they cross bayonets.

mieux renforcer sa voix ; il crie : "A moi,[6] Auvergne ! voilà l'ennemi !" Et il tombe aussitôt percé de coups.

La conduite de d'Assas fut d'autant plus héroïque, que ceux qui l'avaient fait prisonnier ne[7] lui demandaient que[7] le silence : elle mérite d'être à jamais[8] conservée dans la mémoire des Français.

45. LE PILOTE BOUSSARD.

Un navire venant de La Rochelle échoua,[1] le 31 août 1777, à trente toises[2] de la jetée de Dieppe ; la mer était en courroux, et les vagues qui se précipitaient en mugissant sur le navire devaient[3] bientôt le briser. Le pilote Boussard, malgré toutes les représentations et l'impossibilité apparente du succès, entreprend de lutter contre cette effroyable tempête pour porter à l'équipage[4] une corde au moyen de laquelle on puisse l'amener à terre ;[5] il se dérobe[6] à sa femme et à ses enfants qui s'efforcent de le retenir, et se précipite au milieu de cet enfer d'eau : il est repoussé sur le rivage pêle-mêle avec des débris qui le frappent et le meurtrissent ; il revient à la charge, et il est repoussé de nouveau ; rien ne l'épouvante, rien ne l'arrête ; il s'élance une troisième fois, ses forces et son courage augmentent comme le péril ; il fend les flots furieux qui, par moments,[7] le couvrent tout entier ; il redouble d'efforts et parvient[8] au navire : mais tout à coup il disparaît sous la quille.[9] A cette vue, le rivage[10] retentit de cris de désespoir ; on croit que la ville vient de perdre son héros et l'équipage son sauveur. O bonheur ! il reparaît tenant un matelot qu'il ramène à terre, et retourne au bâtiment, qu'il atteint après une lutte non moins terrible que la première ; il y jette le cordage dont l'autre bout est fixé à la levée ;[11] les matelots s'y attachent et sont tirés au rivage. Boussard pense qu'il n'y a plus personne à sauver, il regagne la terre, épuisé de fatigue et rompu des secousses qu'il a éprouvées ; en arrivant, il tombe sans connaissance ;[12] on

---

[6] *à moi*, help ; word for word, to me, come to me. [7] *ne ... que*, only.
[8] *à jamais*, for ever.
  45. [1] stranded.   [2] an old French measure = 1 fathom.   [3] must.
[4] crew.   [5] *amener à terre*, to bring ashore.   [6] *il se dérobe*, he escapes from.   [7] *par moments*, at times.   [8] reaches.   [9] keel.
[10] the shore.   [11] causeway.   [12] *sans connaissance*, in a swoon.

lui prodigue des secours, il reprend l'usage de ses sens, ses forces renaissent ; elles lui sont nécessaires pour une nouvelle entreprise : des cris plaintifs partis du vaisseau viennent[13] de frapper son oreille ; il s'arrache des bras de ceux qui l'ont rappelé à la vie, il se rejette à la mer, se débat contre les fureurs de cet impitoyable élément, en triomphe encore, et ramène un passager qui, n'ayant pu profiter du cordage, n'attendait plus que la mort.

On pense bien qu'une conduite aussi sublime ne resta point sans récompense : le roi et la reine voulurent voir l'héroïque pilote de Dieppe, qu'ils surnommaient "le brave homme," et ils le comblèrent de leurs bontés ; mais quelque grand que fût le prix décerné à la vertu de Boussard, pouvait-il valoir[14] celui qu'il trouvait dans son propre cœur?

46. L'HORLOGER MONNOT.

Le 2 septembre 1792, les recruteurs de la mort[1] firent partir[2] de l'hôtel de ville pour l'Abbaye six voitures de place[3] chargées de prêtres qui, sur toute la route,[4] eurent à subir les outrages d'une populace furieuse. Dès qu'elles[5] entrèrent dans la cour de la prison, les égorgeurs se hâtèrent d'aller de l'une à l'autre, ordonnant aux infortunés ecclésiastiques d'en descendre au plus vite. Mais ce fut en vain qu'ils répétèrent cet ordre devant la dernière, il ne s'y trouvait personne[6] qui pût leur répondre ; car, dans son trajet,[7] elle avait été assaillie par une multitude féroce qui s'était fait un jeu d'y plonger ses piques à plusieurs reprises. Les bourreaux, en l'ouvrant, n'y virent que des cadavres dont le sang ruisselait encore, et ils se plaignirent qu'on leur eût enlevé de leur travail. C'est ainsi qu'ils nommaient l'horrible perpétration du meurtre.

Les prisonniers descendus des cinq autres voitures n'attendirent pas longtemps le sort qu'on leur réservait. Au bout de quelques minutes, il n'en resta qu'un seul vivant. C'était

---

[13] have just. [14] *pouvait-il valoir*, could it be worth as much as.
46. [1] *recruteurs de la mort*, purveyors of death. [2] *firent partir*, sent off. [3] *voitures de place*, cabs. [4] *sur toute la route*, all the way. [5] refers to *voitures de place*. [6] *il ne s'y trouvait personne*, there was not any one there. [7] journey.

l'abbé Sicard. Un horloger, nommé Monnot, eut la gloire de détourner de la poitrine du digne successeur de l'abbé de l'Épée le fer[3] qui avait déjà effleuré ses vêtements. Il s'élança entre lui et les massacreurs, et le couvrant de son corps : " Arrêtez !" s'écria-t-il, "respectez cet homme si utile à son pays, l'instituteur et le père des sourds-muets. Je vous jure qu'il s'est toujours montré excellent citoyen ; et, si vous voulez le frapper, vous n'arriverez à lui qu'après m'avoir percé le cœur." Il mit tant de chaleur dans ses paroles et tant de courage dans son dévouement, que les assassins étonnés lui permirent d'arracher la noble victime au trépas.

L'Assemblée législative, instruite de l'acte d'héroïsme de Monnot, déclara que cet homme généreux avait bien mérité de la patrie. Trop faible pour empêcher le mal, elle[9] croyait[10] faire assez en décernant des récompenses à ceux qui, plus hardis qu'elle, cherchaient à s'y opposer.

47. RÉGULUS.

Régulus, consul romain, après avoir vaincu les Carthaginois en Afrique, fut ensuite vaincu par eux et fait prisonnier. Conduit à Carthage, il éprouva[1] les traitements les plus inhumains ; on lui fit[2] expier les durs triomphes de sa patrie. Les Romains, qui traînaient à leurs chars, avec tant d'orgueil, des rois tombés du trône, des femmes, des enfants en pleurs, pouvaient-ils espérer qu'on respectât dans les fers[3] un citoyen de Rome ?

La fortune devint ensuite favorable aux Romains. Carthage demanda[4] la paix ; elle envoya des ambassadeurs en Italie : Régulus les accompagnait. Les Carthaginois lui avaient fait donner sa parole qu'il reviendrait prendre ses chaînes, si les négociations n'avaient pas une heureuse issue : on espérait qu'il plaiderait fortement en faveur d'une paix qui devait[5] lui rendre sa patrie.

Le sénat romain donna audience aux ambassadeurs et à Régulus. Régulus déclara qu'il venait, par l'ordre de ses

---

[3] *le fer*, the sword.   [9] refers to *Assemblée législative*.   [10] from *croire*.
47. [1] experienced.   [2] *on lui fit*, he was made to.
[3] fetters.   [4] sued for.   [5] *qui devait*, which was to.

maîtres, demander à la république romaine la paix ou l'échange des prisonniers.

Les ambassadeurs exposèrent les avantages de l'une ou de l'autre mesure, et sortirent ensuite de la salle. Régulus voulut les suivre : mais les sénateurs le prièrent de rester à la délibération.

Pressé[6] de dire son avis,[7] il représenta fortement toutes les raisons que Rome avait de n'accorder ni la paix, ni l'échange. Les sénateurs, admirant sa fermeté, désiraient sauver un tel citoyen. Le grand pontife[8] soutenait[9] qu'on pouvait le dégager[10] du serment qu'il avait fait[11] de retourner à Carthage.

"Suivez les conseils que je vous ai donnés," dit l'illustre captif d'une voix qui étonna l'assemblée, et oubliez Régulus. "Je ne demeurerai point dans Rome, je n'attirerai point sur vous, par un parjure, la colère du ciel. J'ai promis à nos ennemis de me remettre entre leurs mains si vous rejetez la paix ; je tiendrai[12] mon serment : le violer serait un sacrilège. Je n'ignore point le sort qui m'attend ; mais le crime flétrirait mon âme : la douleur[13] ne brisera que mon corps ; d'ailleurs il n'est point de maux pour celui qui sait les souffrir. Sénateurs, cessez de me plaindre : je retourne à Carthage ; je fais mon devoir, faites le vôtre."

A ces mots, il se leva, s'éloigna de Rome sans proférer une parole de plus, tenant les yeux attachés à la terre, et repoussant sa femme et ses enfants, de peur de[14] se laisser attendrir par leurs adieux. On dit[15] que les Carthaginois le firent périr dans d'affreux supplices. Régulus fut un exemple mémorable de ce que peuvent, sur une âme courageuse, la religion du serment et l'amour de la patrie.

48. FIDÉLITÉ D'UN CHIEN.

Le chevalier Gaspard de Brandenberg de Zoug voyageait au printemps, accompagné de son domestique, et suivi d'un petit chien qu'il aimait beaucoup.

---

[6] pressed.   [7] *dire son avis*, to give his opinion.   [8] *grand pontife*, the high-priest.   [9] maintained.   [10] *le dégager*, release him.   [11] taken.   [12] *je tiendrai*, I shall keep.   [13] pain.   [14] *de peur de*, for fear of, or lest.   [15] *on dit*, it is said.

Ils avaient depuis peu quitté l'hospice du St-Gothard, et se dirigeaient vers Airolo, dont ils étaient déjà très près, lorsqu'une avalanche, descendue des Alpes qui bordent[1] le chemin, les engloutit tous deux.[2] Le petit chien, qui se trouvait[3] alors assez éloigné d'eux, les voyant disparaître tout à coup, se mit[4] à hurler et à gratter la neige de toutes ses forces. Il resta longtemps à la même place, retourna ensuite à l'hospice, et aboyant autour des personnes de la maison, il semblait leur demander de le suivre ; on ne fit pas d'abord attention[5] à cet animal, qui revint près de l'avalanche, recommença ses hurlements, et continua ainsi, pendant tout le jour et la nuit suivante, à faire de fréquents voyages à l'hospice, en cherchant à attirer l'attention par ses avertissements[6] répétés, mais toujours inutilement.

Cependant les gens de l'hospice, instruits[7] le lendemain que personne n'avait passé à Airolo la veille, et reconnaissant le chien pour celui des deux voyageurs, le suivirent enfin, et furent conduits par lui à l'endroit où son maître avait disparu. Là, ses cris recommencèrent, et la vue d'une avalanche toute fraîche indiqua le malheur qui était arrivé. On alla chercher les instruments nécessaires et, après beaucoup de peines et de fatigues, on parvint à sauver ces infortunés qui, depuis trente-six heures, étaient ensevelis sous cette neige, où ils attendaient la mort au milieu des souffrances les plus cruelles.

Ils eurent cependant quelque espérance, lorsqu'ils entendirent la voix et le bruit des travailleurs. "Car," dit un historien, "la neige assez compacte pour leur ôter tout pouvoir de remuer, était assez poreuse, pour laisser arriver à leurs oreilles la voix de ceux qui étaient venus à leur secours."

On voit encore à Zoug, dans l'église de St-Oswald, la tombe de ce chevalier. Elle est surmontée d'une espèce[8] de statue qui le représente avec son épagneul à ses pieds. Ce fut lui-même qui ordonna[9] ce monument, pour conserver la mémoire de ce chien fidèle, en reconnaissance[10] du service qu'il en avait reçu.

---

48. [1] edge. [2] *tous deux*, both. [3] *qui se trouvait=qui était*.
[4] *se mit*, began to. [5] *on ne fit pas d'abord attention*, at first they did not pay attention. [6] warnings. [7] informed. [8] a kind.
[9] prescribed. [10] *en reconnaissance*, as a mark of gratitude.

49. L'OFFICIER DES GARDES SUISSES SAUVÉ PAR UN DOMESTIQUE.

Le 10 août 1792, journée tracée dans nos fastes en caractères de sang, le baron de D., capitaine des gardes suisses, s'était battu depuis sept heures du matin jusqu'à cinq heures du soir, et il était atteint de plusieurs coups de sabre. Accablé de fatigue et de souffrance, craignant d'éprouver le sort de ses braves camarades égorgés, et voulant se dérober à la fureur du peuple, il parvint à se cacher dans le jardin des Tuileries sur un arbre touffu[1] où il resta jusqu'à la chute de la nuit.[2] Alors il descendit pour aller chercher, à la faveur des ténèbres, quelque asile où il pût mettre sa vie en sûreté. Il se dirigea[3] vers la place Vendôme, et, voyant un groupe de passants, il se cacha dans la balustrade qui entourait la statue de Louis XIV; il fut aperçu par le domestique d'un financier de la rue Vivienne, qui courut à lui en criant: "Qui va là?" Le capitaine se nomma, en lui disant: "Mon ami, qui que tu sois,[4] je mets mon sort entre tes mains; livre-moi aux bourreaux, fais de moi ce que tu voudras, tu auras beau jeu,[5] car je n'en puis plus[6] de fatigue; je me suis battu[7] depuis le matin jusqu'au soir; je suis couvert de blessures, et la vie m'est à charge."[8] Le domestique le rassura et, voyant que son uniforme pouvait lui faire courir des risques: "Capitaine," dit-il, "donnez-moi votre habit et prenez le mien; suivez-moi, et comptez sur mon dévouement." L'uniforme est aussitôt enveloppé dans un mouchoir, et le capitaine, revêtu de la veste de ce brave homme, est conduit par lui dans une petite chambre où il reste caché pendant quinze jours, sans manquer de rien. Mais le financier apprend que son domestique recèle un Suisse dans son hôtel et, craignant de voir sa fortune compromise, il donne congé[9] au protecteur et au protégé, avec ordre de sortir sur-le-champ.[10] Le domestique conduit alors

---

49. [1] bushy, leafy. [2] *la chute de la nuit*, night-fall. [3] *il se dirigea*, he wended his way. [4] *qui que tu sois*, whoever you may be. [5] *tu auras beau jeu*, it will be an easy matter [6] *je n'en puis plus*, I am knocked up. [7] *je me suis battu*, I have fought. [8] *m'est à ch*, is a burden to me. [9] *il donne congé*, he dismisses. [10] at once.

son hôte chez sa mère, marchande de charbon[11] sur le quai de Gèvres, et l'invite à prendre patience dans cette modeste retraite jusqu'à un moment plus heureux. Au bout de trois ou quatre jours, arrive une visite domiciliare ;[12] on n'a que le temps de cacher le capitaine sous une douzaine de sacs de charbon : la visite se fait scrupuleusement ; les alguazils[13] sondent les sacs avec des piques de quatre pieds de long, et décampent. Le capitaine, échappé au danger, respire ; il passe quelques jours plus tranquilles dans le taudis hospitalier et il obtient, soit par protection, soit par argent, un passeport sous un nom supposé.[14] Il regagne ses foyers[15] dans le canton de Berne ; et, en arrivant, son premier soin est de se livrer au plaisir de la reconnaissance. Heureux de posséder une fortune considérable, il envoie vingt mille livres[16] à ses bienfaiteurs, avec l'invitation la plus pressante de venir le rejoindre en Suisse. Ces braves gens font leurs dispositions pour le voyage. Quelques jours après, ils sont reçus par le baron de D., avec les témoignages[17] de la plus affectueuse sensibilité, sur une terre[18] rapportant cinq mille livres, dont il leur remet l'acte de vente et leur fait prendre possession sur-le-champ ; il ajoute à cette récompense les marques de la plus touchante amitié et l'assurance de se conduire toujours comme un fils envers sa bienfaitrice et comme un frère envers son bienfaiteur. Depuis cette époque, ces nobles sentiments ne se sont point démentis ;[19] les deux familles n'ont cessé de vivre dans la liaison la plus intime et dans le bonheur qu'elles ont si bien mérité par leurs vertus.

50. LE PHARE.

Sur les côtes d'Angleterre s'élève[1] un phare joint par une étroite chaussée[2] à la terre ferme,[3] et encore ne peut-on[4] la passer à pied sec qu'à la marée basse. Un gardien[5] vivait

---

[11] charcoal. [12] *une visite domiciliaire*, a house search. [13] police officers; from the Spanish *alguacil*, itself derived from the Arabic *al wazīr*. [14] *un nom supposé*, an assumed name. [15] *ses foyers*, his home. [16] the French livre was worth about 10*d*. [17] *les témoignages*, the marks. [18] *une terre*, an estate. [19] *se sont point démentis*, have not changed.

50. [1] rises. [2] causeway. [3] *la terre ferme*, the main land. [4] *ne peut-on = on ne peut*. [5] keeper.

dans cette tour isolée, avec sa fille qui avait à peine dix ans. Un jour, après avoir préparé ses lampes, il descendit pour aller chercher des provisions sur la côte, espérant *être de retour[6] avant la nuit.

Quelques voleurs, cachés sur le rivage, épiaient le passage du gardien. Ils savaient qu'un vaisseau richement chargé devait[7] bientôt passer près du phare, et leur intention, en arrêtant cet homme, était de l'empêcher d'allumer les lampes, afin que le vaisseau échouât[8] sur les écueils et que sa cargaison devînt leur proie. Au moment donc où passe le gardien, ils tombent sur lui et le garrottent. Quelques-uns restent pour le surveiller, et les autres retournent, pour attendre l'évènement, au bord de la mer.

Cependant la jeune fille, seule dans la tour, s'étonnait que son père ne revînt pas. Déjà la marée commençait à monter, et de sombres nuages s'élevaient à l'horizon. Il était urgent d'éclairer le phare, et la petite fille le savait. Que va-t-elle faire ?[9]

Elle essaye d'arriver[10] à la lanterne, mais son bras ne peut y atteindre. Du haut de l'échelle elle juge encore mieux le danger que courent les vaisseaux, et son angoisse s'accroît. Elle se jette à genoux et prie. Calmée et fortifiée par la prière, elle réfléchit. Il lui vient à l'idée[11] de placer l'échelle sur une table. Elle parvient à le faire, non sans peine ; mais la distance jusqu'aux lampes est encore trop grande pour elle. L'obscurité s'accroît, et le vent soulève les vagues avec fureur.

La petite fille prie encore, puis ses yeux tombent sur la Bible placée sur la table ; c'était une grosse et vieille Bible. Elle pense que, placée sous l'échelle, cette Bible l'élèverait. Elle essaye, elle monte, et à force d'énergie et d'adresse, elle parvient à allumer les lampes, qui projettent aussitôt sur les écueils d'alentour[12] une brillante clarté.

Ainsi le vaisseau qu'attendaient les voleurs,[13] échappa au danger malgré la tempête ; et le père, retenu captif, aperçut

---

* *être de retour*, to return. [7] was. [8] might be stranded. [9] *que va-t-elle faire ?* what is she going to do? [10] to reach. [11] *il lui vient à l'idée*, it occurs to her. [12] *les écueils d'alentour*, the surrounding rocks. [13] *qu'attendaient les voleurs = que les voleurs attendaient*.

avec une grande surprise et avec une joie plus grande encore la lumière de son phare, éclairé par la main de sa faible enfant.

51. LE TRÔNE D'OR.

Le roi des Francs Clotaire II, qui régna de 613 à 628, dit un jour à ses courtisans : "J'ai un trône d'or enrichi de pierreries,[1] qui est magnifique, mais d'un travail grossier et sans goût ; j'en voudrais un autre qui fût vraiment une œuvre d'art." En ce temps les arts étaient peu cultivés, les ouvriers intelligents étaient rares. Clotaire fit appeler[2] tous ceux qui, dans ce temps-là,[3] étaient riches et célèbres ; il leur expliqua sa pensée : les uns ne la comprirent pas, les autres reconnurent qu'ils étaient incapables de l'exécuter. Alors un des courtisans dit au roi : "Seigneur, il y a dans la ville un jeune orfèvre nommé Éloi, doué, dit-on, d'un talent merveilleux." "Et que pense-t-on de sa probité ?" demanda le roi ; "car l'orfèvre qui fera ce trône recevra pour cet ouvrage beaucoup d'or et de pierres précieuses ; il lui serait bien facile, s'il n'était pas honnête, d'en dérober une partie." "Seigneur, le jeune Éloi passe pour être[4] aussi pieux qu'habile ; tout le temps qu'il n'emploie pas à son travail, il le consacre à la lecture et à la prière." "Faites venir[5] ce jeune homme," dit le roi. Éloi arriva en présence du roi, et après l'avoir salué d'un air modeste, il attendit ses ordres. Le roi lui expliqua sa pensée, et ajouta, en lui montrant le vieux trône d'or : "Te charges-tu,[6] ô jeune homme, de me faire un trône d'or tel que je viens de te le décrire, sans employer plus d'or et de pierres précieuses que tu n'en vois dans celui-ci ?" Éloi répondit : "Seigneur, avec la grâce de Dieu, j'espère en venir à bout."[7] Alors le roi fit remettre[8] à Éloi une quantité d'or et de pierres précieuses égale à celle qui avait été remise autrefois à l'orfèvre chargé de faire l'ancien trône.[8] Éloi la fit porter[9] dans son atelier et se mit

---

51. [1] diamonds, or precious stones. [2] *fit appeler*, summoned. [3] *dans ce temps-là*, in those days. [4] *passe pour être*, has the reputation of being. [5] *faites venir*, send for. [6] *te charges-tu*, do you undertake. [7] *en venir à bout*, to succeed ; word for word, to come to the end. [8] *fit remettre à Éloi une quantité d'or et de pierres précieuses égale à celle qui avait été remise autrefois à l'orfèvre chargé de faire l'ancien trône*, had a quantity of gold, &c.... handed over to Éloi. [9] *la fit porter*, had it taken to.

sur-le-champ à l'œuvre. Quelques mois après, on vint dire à Clotaire que le jeune Éloi attendait ses ordres dans le vestibule du palais. Le roi, impatient, descendit tout de suite dans le vestibule, où se trouvait l'orfèvre avec quelques-uns de ses ouvriers qui venaient d'apporter deux grandes caisses enveloppées d'une toile. "L'une de ces caisses contient le trône?" dit le roi. "Oui, seigneur," répondit Éloi. Il ôta la toile, ouvrit la caisse, et, aidé de ses ouvriers, il en retira le trône et le plaça au milieu du vestibule. Jamais rien de plus beau n'avait frappé les yeux du roi. C'était un ouvrage d'un goût exquis. "Voilà vraiment un chef-d'œuvre!" s'écria-t-il. Et il ne se lassait pas[10] de le contempler. "Mais," s'écria-t-il tout à coup,[11] "qu'y a-t-il[12] donc dans cette autre caisse?" "Seigneur," dit Éloi, "vous allez voir." Aidé de ses ouvriers, il ouvrit la seconde caisse et en retira ce qu'elle contenait. A cette vue, quel fut l'étonnement du roi et de toutes les personnes qui l'entouraient! C'était un autre trône d'or, exactement semblable à celui que le roi venait d'admirer : les mêmes figures en or, la même profusion de diamants et de pierreries. Clotaire ne pouvait en croire ses yeux. "Seigneur," dit Éloi, "j'ai reconnu que la quantité d'or et de pierres précieuses qui m'avait été remise pour faire un trône était suffisante pour en faire deux, et je les ai faits." "Certes," dit le roi, "le talent de ce jeune homme comme artiste est admirable, mais son honnêteté ne l'est pas moins,[13] car s'il avait gardé pour lui tout l'or et toutes les pierreries qui lui ont servi pour le second trône, personne ne s'en serait jamais douté." "Je n'ai fait que mon devoir," dit Éloi, "et je ne mérite pour cela ni admiration ni éloges." Clotaire, charmé des vertus et des talents d'Éloi, le chargea[14] de la garde[15] de son trésor et de la direction des finances du royaume ; et certes, il ne pouvait les remettre en de plus dignes mains.

---

[10] *et il ne se lassait pas*, and he did not grow tired. [11] *tout à coup*, suddenly. [12] *qu'y a-t-il*, what is there. [13] *ne l'est pas moins*, is not less so. [14] *le chargea*, entrusted him. [15] keeping.

52. L'ŒUF DE CHRISTOPHE COLOMB.

Lorsque Colomb fut revenu[1] de son premier voyage en Amérique au mois de mars de l'année 1493, les témoignages d'honneur qui furent les plus agréables à son cœur, après ceux qu'il avait reçus de la reine Isabelle de Castille et du roi Ferdinand d'Aragon, furent ceux que lui prodigua le cardinal Mendoza.[2]

Cet homme éminent par ses qualités et par son talent avait accueilli avec bonté le navigateur génois, quand, vers 1460, il était venu en Espagne, pauvre et inconnu, et il l'avait recommandé aux bontés de la reine, lorsqu'il eut deviné son génie. Mendoza donna un grand banquet où la place d'honneur fut assignée à Colomb. C'est dans ce banquet que se passa[3] le petit incident qui a été si souvent rapporté.[4] Lorsque l'un des convives eut demandé à Colomb si aucun autre homme n'aurait pu découvrir aussi bien que lui les Indes nouvelles, Colomb, pour toute réponse, fit apporter un œuf[5] et proposa à toutes les personnes présentes de le poser de telle façon qu'il se tînt en équilibre sur un bout. Après que tous les convives eurent fait, pour y parvenir, d'inutiles essais,[6] on repassa l'œuf à Colomb qui, le frappant légèrement contre la table, brisa un bout de la coque,[7] et le posa sur la partie brisée. A peine eut-il fait cela que tout le monde s'écria à la fois: "Mais cela était fort simple ! Le premier venu[8] aurait pu le faire !" "Oui, messeigneurs," répliqua Colomb, "cela était simple et facile, comme il était simple et facile de découvrir la nouvelle route des Indes. Cependant, avant que je l'eusse montrée, personne encore n'était parvenu[9] à la trouver."

53. HISTOIRE D'UN REVENANT.

La frayeur est ingénieuse à se créer des fantômes: on s'imagine voir, on dit qu'on a vu; l'histoire vole[1] de bouche en bouche; souvent on la brode[2] et, plus elle est absurde, plus

---

52. [1] *fut revenu*, had returned. [2] *furent ceux que lui prodigua le cardinal Mendoza* = *furent ceux que le cardinal Mendoza lui prodigua*. [3] *se passa*, took place. [4] mentioned. [5] *fit apporter un œuf*, had an egg brought. [6] attempts. [7] shell. [8] *le premier venu*, anybody, word for word, the first come. [9] *était parvenu*, had succeeded in.

53. [1] flies. [2] *on la brode*, it is embellished.

il semble qu'on prenne plaisir à l'adopter. Les hommes faibles ou superstitieux ne manquent pas[3] de s'en faire une égide.[4] Combien de fables l'ignorance et la crédulité n'ont-elles pas fait parvenir jusqu'à nous !

Vordac, dans ses mémoires, raconte qu'étant à Plaisance, ville d'Italie, il alla dans une hôtellerie dont le maître avait perdu sa mère la nuit précédente. Cet homme ayant envoyé un de ses domestiques pour chercher quelques linges[5] dans la chambre de la défunte, celui-ci revint hors d'haleine,[6] en criant qu'il avait vu sa dame, qu'elle était revenue, et couchée dans son lit. Un autre valet fit l'intrépide, y alla, et confirma la même chose.

Le maître du logis voulut y aller à son tour, et se fit accompagner de sa servante; un moment après, il descendit, et cria à ceux qui logeaient chez lui: "Oui, messieurs, ma pauvre mère, Étienne Hane, je l'ai vue; mais je n'ai pas eu le courage de lui parler."

Vordac prit un flambeau, et adressant la parole à un ecclésiastique[7] qui était de la compagnie: "Allons, monsieur." "Je le veux bien," répond l'abbé,[8] "pourvu que vous passiez le premier." Toute la maison voulut être de la partie. On les suivit, on entra dans la chambre, on tira[9] les rideaux du lit. Vordac aperçut la figure d'une vieille femme noire et ridée, assez bien coiffée,[10] et qui faisait des grimaces étranges.

On dit au maître de la maison d'approcher pour voir si c'était sa mère. "Oui, c'est elle. Ah! ma pauvre mère!" Les valets crièrent aussi que c'était leur maîtresse.

Vordac dit alors à l'ecclésiastique: "Vous êtes prêtre, interrogez l'esprit." Le prêtre s'avança, interrogea la morte, et lui jeta de l'eau bénite sur le visage. L'esprit, se sentant mouillé, sauta sur la tête de l'abbé, et le mordit: alors tout le monde s'enfuit.

L'esprit et l'ecclésiastique se débattant ensemble, la coiffure[11] tomba, et Vordac vit que c'était un singe. Ce singe avait souvent vu sa maîtresse se coiffer d'une certaine ma-

---

ne manquent pas, do not fail. [4] ægis (a shield). [5] *quelques linges*, some linen. [6] *hors d'haleine*, out of breath. [7] priest. [8] priest [9] *on tira*, they drew aside. [10] *assez bien coiffée*, with a pretty decent head-dress. [11] head-dress.

nière ; il avait mis sa coiffure, et s'était couché sur le lit où elle se reposait.

Tel est, plus ou moins, le fond de toutes les histoires des prétendus[12] revenants: le dénoûment[13] est à peu près le même. Si l'on avait la force de les réduire toutes à leur juste valeur, les femmes, les enfants et les hommes seraient exempts des frayeurs puériles[14] qui consument la moitié de leur vie.

54. L'ENFANT RETROUVÉ.

Au centre de Portman Square, à Londres, l'hôtel de milady Montagu présentait aux regards[1] sa belle architecture, son jardin délicieux, ses jets d'eau,[2] ses ombrages et une cour[3] où, ce jour-là, un mouvement extraordinaire se faisait remarquer.[4] On y plantait des ifs pour les illuminations, on y élevait des tribunes, on y disposait la place de l'orchestre ; c'étaient tous les préparatifs d'une fête qui allait être donnée le soir même dans ces lieux enchantés. Curieux d'en apprendre la cause, voici ce que j'appris de la bouche d'un voisin complaisant.

Cette fête, dit-il, est celle des ramoneurs et c'est lady Montagu qui la leur donne ; voici à quelle occasion.

C'était en 1800. Lady Montagu avait un fils unique, charmant petit garçon de cinq ans que sa bonne[5] avait conduit[6] sur une promenade. Là, se trouvaient plusieurs bonnes, qui soignaient assez mal les enfants qui leur étaient confiés. Ce peu de soin devait[7] coûter bien cher au petit Montagu.

Il y avait alors à Londres un grand nombre de ces vagabonds au teint[8] brun et olivâtre, aux cheveux noirs et mal peignés,[9] aux yeux brillants, aux vêtements déguenillés,[10] que l'on rencontre encore par bandes en Angleterre, et que l'on appelle ailleurs Bohémiens.[11] Une femme de cette troupe montrait des tourterelles savantes au public. Le jeune Montagu vint caresser, comme les autres enfants, ces intéressants animaux, sans que sa bonne daignât songer à lui. Cependant

---

[12] would be. [13] the issue. [14] childish.

54. [1] *présentait aux regards*, presented to the eye. [2] *jets d'eau*, fountains. [3] court-yard. [4] *se faisait remarquer*, could be noticed. [5] nurse. [6] taken. [7] was to. [8] complexion. [9] combed. [10] in tatters. [11] gipsies.

First French Reader. 41

les exercises étaient finis et la bohémienne allait les recommencer dans un autre quartier; le jeune Montagu s'empressa de la suivre. Sa bonne se souvint alors de l'enfant qu'elle devait surveiller, elle le chercha, l'appela, ses cris restèrent inutiles. L'enfant avait disparu. Et comment aurait-il pu répondre? il était déjà bien loin et la bohémienne s'était hâtée de s'enfoncer avec lui dans des rues obscures et des réduits[12] ignorés.

La jeune gouvernante désolée parcourait tout le parc appelant George à grands cris, et demandant à tout venant[13] si on ne l'avait pas vu. Elle apprit enfin qu'on l'avait rencontré donnant la main à la bohémienne. Mais ce renseignement fut encore inutile, et la nuit était venue que rien encore n'avait été découvert.

La fâcheuse nouvelle était arrivée à l'hôtel[14] Montagu longtemps avant le retour de la jeune fille. Le lendemain des affiches,[15] promettant d'immenses récompenses, couvraient les murs de Londres; mais les journées, les semaines se passaient, et rien encore n'était découvert. Les années même s'écoulaient et retrouvaient lady Montagu toujours souffrante, toujours désespérée et s'écriant quelquefois: "Ah! s'il était mort ici, tout près de moi, je saurais au moins où est sa petite tombe, et je pourrais au moins y aller pleurer."

Cependant le jeune Montagu versait aussi des larmes. Il n'avait plus son habit bleu et sa belle collerette plissée. Il était là, couvert de haillons, jeté au milieu d'une douzaine d'enfants enlevés comme lui, sur le pont du vaisseau qui les conduisait[16] en Hollande ... Hélas!... Le descendant des lords Montagu était devenu ramoneur.

Pendant cinq ans il continua son pénible métier. Il travailla en Hollande, en Belgique et en France, et partout il se faisait aimer. A travers la noirceur de la suie, on distinguait un charmant visage et, quand sa voix remerciait de son petit salaire, elle avait un charme entraînant. Un jour un anglais qui demeurait près d'Orléans envoya à la ville chercher des ramoneurs pour les cheminées du château. George y fut envoyé avec un de ses camarades qui se nommait Marc. Leur maître malade n'avait pu aller avec eux.

---
[12] hovels.   [13] *à tout venant*, to all comers.   [14] mansion
[15] placards.   [16] *que les conduisait*, which was taking them.

George fut bientôt à l'ouvrage et il n'était encore monté qu'a peu d'élévation, lorsqu'il entendit quelques sons excités par le frottement de l'instrument de fer dont il était muni. Bientôt quelques pièces tombent sur l'âtre. Il cherche encore et, dans un enfoncement du mur, il trouve un sac à demi[17] brûlé et rempli de pièces de monnaie. L'enfant redescend, ouvre le sac et s'assure qu'il contient des pièces d'or et que ces pièces sont des guinées. Aussitôt il accourt vers le maître du château qu'il aperçoit sur une terrasse. "Des guinées! des guinées!" s'écria-t-il, en s'approchant du gentilhomme anglais. "Et où les as-tu trouvées?" "Dans votre cheminée, mais ce n'est pas tout. En voici encore dans mes poches; je vous les rends, car tout vous appartient" "Et tu ne gardes rien pour toi?" "Je ne dois pas garder ce qui est aux autres."

"Mais," dit l'anglais, après avoir réfléchi un moment, "comment sais-tu que ce sont des guinées?" "C'est que quand j'étais petit, tout petit, j'en ai vu comme cela chez maman." "Tu es donc né en Angleterre?" "Je ne sais pas; je me souviens seulement d'une belle maison et d'une dame bien bonne que j'appelais maman, et de Peggy qui me menait à la promenade." "Ecoute, mon ami," lui dit le gentilhomme étonné, "je veux voir ton maître. Nous allons nous rendre à Orléans; tu vas venir avec moi. Dans un instant les chevaux seront à la voiture. Appelle ton camarade et nous allons partir." "Mais, monsieur, cela ne se peut pas, ma cheminée n'est pas finie." "Non, non, nous partirons de suite, appelle ton ami."

La voiture est prête; George y prend place sans être embarrassé; Marc hésite et ne sait trop comment s'y prendre.[18] L'anglais a remarqué cette différence; elle confirme ses soupçons.

Arrivé à la ville, les deux enfants font arrêter la voiture devant la maison de leur maître. L'anglais s'approche du mauvais grabat où le Savoyard souffrait et où il allait mourir. "Consentiriez-vous," lui dit-il, "à me céder cet enfant? Je vais partir pour l'Angleterre." "En Angleterre!" répéta le vieux Savoyard. "Mais vous me rappelez un affreux sou-

---

[17] *à demi*, half.   [18] *ne sait trop comment s'y prendre*, does not exactly know how to set about it.

venir ; ce n'est pas moi pourtant ; c'est la femme noire et c'est d'elle que j'ai acheté cet enfant ; mais c'est égal,[19] je suis bien coupable, dites que vous me pardonnez." Tout à coup, ramassant le reste de ses forces, il se lève, parvient péniblement[20] à un vieux coffre déposé dans un coin de la chambre, se penche pour l'ouvrir, puis tombe pour ne plus se relever . . . . il venait d'expirer.

La volonté du Savoyard semblait autoriser l'étranger à ouvrir le vieux coffre. Il y trouva les petites épargnes du vieillard et un écrit par lequel il les léguait à George et où se trouvaient encore ces mots : "Ce petit cachet[21] en pierre blanche est à George ; la femme l'avait trouvé dans la poche de cet enfant." Ce cachet ne laissait plus de doute. Le gentilhomme anglais reconnut aussitôt le cimier[22] de la famille Montagu et la lettre initiale de ce nom.

George n'avait plus, depuis quelque temps, son habit de ramoneur, une croix avait été plantée sur la tombe d'Ambroise, et le gentilhomme anglais, accompagné de son petit protégé, était sur la route d'Angleterre. Arrivé à Londres, le vieux gentilhomme conduit George à Portman Square. A la vue de l'hôtel, l'enfant s'arrête et pâlit ; sa poitrine se gonfle, il chancelle : il tombe en s'écriant : "Ici ! ici ! . . . ." Et bientôt il est dans les bras de sa mère.

C'est en mémoire de cet évènement que lady Montagu a institué la fête des ramoneurs, qui se célèbre toujours le premier mai, et où sont conviés tous les petits ramoneurs de la capitale.

55. L'ORDRE ET L'ÉCONOMIE.

Lorsque Jacques Laffitte, né à Bayonne en 1767, vint à Paris en 1788, toute son ambition se bornait[1] à obtenir une petite place[2] dans une maison de banque. Il se présenta chez M. Perregaux, riche banquier. Le jeune provincial, pauvre et modeste, timide et troublé,[3] fut introduit dans le cabinet[4] du banquier et fit sa demande.[5] "Impossible de

---

[19] *mais c'est égal*, but never mind.   [20] *parvient péniblement*, reaches with difficulty.   [21] seal.   [22] crest.

55. [1] *se bornait*, was limited to.   [2] *petite place*, junior clerkship.   [3] disconcerted.   [4] private room, or study.   [5] *fit sa demande*, preferred his suit.

vous admettre chez moi, du moins pour le moment,"[6] lui répond M. Perregaux, "mes bureaux sont au complet.[7] Plus tard, si j'ai besoin de quelqu'un, je verrai : mais, en attendant,[8] je vous conseille de chercher ailleurs, car je ne pense pas avoir de longtemps[9] une place vacante."

Le jeune homme salue et se retire. En traversant la cour, triste et le front[10] penché, il aperçoit à terre une épingle, la ramasse et l'attache sur son habit. Il était loin de se douter[11] que cette action devait décider de son avenir. Debout à la fenêtre de son cabinet, M. Perregaux avait suivi des yeux la retraite du jeune homme ; le banquier était de[12] ces observateurs qui savent le prix des petites choses, et qui jugent le caractère des hommes sur ces détails qui sont futiles en apparence. Il avait vu ramasser l'épingle, et ce trait lui fit plaisir. Ce simple mouvement lui révélait un caractère : c'était une garantie d'ordre et d'économie. Le soir même Laffitte reçut un billet du banquier qui lui disait : "Vous avez une place dans mes bureaux ; vous pouvez venir l'occuper dès demain."

Le banquier ne s'était pas trompé :[13] le jeune homme à l'[14] épingle possédait toutes les qualités requises, et même quelques-unes de plus. Le jeune commis devint bientôt caissier, puis associé, puis maître de la première maison de banque de Paris, puis homme d'État[15] et enfin, en 1830, président du conseil des ministres.[16] Ce que M. Perregaux n'avait pas prévu sans doute, c'est que la main qui ramassait une épingle était une main généreuse, quand il s'agissait[17] de faire du bien ; une main toujours ouverte, toujours prête à répandre l'or pour secourir les infortunés.

56. LES CHEVEUX BLANCS DE LEMIERRE.

Le poëte Lemierre avait les cheveux blancs, même dans sa jeunesse. En voici la cause telle qu'il la racontait.

---

[6] *pour le moment*, at present.   [7] *au complet*, full.   [8] *en attendant*, in the mean time.   [9] *de longtemps*, for a long while to come.   [10] *front = tête*.   [11] *il était loin de se douter*, he was far from thinking.   [12] *était de = était un de*.   [13] *ne s'était pas trompé*, had not made a mistake.   [14] *à l'*, with.   [15] *homme d'État*, statesman.   [16] *président du conseil des ministres*, prime minister.   [17] *quand il s'agissait*, when it was necessary.

Nommé[1] secrétaire d'ambassade, je me rendais avec mon ambassadeur au lieu de ma destination. Surpris,[2] vers la fin du jour, par un orage épouvantable, nous nous réfugions dans une auberge isolée au milieu d'une forêt. Nous eûmes beaucoup de peine à loger nos chevaux et à obtenir un lit pour l'ambassadeur. Quant à moi, je me voyais réduit à passer la nuit sur une chaise. J'avais pris mon parti,[3] mais non sans murmurer. Il m'était échappé de dire que je donnerais volontiers un louis d'or pour avoir un lit. Tout le monde était couché, et déjà je commençais à m'endormir, assis[4] auprès d'un bon feu, lorsque je me sentis tirer par mon habit, et je vis à côté de moi la servante de l'auberge debout avec une lanterne sourde[5] à la main. "Qu'y a-t-il donc?" m'écrai-je. "Monsieur," dit-elle, "est-ce bien sérieusement que vous avez parlé de donner un louis?" "Très sérieusement, ma bonne." "Eh bien! suivez-moi."

Elle me fait traverser un vaste jardin qui nous conduit à un pavillon; elle ouvre une porte, et me voilà dans une très jolie chambre, bien meublée et garnie d'un lit qui me paraît délicieux. Je lui donne avec joie la récompense promise, et elle se retire très contente.

J'ai l'habitude, en voyage,[6] de refaire mon lit. Cette fois je n'y manque pas. J'ôte les matelas, je porte la main à la paillasse pour la remuer; au lieu de paille, ma main saisit ... un cadavre. Je ne sais ce que je devins en ce moment; mais, au milieu de la nuit, je me trouvai étendu par terre, dans l'obscurité. Je recueillis[7] peu à peu mes idées confuses et, ayant repris mes sens, je voulus vérifier si la terreur qui m'avait fait perdre connaissance n'était point un effet de mon imagination.

Dirigé par quelques rayons de lumière que je n'avais pas d'abord aperçus, et qui m'arrivaient du dehors[8] à travers les fentes de la porte de ma chambre, je m'approche du lit, je plonge encore ma main tremblante dans la paillasse et, je n'en puis plus douter, ma main a touché et touche encore un cadavre glacé.

---

56. [1] appointed. [2] caught. [3] *j'avais pris mon parti*, I had made the best of it. [4] from *s'asseoir*. [5] *lanterne sourde*, a dark lantern. [6] *en voyage*, when travelling. [7] collected. [8] *du dehors*, from outside.

Peu s'en faut que je ne m'évanouisse de nouveau.⁹ Je me traîne vers l'endroit d'où vient la lumière, je ne puis rien voir, mais j'entends chuchoter plusieurs personnes. Je veux sortir, la porte est fermée à double tour, et la clef n'y est pas ; j'ouvre la fenêtre, elle est garnie¹⁰ de barreaux de fer. Alors, je pense que c'est fait de moi,¹¹ que ma dernière heure a sonné. Il ne me reste plus d'espoir qu'en Dieu ; je me jette à genoux, et je l'implore avec toute la ferveur dont je suis capable.

Après avoir bien prié, prié longtemps, je vois poindre le jour ;¹² et, dirigeant mes yeux vers la fenêtre, j'aperçois la clef de ma chambre et ma lampe tombées de ma table de nuit qui avait été renversée dans ma chute. Me saisir de cette clef, ouvrir la porte, voler chez l'ambassadeur et l'éveiller, c'est l'affaire d'un instant.

On met les chevaux à la voiture, et nous partons sans obstacle ; mais je reste sous l'impression de mon grand effroi tant que¹³ nous traversons la forêt et je ne puis rompre le silence. En arrivant sur la grande route, et à la vue du soleil qui brille déjà sur l'horizon, une exclamation de joie s'échappe tout à coup du fond de mon âme. L'ambassadeur me regarde et s'écrie : " Que vois-je ? vous avez les cheveux tout blancs." "Ah !" lui dis-je, "c'est sans doute l'effet terrible de l'événement de cette nuit." Et alors seulement j'ai la force de lui raconter l'histoire du cadavre, mon évanouissement et mes dangers.

A la première ville que nous trouvons, je me présente chez l'officier de police pour lui faire ma déclaration. Vingt hommes de maréchaussée¹⁴ sont commandés, nous rebroussons chemin,¹⁵ et bientôt l'auberge est cernée. On arrête l'hôte, sa femme et ses garçons d'écurie. On les interroge, on les menace ; on ne peut obtenir d'eux aucun aveu. Je m'écrie alors : "Cherchez la servante, tout sera bientôt éclairci, et les coupables seront confondus." Elle était cachée dans un grenier. Elle est saisie et amenée. Dès

---

⁹ *peu s'en faut que je ne m'évanouisse de nouveau*, I was (am) nearly fainting again. ¹⁰ provided with. ¹¹ *c'est fait de moi*, that it is all up with me. ¹² *je vois poindre le jour = je vois 'e jour poindre* (break). ¹³ *tant que*, as long as. ¹⁴ mounted police. ¹⁵ *nous rebroussons chemin*, we retrace our steps.

qu'elle m'aperçoit, elle se jette à mes pieds : "Pardonnez-moi, monsieur, pardonnez-moi ! je vais vous rendre votre louis et vous avouer tout." "Quelle est la victime que j'ai trouvée assassinée ?" "Hélas ! monsieur, c'est un juif." "Ah ! mon Dieu," dit l'hôtesse, "voilà bien du bruit pour rien : un juif est mort dans notre auberge, l'avant-dernière nuit. L'usage des juifs est de laisser le mort pendant vingt-quatre heures dans son lit. Cette diablesse de fille aura mis le cadavre dans la paillasse pour gagner[16] un louis. Quant aux chuchotements que monsieur[17] a entendus, ce sont les prières des[18] morts que les parents du défunt ont récitées dans la chambre voisine."

Les explications données par la maîtresse de l'auberge étaient exactes, et la vérification des faits les confirma de tout point. Je restai plein de confusion en présence de tout le monde ; mais je fis avouer à chacun qu'il y aurait été pris comme moi, et je jurai bien de ne plus croire si facilement aux apparences.

57. LA FÊTE DE NOEL EN FRANCE.

En Angleterre la fête de Noël est la plus grande solennité religieuse de l'année, et c'est aussi la fête que l'on célèbre le plus joyeusement dans les familles.

Nous ne célébrons pas, en France, la fête de Noël avec tant d'apparat, parce que nous réservons les souhaits, les visites et les cadeaux pour le premier jour de l'an. Noël est pourtant toujours une grande fête à l'église et dans la plupart des familles. Il est tout simple que l'église chrétienne honore comme un des plus grands jours de l'année celui qui est consacré à la nativité de Jésus Christ. Les catholiques ont quatre grandes fêtes annuelles : Noël, Pâques, la Pentecôte et l'Assomption.

L'office[1] de Noël se distingue de tous les autres par des cérémonies particulières : chaque prêtre dit ce jour-là trois messes[2] successives et indépendamment de celles qui se disent le jour, à l'heure ordinaire de la grand'messe,[3] on célèbre la messe ou plutôt les trois messes de minuit. A

---

[16] to earn.   [17] the gentleman.   [18] for the.
57. [1] Church service.   [2] masses.   [3] high mass.

onze heures du soir, le carillon⁴ des cloches⁵ réveille les fidèles. Les fenêtres de l'église, intérieurement illuminée, brillent dans les ténèbres. Bientôt les portes s'ouvrent, et la foule se précipite. L'orgue résonne, les chants s'élèvent, l'encens parfume l'air, et le prêtre, du haut de l'autel, annonce la bonne nouvelle de la naissance du Sauveur. Quand les prières sont achevées et que le clergé est sorti processionnellement du chœur, les fidèles s'enveloppent de leurs manteaux et de leurs fourrures et regagnent leur demeure en marchant sur la neige. Peu à peu les bruits s'apaisent, les rues redeviennent désertes : mais on s'aperçoit encore de la fête aux lumières qui brillent de toutes parts à travers les croisées ! C'est que l'usage réunit toutes les familles au retour de la messe de minuit, devant un déjeuner qu'on appelle le réveillon,⁶ et pendant lequel il est de fondation d'allumer un grand feu dans la cheminée. Dans beaucoup de fermes, les bûcherons réservent le plus gros morceau de bois qu'ils aient fendu dans l'année, pour en faire la bûche de Noël.⁷ On l'apporte triomphalement dans l'âtre avec des guirlandes ; puis on s'agenouille tout autour ; l'aïeul ou l'aïeule l'asperge d'eau bénite,⁸ en chantant un de ces cantiques naïfs connus sous le nom de noëls, et dont toute l'assistance répète en chœur les couplets.⁹

On se lève un peu tard après une nuit aussi agitée : mais les enfants, qui ont été à la messe de minuit dans la chapelle blanche, c'est-à-dire qui ont dormi sous leurs blancs rideaux pendant que les autres allaient à l'église et faisaient le réveillon, n'ont dormi cette nuit-là que d'un œil¹⁰ et se réveillent avec le chant¹¹ du coq. Ce n'est pas le carillon des cloches qui les agite, c'est que le bonhomme Noël¹² doit¹³ descendre par la cheminée, et mettre au pied de leur lit un œuf, un gâteau, un joujou, un livre, un chapelet. L'espérance de cette bonne surprise leur ouvre les yeux avant le jour, et quelque fois la mère ne dort pas mieux, dans la pensée des doux baisers et des joyeuses exclamations dont la générosité du bonhomme Noël sera payée.

---

⁴ chimes.   ⁵ bells.   ⁶ midnight revel.   ⁷ *bûche de Noël*, the Christmas log, or, better, the Yule log.   ⁸ *d'eau bénite*, holy water.   ⁹ verses. ¹⁰ *n'ont dormi cette nuit-là que d'un œil: dormir d'un œil*, to sleep lightly. ¹¹ crowing.   ¹² *bonhomme Noël*, Father Christmas.   ¹³ is to.

La fête se termine le soir par un banquet. C'est une oie grasse qui doit en faire l'ornement principal, chez nous comme en Angleterre. Dans le Midi surtout, l'oie grasse est de rigueur,[14] et, pour avoir cette oie bienheureuse, on voit de pauvres familles se priver de tout et manger leur pain sec pendant huit jours.[15]

58. CÉSAR.

Ne croyez pas que je veuille vous entretenir du célèbre romain qui a rempli le monde de son nom. Le César dont je vais vous parler était un simple représentant de la race canine.

Oui, César n'était qu'un chien, mais certainement il était le plus beau et le plus intelligent de tous les chiens de Terre-Neuve que j'aie connus. Pour la docilité surtout, il était sans pareil.[1] Il était toujours occupé à épier mon regard et il comprenait tous les ordres que je lui donnais. Par exemple, je n'avais qu'un mot à lui dire pour qu'il allât ouvrir ou fermer la porte de la chambre; je lui désignais un livre, un journal,[2] un objet quelconque, et je lui nommais la personne à qui il devait le porter: il le faisait immédiatement et sans jamais se tromper.[3] Un jour, je me rappelle que je lui demandai le panier aux clefs; en me l'apportant, il laissa tomber une des clefs dans l'escalier: il comprit mon geste, retourna la ramasser et vint la remettre avec les autres dans le panier. Quand je lui disais de demander à manger, il aboyait d'abord tout bas.[4] "Plus haut!"[5] ajoutais-je, et il élevait la voix progressivement jusqu'à ce qu'il rivalisât avec le rugissement d'un lion.

César avait appartenu autrefois à un officier, et les soldats lui avaient appris toutes sortes de tours.[6] Il excellait à embrasser le monde: il s'y prenait de la manière la plus polie, mais en même temps la plus déterminée, et il n'était satisfait que quand il vous avait donné son coup de langue sur les lèvres. Il s'entendait aussi à merveille[7] à décoiffer

---

[14] *est de rigueur*, is indispensable. [15] *huit jours*, a week.

58. [1] *sans pareil*, without equal. [2] a newspaper. [3] *sans jamais se tromper*, without ever making a mistake. [4] *tout bas*, quite in a low tone. [5] *plus haut*, louder. [6] tricks. [7] *il s'entendait aussi à merveille*, he was wonderfully skilful in.

quelqu'un ; il courait après la personne désignée, lui posait délicatement ses deux pattes de devant sur les épaules, et quelque résistance qu'on fît, il réussissait à enlever le chapeau ou la casquette, qu'il rapportait d'un air de triomphe.

Un autre tour qu'on lui avait appris au régiment était celui-ci : on lui plaçait un morceau de sucre sur le bout du nez et l'on prononçait les trois commandements suivants : "Garde à vous !"[8] "En joue !"[9] "Feu !" Ce dernier mot n'avait pas été plus tôt prononcé que le morceau de sucre était avalé. On pouvait intercaler entre ces trois mots une conversation aussi longue que l'on voulait ; le chien ne bougeait point, pas un muscle de son corps ne remuait, il attendait avec une infatigable patience le commandement final.

César était d'une douceur admirable avec les enfants. Il avait une affection particulière pour mon petit Henri. Quand je lui disais : "César, veille sur Henri !" je pouvais être tranquille :[10] il n'aurait jamais permis à un inconnu d'apparence suspecte d'approcher de l'enfant ; il eût, je crois, dévoré quiconque eût manifesté des intentions malveillantes. Quand je lui avais ainsi recommandé mon petit garçon, il s'asseyait auprès de lui, surveillait tous ses mouvements, et ne se lassait pas[11] de lui rapporter ses joujoux, que l'enfant, abusant de la patience de son gardien, se faisait un jeu de jeter au loin.

César avait un compagnon nommé Fidèle ; c'était un chien de petite race, si mignon[12] qu'à la promenade,[13] quand il était fatigué, je le prenais et le mettais dans la poche de mon paletot : il s'y blottissait pour dormir, ou bien il passait ses pattes de devant[14] et sa tête au dehors et regardait dans la rue ; il avait l'air[15] d'être à la fenêtre. César était plein d'indulgence pour son petit ami ; il lui permettait de se coucher entre ses quatre pattes devant le feu, et même sur l'épaisse fourrure de son flanc ou de son dos. A titre de roquet,[16] Fidèle était un peu taquin et poussait la familiarité jusqu'à l'impertinence ; quelquefois il lui prenait fantaisie de

---

[8] *Garde à vous !* Attention !   [9] *En joue !* Take aim !   [10] easy.
[11] *ne se lassait pas*, and did not grow tired.   [12] tiny.   [13] *qu'à la promenade*, that when walking.   [14] *ses pattes de devant*, his fore-paws.
[15] *il avait l'air*, he seemed to be, or he looked as if.   [16] cur.

jouer avec la queue de César, ou de japper après lui avec une persistance qui dépassait les bornes de la plaisanterie ; l'autre le regardait faire d'un œil indifférent, puis se contentait de lui tourner le dos.

Un jour, cependant, il lui infligea une punition, mais une punition si originale, j'allais dire si spirituelle,[17] que je m'en amusai beaucoup. César était en train[18] de ronger un os qu'il avait eu la bonne fortune de rencontrer ; aussitôt Fidèle accourut et introduisant sans façon sa tête jusque dans la gueule du colosse, il lui prit l'os entre les dents. Le Terreneuve ne se mit pas en colère, il ne grogna même pas ; seulement, posant sa lourde patte sur les reins du roquet, il le cloua solidement par terre[19] et il lui reprit l'os de la manière la plus délicate ; puis il se mit à déguster le friand morceau, suçant, rongeant, léchant, se régalant à loisir sous les yeux du prisonnier, qu'il contraignit à rester spectateur de son festin ; enfin, quand il ne resta plus une parcelle d'os à croquer, il retira sa patte et délivra le pauvre Fidèle du supplice de Tantale qu'il lui avait fait subir.

Je pourrais[20] citer encore bien d'autres traits qui ne feraient pas moins d'honneur à César, mais je préfère m'arrêter, sachant combien il est facile[21] de lasser l'admiration et de nuire à son héros, en paraissant vouloir trop l'exalter.

59. UNE PEUR.

Il m'arriva[1] une aventure qui donna, dans le couvent, une belle idée de mon courage. Une jeune personne, voulant se faire religieuse,[2] vint avec sa mère à Origny. On les logea dans un grand appartement à côté du mien, et vide depuis plus de trois ans. Tout le monde dans le couvent était couché[3] avant dix heures ; pour moi, j'écrivais, je lisais, je jouais de la harpe jusque tard dans la nuit ; le soir même de l'arrivée de la jeune personne novice, j'entendis à minuit doucement frapper à ma porte ; c'étaient la novice

---

[17] witty. [18] *en train*, in the act of, or busy. [19] *par terre*, to the ground. [20] *je pourrais*, I might. [21] *combien il est facile*, how easy it is.

59. [1] *il m'arriva*, happened to me (to be placed at the end of the sentence). [2] *voulant se faire religieuse*, wishing to become a nun. [3] *était couché*, was in bed.

et sa mère. Elles étaient toutes tremblantes et me contèrent qu'elles avaient été réveillées par un bruit étrange qu'elles avaient entendu dans un cabinet voisin de leur chambre et dans lequel elles n'étaient point entrées. Comme il faisait beaucoup de vent[4] ce soir-là, je leur représentai que ce bruit n'avait rien d'étonnant ; elles me répondirent qu'il était si prodigieux qu'il semblait que l'on voulût du dehors briser et enfoncer la fenêtre qui donnait sur[5] les basses-cours. La mère pensait que c'étaient des voleurs, qui, ayant escaladé les murs, voulaient entrer dans cet appartement ; la fille disait qu'elle croyait que c'était tout simplement un revenant.[6] Mademoiselle Victoire, ma femme de chambre,[7] qui était fort courageuse, offrit d'aller visiter la chose et, piquée d'émulation, je dis qu'il fallait y aller avec elle. On y consentit ; je distribuai les armes, un balai, des pincettes, une pelle ; je marchais à la tête, et nous allâmes très gaîment dans l'appartement des deux étrangères. Arrivées à la porte du cabinet, nous écoutâmes et nous entendîmes en effet un bruit extraordinaire. Cependant, par un de ces premiers mouvements d'imprudence et d'audace que j'ai eus mille fois en ma vie, j'ouvris la porte, et je fis passer Victoire, qui tenait une bougie. . . .

Vis-à-vis la porte était la fenêtre avec un grand rideau blanc tiré . . . A peine la valeureuse Victoire a-t-elle jeté les yeux sur le rideau qu'elle pâlit, chancelle, et la lumière vacille dans sa main tremblante ; elle voyait, je vis comme elle au même instant deux gros pieds d'homme, qui passaient sous ce rideau. . . . C'était voir un voleur ; mais, sans nulle réflexion, je m'élance vers le rideau en m'écriant : "Eh bien ! nous lui parlerons ; ne me laissez pas seule et avançons nous." . . . En disant ces mots, je me jette sur le rideau brusquement. Quelle fut notre agréable surprise, en découvrant que ces prétendus pieds n'étaient que des souliers d'homme, posés de manière à produire l'illusion qui nous avait tant effrayées ! Quant au bruit, il venait d'un contrevent,[8] dont un des pitons était détaché, de sorte que, mis

---

[4] *comme il faisait beaucoup de vent*, as it was very windy.   [5] *donnait sur*, overlooked.   [6] *un revenant*, a ghost.   [7] *femme de chambre*, chamber-maid.   [8] outside shutter.

en mouvement par le vent, il ballottait avec fracas contre la fenêtre, dont il avait même cassé deux ou trois vitres. Cet appartement avait été habité quelques années auparavant par une vieille dame, que son laquais venait servir, permission que l'abbesse donnait aux pensionnaires et que j'avais moi-même; ces gros souliers avaient apparemment appartenu à son laquais, qui les avait oubliés là; on n'entrait jamais dans ce logement, et enfin ces souliers y étaient restés.

60. UNE SINGULIÈRE MÉPRISE.

Un étranger très-riche, nommé Sutherland, était banquier de la cour de Catherine II, et naturalisé en Russie; il jouissait auprès de l'impératrice d'une assez grande faveur. Un matin, on lui annonce[1] que sa maison est entourée de gardes et que le maître de police demande à lui parler.[2]

Cet officier, nommé Reliew, entre avec l'air consterné. "Monsieur Sutherland," dit-il, "je me vois, avec un vrai chagrin, chargé, par ma gracieuse souveraine, d'exécuter un ordre dont la sévérité m'effraye, m'afflige, et j'ignore par quelle faute ou par quel délit vous avez excité à ce point le ressentiment de sa Majesté!"

"Moi! monsieur," répond le banquier, "je l'ignore autant et plus que vous; ma surprise surpasse la vôtre. Mais enfin, quel est cet ordre?" "Monsieur," répond l'officier, "en vérité le courage me manque[3] pour vous le faire connaître." "Eh quoi! aurais-je perdu la confiance de l'impératrice?" "Si ce n'était que cela, vous ne me verriez pas si désolé. La confiance peut revenir; une place peut être rendue." "Eh bien! s'agit-il de me renvoyer dans mon pays?" "Ce serait une contrariété, mais avec vos richesses on est bien partout." "Ah! mon Dieu!" s'écria Sutherland tremblant, "est-il question[4] de m'exiler en Sibérie?" "Hélas! on en revient." "De me jeter en prison?" "Si ce n'était que cela; on en sort." "Bonté divine! voudrait-on me knouter?"[5] "Ce supplice est

---

60. [1] *on lui annonce*, it is announced to him, or he is told. [2] *demande à lui parler*, wishes to speak to him. [3] *le courage me manque*, my courage fails me. [4] *est-il question*, do they talk about. [5] *knouter* is not French. The knout is a formidable 'cat-o'-nine-tails,' used in Russia. *Knouter* should be translated 'to give me the knout.'

affreux, mais il ne tue pas." "Eh quoi !" dit le banquier en sanglotant, "ma vie est-elle en péril ? L'impératrice, si bonne, si clémente, qui me parlait si doucement encore il y a deux jours, elle voudrait . . . mais je ne puis le croire. Ah ! de grâce,[6] achevez ; la mort serait moins cruelle que cette attente insupportable." "Eh bien ! mon cher," dit enfin l'officier de police avec une voix lamentable, "ma gracieuse souveraine m'a donné l'ordre de vous faire empailler."[7] "Empailler !" s'écria Sutherland en regardant fixement son interlocuteur ; "mais vous avez perdu la raison, ou l'impératrice n'aurait pas conservé la sienne ; enfin vous n'auriez pas reçu un pareil ordre sans en faire sentir la barbarie et l'extravagance." " Hélas ! mon pauvre ami, j'ai fait ce qu'ordinairement nous n'osons jamais tenter ; j'ai marqué ma surprise, ma douleur ; j'allais hasarder d'humbles remontrances ; mais mon auguste souveraine, d'un ton irrité, en me reprochant mon hésitation, m'a commandé de sortir et d'exécuter sur-le-champ l'ordre qu'elle m'avait donné, en ajoutant ces paroles qui retentissent encore à mon oreille : 'Allez, et n'oubliez pas que votre devoir est de vous acquitter, sans murmure, des commissions dont je daigne vous charger.'"

Il serait impossible de peindre l'étonnement, la colère, le tremblement, le désespoir du pauvre banquier. Après avoir laissé quelque temps un libre cours à l'explosion de sa douleur, le maître de police lui dit qu'il lui donne un quart d'heure pour mettre ordre à ses affaires.

Alors Sutherland le prie, le conjure,[8] le presse longtemps en vain de lui laisser[9] écrire un billet à l'impératrice pour implorer sa pitié. Le magistrat, vaincu par ses supplications, cède, en tremblant, à ses prières, se charge de son billet, sort, et, n'osant aller au palais, se rend précipitamment chez le comte de Bruce, gouverneur de Saint Pétersbourg. Celui-ci croit que le maître de police est devenu fou ; il lui dit de le suivre, de l'attendre dans le palais, et court, sans tarder,[10] chez l'impératrice. Introduit chez cette princesse, il lui expose le fait. Catherine, en entendant cet étrange récit,

---

[6] *de grâce*, for mercy's sake. [7] *de vous faire empailler*, to have you stuffed. [8] implores. [9] *de lui laisser*, to allow him to [10] *sans tarder*, without delay.

s'écrie: "Juste ciel! quelle horreur! En vérité, Reliew a perdu la tête.[11] Comte, partez, courez et ordonnez à cet insensé d'aller tout de suite[12] délivrer mon pauvre banquier de ses folles terreurs et de le mettre en liberté."

Le comte sort, exécute l'ordre, revient et trouve avec surprise Catherine riant aux éclats.[13] "Je vois à présent," dit-elle, "la cause d'une scène aussi brusque qu'inconcevable : j'avais depuis quelques années un joli chien que j'aimais beaucoup, et je lui avais donné le nom de Sutherland, parce que c'était celui d'un Anglais qui m'en avait fait présent. Ce chien vient de mourir;[14] j'ai ordonné à Reliew de le faire empailler; et, comme il hésitait, je me suis mise en colère[15] contre lui, pensant que, par une vanité sotte, il croyait[16] une telle commission au-dessous[17] de sa dignité : voilà le mot de cette ridicule énigme."

61. SOLON ET CRÉSUS.

Crésus, roi de Lydie, avait agrandi ses états et acquis d'immenses richesses. Il vivait à Sardes, sa capitale, au milieu du faste[1] et des honneurs.

Un jour, il apprit qu'un Grec, nommé Solon, qui s'était illustré en donnant de sages lois à Athènes, sa patrie, et qui voyageait pour étudier les mœurs des différentes nations, venait d'arriver à Sardes. Aussitôt il le fit prier de venir le voir dans son palais, afin de le connaître, et surtout afin de lui montrer sa puissance et d'exciter son admiration.

Solon se rendit à l'invitation du roi. Quand il vit[2] en traversant les appartements du palais, les courtisans magnifiquement vêtus et entourés de serviteurs et de gardes, il prenait chacun d'eux pour Crésus. Enfin il arriva jusqu'au roi, qui s'était paré, ce jour-là, de ce qu'il avait de plus précieux en étoffes, en pierreries, en bijoux artistement travaillés, afin d'éblouir Solon. Mais celui-ci, en abordant Crésus, ne manifesta ni étonnement ni admiration; sa con-

---

[11] *a perdu la tête*, has lost his reason. [12] *tout de suite*, immediately. [13] *riant aux éclats*, bursting out laughing. [14] *vient de mourir*, has just died. [15] *je me suis mise en colère*, I got angry. [16] from *croire*. [17] beneath.

61. [1] pomp. [2] from *voir*.

tenance fit bien voir[3] qu'il ne faisait aucun cas[4] de toutes ces vanités.

Alors le monarque ordonna qu'on lui montrât ses trésors, qu'on étalât devant lui ses meubles les plus magnifiques; puis il lui demanda, d'un ton d'orgueilleuse satisfaction, s'il connaissait quelqu'un au monde qui fût plus heureux que lui.

"Oui," lui répondit Solon, "l'Athénien Tellus. Tellus a vécu en homme de bien, dans une honnête aisance; il a eu des enfants vertueux, et chacun d'eux lui a donné des petits-fils dignes de leurs pères; enfin, il a terminé ses jours avec gloire : il est mort en combattant pour sa patrie. Les Athéniens lui érigèrent un monument dans l'endroit même où il est tombé et lui rendirent de grands honneurs."

Crésus commençait à considérer comme un ignorant et comme un sot cet homme qui, au lieu de mesurer le bonheur à la quantité de l'or et de l'argent, préférait la vie et la mort d'un simple particulier[5] à la puissance d'un roi. Cependant il lui demanda encore s'il avait vu, après Tellus, d'autres hommes qui fussent plus heureux que lui. Solon répliqua :

"Oui, j'ai vu Cléobis et Biton. C'étaient deux frères qui s'aimaient tendrement et qui avaient pour leur mère une tendresse non moins profonde. Un jour de fête, comme leur mère devait se rendre[6] au temple de Junon sur un char traîné par des bœufs, et que ceux-ci, retenus aux champs pour labourer, n'arrivaient pas, ils s'attelèrent eux-mêmes au char et le traînèrent jusqu'au temple. Leur mère était ravie,[7] et tout le monde la félicitait d'avoir de tels enfants. Les deux frères, après la cérémonie du sacrifice, se couchèrent et s'endormirent dans le temple; mais le lendemain ils ne se levèrent pas : on les trouva qui avaient expiré, après une si glorieuse journée, d'une mort paisible et sans douleur."

Alors Crésus perdit patience.

"Eh quoi !" s'écria-t-il, "tu ne me comptes pas au nombre des hommes heureux ?"

---

[3] *fit bien voir*, clearly showed. [4] *qu'il ne faisait aucun cas*, that he reckoned at nothing. [5] private person. [6] *devait se rendre*, was to repair. [7] delighted.

Solon, qui ne voulait ni flatter ni irriter davantage le roi, répondit :

"O roi des Lydiens, nous avons reçu de Dieu, nous autres Grecs, toutes choses en une moyenne mesure ; notre sagesse, comme tout le reste, est simple, modeste et populaire ; elle se tient[8] dans la médiocrité. En nous faisant voir la vie humaine agitée par des vicissitudes continuelles, cette sagesse ne nous permet ni de nous enorgueillir des biens que nous possédons, ni d'admirer chez les autres une félicité que le temps peut détruire. Il faut considérer la fin de toute chose et voir quelle en sera l'issue. L'homme qui vit encore et qui est exposé à tous les périls de la vie, ne jouit que d'un bonheur aussi incertain, aussi peu en son pouvoir que l'est, pour l'athlète qui combat encore, la couronne de la victoire."

Ainsi parla Solon. Il n'avait rien dit d'agréable à Crésus et ne lui avait pas témoigné la moindre estime : aussi fut-il renvoyé de la cour.

La fabuliste Ésope était alors à Sardes, et, comme il vivait dans le palais de Crésus, il avait entendu la conversation de Solon et du roi. Fâché du mauvais accueil fait au sage Athénien, il dit à celui-ci en forme d'avis.

"Solon, il faut ne jamais approcher des rois ou ne leur dire que des choses agréables."

"Dis plutôt," répondit Solon, "qu'il faut ne pas les approcher ou ne leur dire que des choses utiles."

Quelques années plus tard, les événements donnèrent raison à la sagesse de Solon. Le roi de Lydie, qui avait été si heureux jusqu'alors, termina ses jours dans l'infortune. Il perdit d'abord celui de ses fils qu'il préférait, Atys, malgré toutes les précautions dont il entourait sa vie : ce jeune homme fut tué, par accident, à la chasse. Ensuite, Crésus fut vaincu par Cyrus, roi de Perse ; il vit son royaume envahi, sa capitale prise, tous ses trésors qu'il aimait tant et dont il était si fier, pillés et emportés par les soldats ennemis. Il fut lui-même fait prisonnier et condamné à être brûlé vif. On dressa un bûcher[9] en présence de Cyrus et de tous les Perses, et le malheureux roi y monta. On était en train d'[10]

---

[8] *se tient*, it keeps.   [9] *on dressa un bûcher*, a funeral pile was erected.
[10] *on était en train d'*, they were in the act of.

allumer le feu, quand, se rappelant le passé et poussant un profond soupir,[11] il s'écria à haute voix :[12]

"O Solon ! Solon !"

Cyrus l'entendit et lui envoya demander qui était ce Solon, qu'il invoquait ainsi au moment de mourir. Crésus répondit:

"C'était un des sages de la Grèce. Je le fis venir, non pour l'écouter et pour apprendre de lui ce que j'avais besoin de savoir, mais afin qu'il contemplât ma puissance et qu'il allât ensuite dans son pays vanter ma félicité. Mais hélas ! cette félicité imaginaire, je l'ai perdue, et me voici tombé dans le plus affreux malheur. Solon m'avait bien dit que l'homme ne doit pas s'enorgueillir, mais plutôt se défier d'un bonheur incertain."

Ces paroles furent rapportées à Cyrus, qui se les appliquant à lui-même et songeant aux revers qui pourraient succéder[13] à sa prospérité présente, eut pitié de Crésus et ordonna d'éteindre le bûcher. Puis il lui rendit la liberté et le traita honorablement tout le reste de sa vie.

Ainsi, Solon, par quelques paroles, eut la gloire de sauver la vie à un roi et de donner à un autre une sage leçon.

62. LE MARCHAND DE CIDRE ET LE MAÇON.

Il existe à Chauny un nommé[1] Jean Pierre, qui est un gros[2] fabricant de cidre. Jean Pierre est très avare ; on le cite dans le pays pour ses liarderies.[3] L'année passée, il lui est arrivé de se trouver dans les champs au moment où les eaux avaient crû ; les jardinages étaient convertis en marais ; une petite rivière s'était enflée comme la grenouille imitant le bœuf. Cette rivière a un endroit guéable[4] qu'il est facile de traverser en se mouillant seulement jusqu'aux genoux.

Jean Pierre se fait la réflexion[5] qu'étant de petite taille,[6] il aura au moins de l'eau jusqu'au menton, bain désagréable en hiver. Et ses habits, qui les portera ? Il ne sait pas

---

[11] *poussant un profond soupir*, heaving a deep sigh. [12] *à haute voix*, with a loud voice. [13] *qui pourraient succéder*, which might follow.

62. [1] *un nommé*, a man called. [2] important. [3] *ses liarderies*, his stinginess. [4] fordable. [5] *se fait la réflexion*, thought to himself. [6] *petite taille*, short stature.

nager; avec ça, pas de pont, même dans le lointain [7] La nuit commençait à venir, et Jean Pierre se livrait à des réflexions amères, lorsqu'il voit arriver un maçon qui venait droit à la rivière : c'était un grand et robuste gaillard.

"Ah! vous voilà par ici,[8] Jean Pierre! Est-ce que vous cherchez des écrevisses?"

"Non," dit le marchand de cidre; "je voudrais passer l'eau, et j'en ai autant de peur que d'envie." "Il n'y a pas à craindre les baleines, Jean Pierre. Vous allez voir comment je m'y prends,[9] je vous trace le chemin, vous n'avez qu'à passer tout bonnement."

Le maçon avait retroussé son pantalon de toile jusqu'au-dessus des genoux.

"Vous suivre, c'est bientôt dit; le chemin n'en est pas plus sec[10] avant qu'après. Vous êtes grand, mais moi qu'est-ce que je vais devenir?"[11]

Le maçon se disposait[12] à passer la rivière, lorsque Jean le rappelle et lui fait entendre[13] qu'il ne serait pas fâché de passer l'eau à pied sec, c'est-à-dire qu'il monterait volontiers sur les épaules du maçon, sauf à lui en garder une éternelle reconnaissance. Le maçon qui connaissait le marchand de cidre sur sa réputation de liardeur étendue à dix lieues à la ronde,[14] répondit que cela le gênerait beaucoup : il était fatigué d'avoir travaillé tout le jour. Il ne demandait pas mieux[15] que d'aider son prochain, mais il craignait que le poids de Jean Pierre ne troublât sa traversée. Il pouvait faire un faux pas, tomber dans l'eau : par une pareille saison, la rivière était moins chaude que du bouillon, et mille autres raisons qui avaient pour objet de chasser[16] l'idée de reconnaissance de l'esprit du pauvre Jean Pierre, et de lui faire comprendre qu'un tel service valait bien quelque rétribution.

"Ma foi," dit le maçon, "vous payez bien le pont des Enclumes quand vous passez."

Jean Pierre hésita longuement devant le péage[17] de ce

---

[7] *dans le lointain*, in the distance.   [8] *vous voilà par ici*, you here!
[9] *comment je m'y prends*, how I set about it.   [10] *n'en est pas plus sec*, will be none the drier.   [11] *qu'est-ce que je vais devenir*, what is to become of me.   [12] *se disposait*, was getting ready.   [13] *lui fait entendre*, gives him to understand.   [14] *à la ronde*, round about.   [15] *il ne demandait pas mieux*, he was quite willing.   [16] *de chasser*, to drive away.   [17] toll.

nouveau pont, et finit par offrir une pièce de quatre sous. Le maçon accepta, se baissa, prit le marchand de cidre sur son dos, le secoua un peu rudement comme pour l'assujettir.

"Vous n'êtes pas grand, Jean Pierre, mais vous pesez lourd: c'est quatre sous bien gagnés.

La moitié de la traversée se fit sans naufrage, et on approchait de l'autre bord,[18] lorsque Jean Pierre s'écria qu'il avait oublié son argent; il venait de se fouiller[19] et, contre ses habitudes, il n'avait pas mis de monnaie dans sa bourse de cuir. Le maçon jugea avec raison que c'était une nouvelle lésinerie[20] et insista sur le payement de la somme promise. Grande discussion en pleine eau;[21] Jean Pierre se fâcha tout rouge;[22] il se fâcha contre son porteur, et il se fâcha contre lui-même, désolé de s'être trahi avant d'avoir abordé;[23] car il craignait que le maçon ne lui fît le tour[24] de le ramener à l'autre rive.

Le maçon cesse tout d'un coup la discussion, qui ne semblait pas avoir de terme.

"Ah! mon Dieu!" s'écria-t-il, en lâchant Jean Pierre dans la rivière. Là, il le repêcha vivement et l'amena au bord. "Ma foi," dit-il, "je suis un maladroit de vous avoir mouillé; vous ne me devez rien."

63. LE SERVICE INTÉRESSÉ.

MATHIEU. SIMON.

M. Bonjour, voisin Simon! j'aurais aujourd'hui trois ou quatre petites lieues à faire, ne pourriez-vous pas me prêter votre cheval?

S. Je ne demanderais pas mieux,[1] voisin Mathieu; mais c'est qu'il me faut[2] porter trois sacs de blé au moulin tout à l'heure. Ma femme a besoin de farine ce soir.

M. Le moulin ne va pas d'aujourd'hui. Je viens d'en-

---

[18] bank. [19] *il venait de se fouiller*, he had just looked into his pockets. [20] meanness. [21] *en pleine eau*, in the middle of the water. [22] *se fâcha tout rouge*, got quite angry. [23] landed. [24] *lui fît le tour*, should play him the trick.

63. [1] *je ne demanderais pas mieux*, I should be quite willing. [2] *c'est qu'il me faut*, I have to.

tendre le meunier dire au gros Thomas que les eaux étaient trop basses.

S. Est-il vrai? Voilà qui me dérange. En ce cas, il faut que je coure à bride abattue³ chercher de la farine à la ville. Ma femme serait d'une belle humeur, si j'y manquais.

M. Je puis vous sauver cette course.⁴ J'ai un sac tout frais de bonne mouture ; je suis en état de vous prêter autant de farine que vous en aurez besoin.

S. Oh! votre farine ne conviendrait peut-être pas⁵ à ma femme. Elle est si fantasque!

M. Quand elle le serait cent fois plus! C'est du blé que vous m'avez vendu, le meilleur, disiez-vous, que vous eussiez touché de votre vie.

S. C'est d'excellent blé, tout celui que je vends. Voisin, vous le savez, il n'y a personne qui aime à rendre service comme moi; mais le cheval a refusé ce matin de manger la paille. Je crains qu'il ne puisse pas aller.

M. N'en soyez pas inquiet; je ne le laisserai pas manquer d'avoine sur la route.

S. L'avoine est bien chère, voisin!

M. Il est vrai; mais qu'importe?⁶ quand on va pour de bonnes affaires, on n'y regarde pas de si près.

S. Nous allons avoir du brouillard ; les chemins seront glissants. Si vous alliez⁷ vous tordre le cou!

M. Il n'y a pas de danger; votre cheval est sûr. Ne parliez-vous pas tout à l'heure⁸ de le pousser vous-même à bride abattue?

S. C'est que⁹ ma selle est en lambeaux, et que j'ai donné ma bride à raccommoder.

M. Heureusement j'ai une selle et une bride à la maison.

S. Votre selle n'ira jamais¹⁰ à mon cheval.

M. Eh bien! j'emprunterai celle de René.

S. Bon! elle n'ira pas mieux que la vôtre.

M. Je passerai¹¹ chez M. le comte. Le valet d'écurie¹²

---

³ à bride abattue, at full speed. ⁴ journey. ⁵ ne conviendrait peut-être pas, might not suit. ⁶ what does it matter? ⁷ si vous alliez, if you were to, suppose you were to. ⁸ tout à l'heure, just now. ⁹ c'est que, but. ¹⁰ n'ira jamais, will never fit. ¹¹ je passerai, I'll call. ¹² valet d'écurie, groom.

est de mes amis. Il saura bien en trouver une qui aille,[13] parmi vingt qu'en a son maître.

S. Certainement, voisin, vous savez que personne n'est disposé comme moi à obliger ses amis. Vous auriez de tout mon cœur mon cheval; mais voilà quinze jours qu'il n'a été pansé.[14] Son crin n'est pas fait. Si on le voyait une fois dans cet état, je ne pourrais plus en trouver dix écus, quand je voudrais le vendre.

M. Un cheval est bientôt pansé. J'ai mon valet de ferme[15] qui l'aura fait dans un quart d'heure.

S. Cela peut être, mais à présent que j'y songe,[16] il a besoin d'être ferré.

M. Eh bien ! n'avons-nous pas le maréchal à deux portes d'ici?

S. Oui-da ![17] un maréchal de village pour mon cheval ! je ne lui confierais pas seulement mon âne. Il n'y a que le maréchal du roi au monde pour le bien chausser.[18]

M. Justement, mon chemin me conduit par la ville devant sa porte, et je n'aurai pas à me détourner[19] d'un seul pas.

S. *(aperçoit au loin son valet et l'appelle).* François ! François !

FRANÇOIS *(en s'avançant).* Que voulez-vous, maître?

S. Tiens, voilà le voisin Mathieu qui voudrait emprunter mon cheval. Tu sais qu'il a une écorchure sur le dos, de la largeur de ma main.... *(Il lui fait signe de l'œil).*[20] Va tout de suite voir si elle est guérie. *(François sort en lui faisant signe qu'il l'a compris).* Je pense qu'elle doit l'être. Oh, oui. Touchez-là,[21] voisin. J'aurai donc le plaisir de vous avoir obligé. Il faut s'entr'aider dans la vie. Si je vous avais refusé tout crûment,[22] eh bien ! vous m'auriez refusé à votre tour dans une autre occasion, c'est tout simple. Ce qu'il y a de bon avec moi, c'est que mes amis me trouvent toujours au besoin.[23] *(François rentre).* Eh bien ! François, la plaie, comment va-t-elle?

---

[13] *qui aille*, which will fit.   [14] groomed.   [15] *valet de ferme*, farm servant.   [16] *à présent que j'y songe*, now that I think of it.   [17] indeed.   [18] to shoe.   [19] *à me détourner*, to go out of my way.   [20] *il lui fait signe de l'œil*, he winks.   [21] *touchez-là*, shake hands.   [22] roughly.   [23] *au besoin*, when they are in want.

FRANÇOIS. Comment elle va, maître? vous disiez de la largeur de votre main! c'est de la largeur de mes épaules qu'il fallait dire. La pauvre bête n'est pas en état de faire un pas. Et puis je l'ai promise à votre compère Blaise, pour voiturer sa femme au marché.

S. Ah! mon voisin, je suis bien fâché que les choses tournent de cette manière.[24] J'aurais donné tout au monde pour vous prêter mon cheval. Mais je ne peux pas désobliger le compère Blaise. Je lui dois des journées de cheval. Vous m'en voyez au désespoir pour ce qui vous regarde, mon cher Mathieu.

M. J'en suis aussi désespéré pour vous, mon cher Simon. Vous saurez[25] que je viens de recevoir un billet de l'intendant[26] de monseigneur, pour l'aller trouver sur-le-champ. Nous faisons quelques affaires à nous deux.[27] Il m'avertit que, si j'arrive à midi, il peut me faire adjuger la coupe d'une partie de la forêt.[28] C'est à peu près cent louis que je gagnerai dans cette affaire, et quinze à vingt qu'il y aurait eu à gagner pour vous; car je pensais à vous employer pour l'exploitation. Mais....

S. Comment! quinze à vingt louis, dites-vous?

M. Oui; peut-être davantage; cependant, comme votre cheval n'est pas en état d'aller, je vais voir pour le cheval de l'autre charpentier du village.

S. Vous m'offensez; mon cheval est tout à votre service. Hé, François, François, va dire au compère Blaise que sa femme n'aura pas d'aujourd'hui mon cheval; que le voisin Mathieu en a besoin, et que je ne veux pas refuser mon meilleur ami.

M. Mais comment ferez-vous pour la farine?

S. Oh! ma femme peut s'en passer[29] encore pendant quinze jours.

M. Et votre selle qui est en lambeaux?

S. C'est de la vieille que je parlais. J'en ai une toute

---

[24] *que les choses tournent de cette manière*, that things take this turn. [25] *vous saurez*, you must know. [26] steward. [27] *à nous deux*, together (the two of us). [28] *il peut me faire adjuger la coupe d'une partie de la forêt*, he can have the felling of a part of the forest adjudged to me. [29] *peut s'en passer*, can do without.

neuve comme la bride. Je serai ravi que vous en ayez l'étrenne.

M. Je ferai donc ferrer le cheval à la ville?

S. Vraiment! j'avais oublié que le voisin l'avait ferré l'autre jour pour essayer. Il faut lui rendre justice, il s'en est tiré fort bien.[30]

M. Mais si la pauvre bête a une plaie si large sur le dos, comme dit François?

S. Oh! je connais le drôle.[31] Il se plaît[32] toujours à grossir le mal. Je parie qu'il n'y en[33] a pas de la largeur du petit doigt.

M. Il faudrait donc qu'il la pansât un peu; car depuis quinze jours. . . .

S. La panser? je voudrais bien voir qu'il y manquât un seul jour de la semaine.

M. Qu'il aille au moins lui donner quelque chose. Ne m'avez-vous pas dit que le cheval avait refusé la paille?

S. C'est qu'il s'était rassasié de foin. Ne craignez pas, il vous portera comme un oiseau. Le chemin est sec; nous n'avons point de brouillard. Je vous souhaite un bon voyage et de bonnes affaires. Venez, venez monter; ne perdons pas un moment. Je vous tiendrai l'étrier.

64. MAÎTRE CHAT, OU LE CHAT BOTTÉ.[1]

I.

Un meunier ne laissa pour tous biens, à trois enfants qu'il avait, que son moulin, son âne et son chat. Le partage fut bientôt fait: ni le notaire ni le procureur n'y furent appelés; ils auraient eu bientôt mangé[2] tout le pauvre patrimoine. L'aîné eut le moulin, le second eut l'âne, et le troisième n'eut que le chat. Ce dernier ne pouvait se consoler d'avoir un si pauvre lot. "Mes frères," disait-il, "pourront gagner leur vie[3] honnêtement en se mettant ensemble; pour moi, lorsque j'aurai mangé mon chat et que je me serai

---

[30] *il s'en est tiré fort bien*, he has managed it very well.   [31] rascal.
[32] *il se plaît*, he delights.   [33] refers to *plaie*.

64. [1] *Le Chat botté*, Puss in Boots.   [2] swallowed.   [3] *gagner leur vie*, to earn their livelihood.

fait un manchon de sa peau, il faudra que je meure[4] de faim."
Le chat, qui entendait ce discours, mais qui n'en fit pas semblant,[5] lui dit d'un air posé et sérieux : "Ne vous affligez point, mon maître ; vous n'avez qu'à me donner un sac et me faire faire[6] une paire de bottes pour aller dans les broussailles, et vous verrez que vous n'êtes pas si mal partagé[7] que vous le croyez."

Quoique le maître du chat ne fit pas grand fond là-dessus,[8] il lui avait vu faire tant de tours[9] de souplesse pour prendre des rats et des souris, comme[10] quand il se pendait par les pieds ou qu'il se cachait dans la farine pour faire le mort,[11] qu'il ne désespéra pas d'en être secouru dans la misère.

2.

Lorsque le chat eut ce qu'il avait demandé, il se botta bravement et, mettant son sac à son cou, il en prit les cordons avec ses deux pattes de devant,[12] et s'en alla dans une garenne où il y avait grand nombre de lapins. Il mit du son et des lacerons[13] dans son sac, et, s'étendant comme s'il eût été mort, il attendit que quelque jeune lapin, peu instruit encore des ruses de ce monde, vînt se fourrer dans son sac pour manger ce qu'il y avait mis. A peine fut-il couché qu'il eut contentement :[14] un jeune étourdi de lapin entra dans son sac, et le maître chat, tirant aussitôt les cordons, le prit et le tua sans miséricorde. Tout glorieux de sa proie, il s'en alla chez le roi et demanda à lui parler. On le fit monter[15] à l'appartement de sa Majesté, où étant entré, il fit une grande révérence au roi et lui dit : "Voilà, sire, un lapin de garenne que M. le marquis de Carabas" (c'était le nom qu'il prit en gré[16] de donner à son maitre) "m'a chargé de vous présenter de sa part."[17] "Dis à ton maître," répondit le roi, "que je le remercie et qu'il me fait plaisir." Une autre fois il alla se cacher dans un blé, tenant

---

[4] *il faudra que je meure*, I shall have to die.   [5] *n'en fit pas semblant*, but who did not seem to.   [6] *me faire faire*, to have made for me.
[7] *que vous n'êtes pas si mal partagé*, that your lot is not so bad.   [8] *ne fit pas grand fond là-dessus*, did not build great hopes upon that.   [9] tricks.
[10] as.   [11] *faire le mort*, to sham death.   [12] *pattes de devant*, fore-paws.
[13] a sort of lettuce.   [14] *il eut contentement*, his wish was fulfilled.
[15] *on le fit monter*, he was shown up.   [16] *qu'il prit en gré*, which it pleased him to take.   [17] *de sa part*, from him.

toujours son sac ouvert; et lorsque deux perdrix y furent
entrées, il tira les cordons et les prit.toutes deux. Il alla
ensuite les présenter au roi, comme il avait fait du lapin de
garenne. Le roi reçut encore avec plaisir les deux perdrix,
et lui fit donner à boire. Le chat continua ainsi, pendant
deux ou trois mois, de porter de temps en temps au roi du
gibier de la chasse de son maître.

3.

Un jour qu'il sut que le roi devait aller à la promenade,
sur le bord de la rivière, avec sa fille, la plus belle princesse
du monde, il dit à son maître : " Si vous voulez suivre mon
conseil, votre fortune est faite : vous n'avez qu'à vous baigner
dans la rivière, à l'endroit que je vous montrerai, et ensuite
me laisser faire." Le marquis de Carabas fit ce que son
chat lui conseillait, sans savoir à quoi cela serait bon.[18]
Dans le temps qu'il se baignait, le roi vint à[19] passer, et le
chat se mit à crier de toute sa force : " Au secours ! au
secours ! voilà M. le marquis de Carabas qui se noie." A
ce cri, le roi mit la tête à la portière et, reconnaissant le
chat qui lui avait apporté tant de fois du gibier, il ordonna
à ses gardes qu'on allât vite au secours de M. le marquis de
Carabas. Pendant qu'on retirait le pauvre marquis de la
rivière, le chat s'approchant du carrosse, dit au roi que,
dans le temps que son maître se baignait, il était venu des
voleurs qui avaient emporté ses habits, quoiqu'il eût crié au
voleur de toutes ses forces; le drôle les avait cachés sous
une grosse pierre. Le roi ordonne aussitôt aux officiers de
sa garde-robe d'aller quérir un de ses plus beaux habits pour
M. le marquis de Carabas. Le roi lui fit mille caresses ; et
comme les beaux habits qu'on venait de lui donner relevaient
sa bonne mine[20] (car il était beau et bien fait de sa personne),
la fille du roi le trouva fort à son gré,[21] et le marquis de
Carabas ne lui eut pas plus tôt jeté deux ou trois regards
fort respectueux et un peu tendres,[22] qu'elle en devint amoureuse à la folie.[23] Le roi voulut qu'il montât dans son carrosse et qu'il fût de la promenade.

---

[18] *à quoi cela serait bon*, what would be the good of it. [19] *vint à*,
happened to. [20] *relevaient sa bonne mine*, enhanced his good appearance. [21] *fort à son gré*, much to her liking. [22] loving. [23] *elle
en devint amoureuse à la folie*, she fell madly in love with him.

4.

Le chat, ravi de voir que son dessein commençait à réussir, prit les devants[24] et, ayant rencontré des paysans qui fauchaient un pré, il leur dit : "Bonnes gens qui fauchez, si vous ne dites au roi que le pré que vous fauchez appartient à M. le marquis de Carabas, vous serez tous hachés menu comme chair à pâté."[25] Le roi ne manqua pas de demander aux faucheurs à qui était ce pré qu'ils fauchaient. "C'est à M. le marquis de Carabas," disaient-ils tous ensemble; car la menace du chat leur avait fait peur. "Vous avez là un bel héritage," dit le roi au marquis de Carabas. "Vous voyez, sire," répondit le marquis, "c'est un pré qui ne manque point de rapporter abondamment toutes les années." Le maître chat, qui allait toujours devant, rencontra des moissonneurs, et leur dit : "Bonnes gens qui moissonnez, si vous ne dites que tous ces blés appartiennent à M. le marquis de Carabas, vous serez tous hachés menu comme chair à pâté." Le roi, qui passa un moment après, voulut savoir à qui appartenaient tous les blés qu'il voyait. "C'est à M. le marquis de Carabas," répondirent les moissonneurs. Et le roi s'en réjouit encore avec le marquis.

5.

Le chat, qui allait toujours devant le carrosse, disait toujours la même chose à tous ceux qu'il rencontrait; et le roi était étonné des grands biens de M. le marquis de Carabas. Le maître chat arriva enfin dans un beau château dont le maître était un ogre, le plus riche qu'on ait jamais vu; car toutes les terres par où le roi avait passé étaient de la dépendance de ce château. Le chat eut soin de s'informer qui était cet ogre et ce qu'il savait faire, et demanda à lui parler, disant qu'il n'avait pas voulu passer si près de son château sans avoir l'honneur de lui faire la révérence. L'ogre le reçut aussi civilement que le peut un ogre, et le fit reposer. "On m'a assuré," dit le chat, "que vous aviez le don de vous changer en toutes sortes d'animaux; que vous pouviez, par exemple, vous transformer en lion, en éléphant."

"Cela est vrai," répondit l'ogre brusquement, "et pour

---

[24] *prit les devants*, went ahead.   [25] *hachés menu comme chair à pâté*, chopped up as fine as mince-meat.

vous le montrer, vous m'allez voir[26] devenir lion." Le chat fut si effrayé de voir un lion devant lui, qu'il gagna les gouttières, non sans peine et sans péril, à cause de ses bottes qui ne valaient rien pour marcher sur les tuiles. Quelque temps après, le chat ayant vu que l'ogre avait repris sa première forme, descendit et avoua qu'il avait eu peur. "On m'a assuré encore," dit le chat, "mais je ne saurais le croire, que vous aviez le pouvoir de prendre la forme des plus petits animaux, par exemple, de vous changer en un rat, en une souris; je vous avoue que je tiens cela pour tout à fait impossible."

6.

"Impossible!" reprit l'ogre; "vous allez le voir." Et en même temps il se changea en une souris, qui se mit à courir sur le plancher. Le chat ne l'eut pas plus tôt aperçue, qu'il se jeta dessus et la mangea. Cependant le roi, qui vit en passant le beau château de l'ogre, voulut entrer dedans. Le chat, qui entendit le bruit du carrosse qui passait sur le pont-levis, courut au-devant et dit au roi : "Votre Majesté soit la bienvenue dans ce château de M. le marquis de Carabas!" "Comment! monsieur le marquis," s'écria le roi, "ce château est encore à vous? Il ne se peut rien de plus beau[27] que cette cour, et que tous ces bâtiments qui l'environnent; voyons les dedans, s'il vous plaît." Le marquis donna la main à la jeune princesse et, suivant le roi, qui montait le premier, ils entrèrent dans une grande salle, où ils trouvèrent une magnifique collation que l'ogre avait fait préparer pour ses amis, qui le devaient venir voir[28] ce jour-là, mais qui n'avaient pas osé entrer, sachant que le roi y était. Le roi, charmé des bonnes qualités de M. le marquis de Carabas, de même que sa fille, qui en était folle,[29] et voyant les grands biens qu'il possédait, lui dit, après avoir bu cinq ou six coups : "Il ne tiendra qu'à vous,[30] monsieur le marquis, que vous ne soyez[31] mon gendre." Le marquis, faisant de grandes révérences, accepta l'honneur que lui faisait le roi,

---

[26] *vous m'allez voir=vous allez me voir.* [27] *il ne se peut rien de plus beau*, nothing can be more beautiful. [28] *qui le devaient venir voir*, who were to come and see him. [29] *qui en était folle*, who doted on him. [30] *il ne tiendra qu'à vous*, it will only rest with you. [31] *que vous ne soyez*, to be.

et dès le jour même[32] il épousa la princesse. Le chat devint grand seigneur et ne courut plus après les souris que pour se divertir.

65. LE BILLET MYSTÉRIEUX.

Un ministre protestant des environs d'Aberdeen, en Écosse, venait de monter en chaire,[1] un dimanche, pour réciter les prières. Il ouvre sa Bible et aperçoit un billet plié en deux qu'il prend pour une des annonces d'usage[2] déposée dans ce livre par le sacristain. Il le déploie et commence à le lire à haute voix; mais il s'interrompt tout à coup en changeant de visage,[3] et puis il invite les fidèles à la prière avec un accent troublé qui frappe l'auditoire. A la sortie de l'église on le presse en vain de faire connaître le sujet de sa vive émotion; il remercie ses paroissiens de l'intérêt qu'ils lui témoignent, se dérobe[4] à leurs questions et rentre au presbytère.[5]

Ce billet, qui était de nature à le préoccuper, était ainsi conçu :[6]

"Hier samedi, à dix heures du soir, retournant à Aberdeen, j'ai été surpris et arrêté sur ma route, à peu de distance du village, par votre sacristain et le maître d'école, qui m'ont volé et assassiné. Mon corps a été jeté dans la Dee. Priez pour moi.   JÉRÉMIE BRUCE."

Ce Bruce était un colporteur d'Aberdeen, bien connu du pasteur, et logeant habituellement chez le sacristain qui était en même temps tavernier du village.

Après avoir dîné et assez longuement réfléchi, le ministre reprend sa Bible et se rend chez le juge de paix, auquel il confie son aventure. Celui-ci veut lire le billet; il l'ouvre, mais il n'y trouve pas trace d'écriture, et il veut persuader au bonhomme stupéfait qu'il a des visions. Le ministre, un peu revenu de sa surprise, soutient qu'un esprit fort peut bien mépriser de tels avertissements,[7] mais qu'un juge de

---

[32] *et dès le jour même,* and that very day.

65. [1] *venait de monter en chaire,* had just ascended the pulpit. [2] *annonces d'usage,* usual notices. [3] *en changeant de visage,* changing colour, turning pale. [4] *se dérobe,* escapes. [5] parsonage. [6] *était ainsi conçu,* ran thus. [7] warnings.

paix manque à son devoir s'il n'en tient aucun compte. On convient de[8] garder le silence et d'envoyer secrètement à Aberdeen.

Bruce, qui était attendu le samedi soir, n'avait pas reparu. On le chercha partout où l'on présumait qu'il pouvait être ; on ne le trouva nulle part.

Le juge de paix se décide alors à faire une perquisition chez le sacristain et le maître d'école, et à les interroger séparément. La perquisition ne fournit aucune lumière ; l'interrogatoire même ne produit pas de plus heureux résultats. Cependant, pressés de questions, les deux accusés n'avaient pu se défendre d'un certain trouble,[9] et ils s'étaient même contredits sur plusieurs points. Mais leurs dénégations fermes et absolues, et le défaut[10] de preuves, faisaient désespérer d'obtenir d'eux l'aveu de leur crime.

Tout à coup des pêcheurs de saumons arrivèrent au village, portant le corps tout meurtri de Bruce, trouvé dans la Dee. On remarqua qu'il avait dans la main gauche, convulsivement fermée, un bouton qui, rapproché de l'habit du maître d'école, auquel il en manquait un, fut aussitôt reconnu pour en[11] avoir été arraché. Déjà ébranlé intérieurement par l'histoire du billet mystérieux, cet homme fut tout à fait confondu à la vue d'une pièce de conviction aussi inattendue, et ne retint plus des aveux qui entraînèrent bientôt ceux de son complice.

L'un et l'autre furent condamnés à mort et subirent leur peine à Aberdeen, en donnant de grands témoignages de repentir.

Veut-on savoir maintenant comment le mystérieux billet avait été déposé dans la Bible du ministre, et comment il en avait disparu tout à coup ? Le domestique du pasteur, garçon fort intelligent, mais dominé par une timidité naturelle et par la crainte de se compromettre, expliqua ces circonstances inexplicables pour tout autre que pour lui.

Le soir même[12] où le meurtre fut commis, il était parti furtivement du presbytère pour aller voir, dans une métairie du voisinage, une jeune fille avec laquelle il désirait se marier. Comme il cheminait près de la route, il fut témoin de l'as-

---

[8] *on convient de*, it is agreed to.   [9] agitation.   [10] *le défaut*, the want.
[11] refers to *habit*.   [12] *le soir même*, the very evening.

sassinat, reconnut les deux coupables, mais se tint caché, sans avoir le courage d'aller au secours de la victime. Rentré chez son maître, il passa une nuit fort agitée. Sa conscience lui défendait de taire[13] un pareil crime, mais la crainte des assassins l'empêchait de s'en rendre le dénonciateur, et peut-être aussi redoutait-il de divulguer la lâcheté dont il avait fait preuve.

Après beaucoup d'hésitation, il se décida à écrire le billet, en déguisant son écriture, et il le déposa dans la Bible de son maître; mais à peine celui-ci fut-il parti pour l'église, qu'il se repentit d'avoir été si loin. Il pensa que son écriture pourrait être reconnue, qu'il serait appelé devant les juges, et qu'il aurait tout à redouter, du sacristain et du maître d'école, si, seul témoin, il ne parvenait pas à prouver leur crime. Il fut confirmé dans ces nouvelles idées par les réflexions que lui fit faire le trouble du pasteur en chaire,[14] et il saisit le moment où ce pasteur était à table pour glisser[15] dans la Bible, placée sur la cheminée,[16] un morceau de papier blanc à la place de celui sur lequel il avait écrit la dénonciation. Ce ne fut qu'après l'exécution des deux criminels qu'il éclaircit tout ce mystère.

66. COMBAT D'UN GLADIATEUR CONTRE UN TIGRE.

On avait établi, selon l'usage, surtout sous le ciel d'Afrique, au haut des gradins, des poteaux surmontés de piques dorées auxquels étaient attachés des voiles de pourpre retenus par des nœuds de soie et d'or. Ces voiles étendus formaient au-dessus des spectateurs une vaste tente circulaire, dont les reflets éclatants donnaient à tous ces visages africains une teinte animée, en parfaite harmonie avec leur expression vive et passionnée. Au-dessus de l'arène, le ciel était libre et vide, et des flots[1] de lumière qui en descendaient, comme par la coupole dans le Panthéon d'Agrippa, se répandaient largement de tous côtés, et ne laissaient rien perdre aux yeux ravis, ni des colonnes, ni des statues, ni des vases de

---

[13] *de taire*, to keep quiet. [14] *que lui fit faire le trouble du pasteur en chaire* = *que le trouble du pasteur en chaire lui fit faire.* [15] to slip. [16] mantelpiece.

66. [1] *des flots*, a flood.

bronze et d'or, ni de ces joyaux brillants dont le sein des femmes et des jeunes filles étincelait.

Soixante mille spectateurs avaient trouvé place; soixante mille autres erraient[2] autour de l'enceinte, et ils se renvoyaient les uns aux autres ce vague tumulte où rien n'est distinct, ni fureur, ni joie; l'amphithéâtre ressemblait à un vaisseau dans lequel la vague a pénétré, et qu'elle a rempli jusqu'au pont,[3] tandis que d'autres vagues le battent à l'extérieur et se brisent en mugissant contre lui.

Un horrible rugissement, auquel répondirent les cris de la foule, annonça l'arrivée du tigre, car on venait d'ouvrir sa loge.

A l'une des extrémités, un homme était couché sur le sable, nu et comme endormi, tant il se montrait insouciant[4] de ce qui agitait si fort la multitude; et, tandis que le tigre s'élançait de tous côtés dans l'arène vide, impatient de la proie attendue, lui, appuyé sur un coude, semblait fermer ses yeux pesants comme un moissonneur qui, fatigué d'un jour d'été, se couche et attend le sommeil.

Cependant plusieurs voix parties des gradins demandent à l'intendant[5] des jeux de faire avancer la victime; car, ou le tigre ne l'[6]a point distinguée, ou il l'a dédaignée en la voyant si docile. Les préposés[7] de l'arène, armés de longues piques, obéissent à la volonté du peuple et, du bout de leur fer aigu, excitent le gladiateur. Mais à peine a-t-il ressenti les atteintes de leurs lances qu'il se lève avec un cri terrible auquel répondent, en mugissant d'effroi, toutes les bêtes enfermées dans les cavernes[8] de l'amphithéâtre. Saisissant aussitôt une des lances qui avaient ensanglanté sa peau, il l'arrache d'un seul effort à la main qui la tenait, la brise en deux portions, jette l'une à la tête de l'intendant qu'il renverse; et, gardant celle qui est garnie de fer,[9] il va lui-même avec cette arme au-devant de son sauvage ennemi.

Dès qu'il se fut levé, et que le regard des spectateurs put mesurer sur le sable l'ombre que projetait sa taille colossale,[10] un murmure d'étonnement circula dans toute l'assemblée, et plus d'un spectateur, le montrant du doigt, le nommait par

---

[2] wandered. [3] deck. [4] *tant il se montrait insouciant*, so indifferent did he appear. [5] steward. [6] refers to *victime*. [7] overseers. [8] dens. [9] *garnie de fer*, tipped with iron. [10] *que projetait sa taille colossale* = *que sa taille colossale projetait*.

son nom en racontant tous ses exploits du cirque et ses violences dans les séditions.

Le peuple était content : tigre et gladiateur, il jugeait les deux adversaires dignes l'un de l'autre.

Pendant ce temps, le gladiateur s'avançait lentement dans l'arène, se tournant parfois du côté de la loge impériale, en laissant tomber ses bras avec une sorte d'abattement, ou creusant la terre, qu'il allait bientôt ensanglanter, du bout de sa lance.

Comme il était d'usage que les criminels ne fussent pas armés, quelques voix crièrent : "Point d'armes au bestiaire,[11] le bestiaire sans armes !" Mais lui, brandissant le tronçon qu'il avait gardé, et le montrant à cette multitude : "Venez le prendre," disait-il, mais d'une bouche contractée, avec des lèvres pâles et une voix rauque, presque étranglée par la colère. Les cris ayant redoublé cependant, il leva la tête, fit du regard le tour de l'assemblée,[12] lui sourit dédaigneusement, et, brisant de nouveau entre ses mains l'arme qu'on lui demandait, il en jeta les débris à la tête du tigre qui aiguisait en ce moment ses dents et ses griffes contre le socle d'une colonne.

Ce fut là son défi.

L'animal, se sentant frappé, détourna la tête et, voyant son adversaire debout[13] au milieu de l'arène, d'un bond il s'élança sur lui ; mais le gladiateur l'évita en se baissant jusqu'à terre, et le tigre alla tomber en rugissant à quelques pas. Le gladiateur se releva et trois fois il trompa par la même manœuvre la fureur de son sauvage ennemi ; enfin le tigre vint à lui à pas[14] comptés, les yeux étincelants, la queue droite, la langue déjà sanglante, montrant les dents et allongeant le museau ; mais cette fois ce fut le gladiateur qui, au moment où il allait le saisir, le franchit[15] d'un saut, aux applaudissements de la foule, que l'émotion de cette lutte maîtrisait déjà tout entière.

Enfin, après avoir longtemps fatigué son ennemi furieux, plus excédé des encouragements que la foule semblait lui donner que des lenteurs d'un combat qui avait semblé

---

[11] beast-fighter. [12] *fit du regard le tour de l'assemblée*, glanced round the assembly. [13] standing up. [14] steps. [15] *le franchit*, cleared him.

d'abord si inégal, le gladiateur l'attendit de pied ferme ;[16] et le tigre, tout haletant, courut à lui avec un rugissement de joie. Un cri d'horreur, ou peut-être de joie aussi, partit en même temps de tous les gradins, quand l'animal, se dressant sur ses pattes, posa ses griffes sur les épaules nues du gladiateur, et avança sa tête pour le dévorer, mais celui-ci jeta sa tête en arrière ; et, saisissant de ses deux bras raidis le cou soyeux de l'animal, il le serra avec une telle force que, sans lâcher prise, le tigre redressa son museau et le leva violemment pour laisser arriver jusqu'à ses poumons un peu d'air, dont les mains du gladiateur lui fermaient le passage, comme deux tenailles de forgeron.

Le gladiateur cependant, sentant ses forces faiblir et s'en aller avec son sang sous les griffes tenaces de l'animal, redoublait d'efforts pour en finir au plus tôt ; car la lutte, en se prolongeant,[17] devait[18] tourner contre lui. Se dressant donc sur ses deux pieds, et se laissant tomber de tout son poids sur son ennemi dont les jambes ployèrent sous le fardeau, il brisa ses côtes et fit rendre à sa poitrine écrasée un son qui s'échappa de sa gorge longtemps étreinte, avec des flots de sang et d'écume. Se relevant tout d'un coup à moitié et dégageant ses épaules dont un lambeau demeura attaché à l'une des griffes sanglantes, il posa un genou sur le flanc pantelant de l'animal ; et, le pressant avec une force que sa victoire avait doublée, il le sentit se débattre un moment sous lui ; et, le comprimant toujours, il vit ses muscles se raidir et sa tête un moment redressée retomber sur le sable, la gueule entr'ouverte et souillée d'écume, les dents serrées[19] et les yeux éteints.

Une exclamation générale s'éleva aussitôt et le gladiateur, dont le triomphe avait ranimé les forces, se redressa sur ses pieds et, saisissant le monstrueux cadavre, le jeta de loin, comme un hommage, sous la loge impériale.

67. UNE JOURNÉE DE L'ENFANCE DE MOZART.

Un soir, à Vienne, il y avait un grand concert chez l'impératrice d'Autriche Marie-Thérèse, femme de l'empereur François I.

---

[16] *de pied ferme*, resolutely. [17] *en se prolongeant*, in being protracted.
[18] must.   [19] clenched.

La plus brillante société était déjà réunie[1] dans les salons, on ne voyait que plumes, diamants, habits brodés, robes éclatantes, lorsqu'au grand étonnement de chacun, un homme vêtu fort modestement,[2] suivi de deux enfants, parut à la porte du salon principal.

La contenance de cet homme était respectueuse et modeste, celle des enfants paraissait plus assurée, et point intimidée de tout ce luxe, de tous ces grands seigneurs, de toutes ces belles dames qui les regardaient avec curiosité.

"Est-ce que c'est là[3] ce maître de chapelle[4] et ses enfants si merveilleux, dont tout Vienne[5] s'entretient?" demanda l'impératrice à son grand-maître des cérémonies.

"Oui, madame," répondit-il, "et je puis assurer à votre Majesté que rien ne les égale, je les ai entendus hier au soir chez l'ambassadeur de France, où j'avais l'honneur d'être invité, la petite est très forte,[6] mais le petit garçon est plus surprenant encore."

"Faites-les commencer," dit l'impératrice.

Le grand-maître des cérémonies invita Mozart à faire mettre ses enfants au piano;[7] le maître de chapelle les conduisit lui-même vers l'instrument, devant lequel il les fit asseoir tous deux; la jeune Annette était vêtue d'une robe de mousseline blanche brodée, et le petit Wolfgang avait un habit de drap lilas, et une veste de soie de la même couleur; le tout, bordé d'un large et double galon.[8]

Annette commença; son exécution était si nette, si brillante, que chacun s'extasiait sur cette pâle et délicate enfant; quand elle eut fini, un concert d'éloges s'éleva autour d'elle.

"Ce n'est pourtant rien," dit-elle à ceux qui la complimentaient, "en comparaison de mon frère;" et la jeune fille veilla avec une attention toute maternelle à ce que son frère fût bien assis, commodément, et assez élevé pour que les mouvements de ses petits bras ne fussent pas gênés.

Alors le petit enfant, souriant à tous ceux qui l'entouraient, posa ses petites mains sur le clavier,[9] et sans efforts, sans

---

67. [1] assembled. [2] *vêtu fort modestement*, very plainly dressed. [3] *est-ce que c'est là*, is that. [4] *maître de chapelle*, precentor. [5] *tout Vienne*, all the people of Vienna. [6] skilled. [7] *faire mettre ses enfants au piano*, to make his children sit at the piano. [8] braid. [9] key-board.

avoir l'air de se douter[10] que son talent pût exciter l'admiration générale, il laissa ses petits doigts aller, venir, courir ; ils semblaient se jouer avec les touches,[11] qu'ils abaissaient, qu'ils levaient successivement, et sur lesquelles ils volaient,[12] en tirant à chaque fois qu'ils les touchaient, des accords[13] purs, graves, sonores, suaves, harmonieux. Tous les regards étaient suspendus à ces petits doigts, si agiles, si fluets et si expressifs ; le maître de chapelle le plus exercé n'aurait pu avoir autant que cet enfant une connaissance approfondie de l'harmonie et des modulations. L'admiration et l'intérêt gagnaient tous les cœurs ; on couvrit le clavier d'une serviette ; et l'enfant avait une telle habitude du piano, qu'il joua sous la serviette avec la même précision et la même rapidité. L'empereur, l'impératrice, toute la cour étaient dans l'enchantement.

Quand Wolfgang s'arrêta, essoufflé, fatigué, et son pauvre petit front tout couvert de sueur, l'impératrice lui fit signe de venir l'embrasser ; il se leva pour obéir, mais, tout étourdi qu'il était du bruit, des éloges et des lumières, encore engourdi d'être resté si longtemps assis, au premier pas, qu'il hasarda sur le parquet ciré[14] et luisant, il glissa et tomba ; une jeune dame se précipita de sa place pour le relever.

"Vous êtes-vous fait mal,[15] mon petit ami ?" lui dit-elle avec le plus touchant intérêt.

Comme ébloui de la beauté de cette dame, l'enfant resta un moment sans répondre ; puis retrouvant sa voix, et serrant dans ses deux petites mains la main délicate de la jeune dame, il s'écria :

"Vous êtes bien belle, madame ; je veux vous épouser."

Un éclat de rire répondit à ces paroles ; mais sans se déconcerter, l'enfant reprit :

"On m'appelle maître Wolfgang Mozart, et vous, comment vous nomme-t-on ?"

"Moi, Marie-Antoinette," répondit la jeune dame, avec une voix qui allait au cœur.

---

[10] *sans avoir l'air de se douter*, without seeming to suspect. [11] keys. [12] *ils volaient*, they flew. [13] chords. [14] bees-waxed. [15] *vous êtes-vous fait mal?* did you hurt yourself?

Hélas! cette femme que Mozart enfant se choisissait si ingênûment[16] pour compagne, c'était l'archiduchesse d'Autriche, la future reine de France; la pauvre fille n'eut pas tant de bonheur que de devenir la femme de Mozart. Plus tard, le jour où le grand compositeur était couronné publiquement, et salué par les vivats de la population de Vienne, ce jour-là, la jeune et belle Marie-Antoinette, la reine de France, la femme de Louis XVI, montait sur un échafaud.

Telle est la destinée: Dieu la tient en son pouvoir, et la cache à tous les humains; mais quelle qu'elle soit, triste ou gaie, pauvre ou riche, une bonne conscience vous console de l'infortune, ou vous fait sentir plus vivement le bonheur que vous possédez.

Mais revenons à mon jeune héros, assis, pour le moment,[17] sur les genoux de l'impératrice, et recevant de sa royale main bonbons, fleurs et cadeaux de toute espèce.

"Comme il a chaud!"[18] dit l'impératrice, essuyant le front du petit musicien avec un mouchoir de batiste parfumé; "tu dois être bien fatigué, n'est-il pas vrai, mon petit?"

"Mais non, madame," répondit Wolfgang, croquant une dragée. "Je suis si content de faire plaisir à mon papa, que je ne sens jamais la fatigue."

"Bon petit cœur," reprit l'impératrice, "tu l'aimes donc bien, ton papa?"

"Oh! madame, il est si bon! Après Dieu personne n'est meilleur que lui. Jamais il ne me gronde."

"C'est que tu es bien sage."

"Oh! pour ça, oui; mais c'est si facile d'être sage. Je n'ai qu'à faire ce que papa veut, et je suis toujours sage."

"Pourtant cela doit bien t'ennuyer de jouer toujours du piano."

"Dame,[19] ça ne m'amuse pas tous les jours, mais mon papa dit qu'il ne faut pas toujours ne faire que ce qui amuse."

"Sais-tu que, si tu continues, tu seras un jour un grand musicien?"

"Je l'espère bien, madame; quand je serai grand, je ferai

---

[16] ingenuously, frankly.   [17] *pour le moment*, for the time being.
[18] *comme il a chaud!* how hot he is!   [19] indeed.

des opéras, de grands opéras. Oh ! que mon papa sera content, quand il verra, par exemple, son fils couronné !"

" Et toi, seras-tu content ?"

"Quand mon papa l'est, moi, je le suis."

C'est en pensant ainsi, qu'un jeune homme fait son chemin, et arrive à son but. Je vous ai montré Mozart tout petit enfant, jouant avec une merveilleuse facilité, et faisant l'admiration de Vienne ; il parcourut ainsi, avec son père et sa sœur, la France, l'Italie, l'Angleterre et l'Allemagne ; partout on l'admira, partout il remporta le plus précieux des éloges, celui que son père lui adressait tous les soirs en se couchant, en remerciant Dieu de lui avoir donné deux enfants comme lui et sa sœur.

A quinze ans, Mozart, étant à Milan, composa *Mithridate*, qu'il fit jouer à Milan même, et qui eut le plus grand succès; et savez-vous comment le jeune et précoce compositeur se délassait de ses travaux, quand ses doigts étaient trop fatigués à tracer des notes ? Il quittait musique, piano, plumes, papiers, et se mettait à faire des cabrioles[20] au milieu de la chambre. Ce sont ordinairement les meilleurs et les plus heureux naturels[21] qui conservent tard ce caractère d'enfance et de gaieté, qui fait honneur même aux plus grands hommes.

Voilà comment commença Mozart; le petit musicien devint dans la suite[22] un grand homme, un grand compositeur.

68. L'ALLIANCE AMICALE DE LA RICHESSE ET DE LA PAUVRETÉ.

Un jour, dans une de mes promenades à travers les différents quartiers de Paris, j'étais arrivé à une de ces rues écartées[1] où l'aisance[2] sans faste et la méditation laborieuse aiment à s'abriter. Aucune boutique ne bordait les trottoirs faiblement éclairés, on n'entendait que le bruit éloigné des voitures et les pas de quelques habitants qui regagnaient leurs demeures.

Je connus aussitôt la rue, bien que je n'y fusse venu qu'une fois.

---

[20] capers, somersets. [21] *les plus heureux naturels*, the most gifted natures. [22] *dans la suite*, in after years, subsequently.

68. [1] out of the way. [2] comfort.

Il y avait de cela deux années ; à la même époque, je longeais la Seine, à laquelle l'illumination des quais et des ponts donnait l'aspect d'un lac enguirlandé d'étoiles. J'avais atteint³ le Louvre, lorsqu'un rassemblement⁴ formé près du parapet m'arrêta : on entourait un enfant d'environ six ans, qui pleurait. Je demandai la cause de ses larmes.

"Il paraît qu'on l'a envoyé promener aux Tuileries," me dit un maçon, qui revenait du travail, sa truelle à la main ; "le domestique qui le conduisait a trouvé là des amis et a dit à l'enfant de l'attendre, tandis qu'il allait prendre un verre de vin ; mais il faut croire que la soif lui sera venue en buvant, car il n'a pas reparu, et le petit ne retrouve plus son logement." "Ne peut-on lui demander son nom et son adresse ?" "C'est ce qu'ils font depuis une heure ; mais tout ce qu'il peut dire, c'est qu'il s'appelle Charles et que son père est M. Duval. Il y en a douze cents dans Paris, des Duval." "Ainsi il ne sait pas le nom du quartier où il demeure ?" "Ah bien oui ! Ça⁵ n'est jamais sorti qu'en voiture, ou avec un laquais ; ça ne sait pas se conduire tout seul."

Ici le maçon fut interrompu par quelques voix, qui s'élevaient au-dessus des autres.

"On ne peut pas le laisser sur le pavé,"⁶ disaient les uns. "Les enleveurs d'enfants l'emporteraient," continuaient les autres. "Il faut l'emmener chez le commissaire." "Ou à la préfecture de police." "C'est cela,⁷ viens, petit !"

Mais l'enfant, que ces avertissements de danger et ces noms de police et de commissaire avaient effrayé, criait plus fort,⁸ en reculant vers le parapet. On s'efforçait en vain de le persuader, sa résistance grandissait avec son inquiétude, et les plus empressés⁹ commençaient à se décourager, lorsque la voix d'un petit garçon s'éleva au milieu du débat.

"Je le connais bien, moi," dit-il en regardant l'enfant perdu, "il est de notre quartier." "Quel quartier ?" "Là-bas,¹⁰ de l'autre côté des boulevards, rue des Magasins." "Et tu l'as déjà vu ?" "Oui, oui, c'est le fils de la grande

---

³ reached.   ⁴ crowd.   ⁵ familiar expression ; such children, &c., with following verb in plural.   ⁶ *sur le pavé*, in the street.   ⁷ *c'est cela*, that is it.   ⁸ *plus fort*, louder.   ⁹ *et les plus empressés*, the most eager.   ¹⁰ yonder.

maison au bout de la rue, où il y a une porte à grille avec des pointes dorées."

L'enfant redressa vivement la tête, et les larmes s'arrêtèrent dans ses yeux.

Le petit garçon répondit à toutes les questions qui lui furent adressées, et donna des renseignements qui ne pouvaient laisser aucun doute. L'enfant égaré le comprit, car il s'approcha de lui, comme s'il eût voulu se mettre sous sa protection.

"Ainsi tu peux le conduire à ses parents?" demanda le maçon, qui avait écouté l'explication avec un véritable intérêt. "Ça ne sera pas malin,"[11] repliqua le petit garçon, "c'est ma route." "Alors tu t'en charges?"[12] "Il n'a qu'à venir."

Et reprenant le panier qu'il avait déposé sur le trottoir, il se dirigea vers la poterne du Louvre. L'enfant perdu le suivit.

"Pourvu qu'il[13] le conduise bien!" dis-je en les voyant s'éloigner. "Soyez donc calme," reprit le maçon; "le petit en blouse a le même âge que l'autre; mais comme on dit, ça connaît les couleurs; la misère, voyez-vous, c'est une fameuse[14] maîtresse d'école!"

Le rassemblement s'était dispersé: je me dirigeai à mon tour vers le Louvre; l'idée m'était venue de suivre les deux enfants, afin de prévenir toute erreur.

Je ne tardai pas à les rejoindre, ils marchaient l'un près de l'autre, déjà familiarisés et causant.

Le contraste de leurs costumes frappa alors mes regards. Le petit Duval portait un de ces habillements de fantaisie qui joignent le bon goût à l'opulence: sa veste serrée à la taille était artistement soutachée,[15] un pantalon plissé depuis la ceinture descendait sur des brodequins vernis à boutons de nacre, et une casquette de velours cachait à demi[16] ses cheveux bouclés.[17] La mise de son conducteur, au contraire, indiquait les dernières limites de la pauvreté, mais de celle qui résiste et ne s'abandonne pas. Sa vieille blouse, diaprée de morceaux de teintes différentes, indiquait la persistance d'une mère laborieuse, luttant contre les usures du temps;

---

[11] *ça ne sera pas malin*, that won't be difficult. [12] *alors tu t'en charges*, then you will see to that. [13] *pourvu qu'il*, I hope, &c. [14] capital. [15] braided. [16] *à demi*, half. [17] curly.

les jambes de son pantalon, devenues trop courtes, laissaient voir des bas reprisés[18] à plusieurs fois, et il était évident que ses souliers n'avaient point été primitivement destinés à son usage.

Les physionomies des deux enfants ne différaient pas moins que leur costume. Celle du premier était délicate et distinguée : l'œil d'un bleu limpide, la peau fine, les lèvres souriantes, lui donnaient un charme d'innocence et de bonheur ; les traits du second, au contraire, avaient une certaine rudesse ; le regard était vif et mobile ; le teint bruni, la bouche moins riante que narquoise, tout indiquait l'intelligence aiguisée par une précoce expérience ; il marchait avec confiance au milieu des rues que les voitures sillonnaient, et suivait sans hésitation leurs mille détours.

J'appris de lui qu'il apportait tous les jours le dîner de son père, alors occupé sur la rive gauche de la Seine ; la responsabilité dont il était chargé l'avait rendu attentif et prudent. Il avait reçu ces dures, mais puissantes leçons de la nécessité que rien n'égale, ni ne remplace. Malheureusement, les besoins du pauvre ménage l'avaient forcé à négliger l'école, et il paraissait le regretter, car souvent il s'arrêtait devant les gravures, et demandait à son compagnon de lui en lire les inscriptions.

Nous atteignîmes ainsi le boulevard Bonne-Nouvelle, où l'enfant égaré commença à se reconnaître ; malgré sa fatigue, il pressa le pas ; un trouble mêlé d'attendrissement l'agitait ; à la vue de sa maison, il poussa un cri et courut vers la grille aux pointes dorées ; une femme qui attendait sur le seuil le reçut dans ses bras et, aux acclamations de joie, au bruit des baisers, j'eus bientôt reconnu sa mère.

Ne voyant revenir ni le domestique, ni l'enfant, elle avait envoyé de tous côtés à leur recherche, et attendait dans une anxiété palpitante.

Je lui expliquai, en peu de mots, ce qui était arrivé : elle me remercia avec effusion, et chercha le petit garçon qui avait reconnu et reconduit son fils ; mais, pendant notre explication, il avait disparu.

C'était la première fois que je revenais depuis dans ce

---

[18] darned.

quartier. La reconnaissance de la mère avait-elle persisté ? Les deux enfants s'étaient-ils retrouvés, et l'heureux hasard de leur rencontre avait-il abaissé devant eux cette barrière qui peut distinguer les classes, mais qui ne devrait point les diviser ?

Je m'adressais ces questions en ralentissant le pas, et les yeux fixés sur la grande grille que je venais d'apercevoir. Tout à coup je la vis s'ouvrir, et deux enfants parurent sur le seuil. Bien que grandis, je les reconnus au premier coup d'œil :[19] c'étaient l'enfant trouvé près du Louvre et son jeune conducteur. Le costume de ce dernier avait seulement subi d'importantes modifications : sa blouse de toile grise, dont la propreté touchait presque à l'élégance, était serrée à la taille par une ceinture de cuir verni ; il était chaussé de forts souliers, mais faits à son pied, et coiffé d'une casquette de coutil toute neuve.

Au moment où je l'aperçus, il tenait des deux mains un énorme bouquet de lilas, auquel son compagnon s'efforçait d'ajouter des narcisses et des primevères ; les deux enfants riaient et se dirent amicalement adieu. Le fils de M. Duval ne rentra qu'après avoir vu son compagnon tourner le coin de la rue.

J'accostai alors ce dernier et lui rappelai notre rencontre ; il me regarda un instant, puis parut me reconnaître.

"Pardon, excusez, si je ne vous salue pas," dit-il gaîment, "mais il faut mes deux mains pour le bouquet que m'a donné M. Charles." "Vous êtes donc devenus bons amis?" demandai-je. "Oh ! je crois bien," dit l'enfant, "maintenant mon père est riche aussi !" "Comment cela ?" "M. Duval lui a prêté un peu d'argent ; il s'est mis en chambre,[20] où il fabrique pour son compte,[21] et moi je vais à l'école." "Au fait,"[22] repris-je en remarquant pour la première fois la croix qui décorait la blouse de l'enfant, "je vois que vous êtes empereur."[23] "M. Charles m'aide à étudier, et comme ça je suis devenu le plus fort de toute la classe." "Vous venez alors de prendre votre leçon ?" "Oui, et il m'a donné du lilas, car il y a un jardin, où nous jouons ensemble, et qui

---

[19] *coup d'œil,* glance. [20] *il s'est mis en chambre,* he has taken a room. [21] *pour son compte,* on his own account. [22] *au fait,* indeed. [23] first in your class.

fournit ma mère de fleurs." "Alors c'est comme si vous en aviez une part?" "Juste. Ah! ce sont de bons voisins, allez.[24] Mais me voilà rendu;[25] au revoir, monsieur."
L'enfant me fit de la tête un salut souriant, et disparut.
Je continuai ma route, pensif, mais le cœur soulagé. Si j'avais vu ailleurs le contraste douloureux de l'opulence et de la misère, ici je trouvais l'alliance amicale de la richesse et de la pauvreté.

69. LA PATTE DE DINDON.

Ce matin, à propos[1] d'un plaisir manqué, je dis en riant à mon fils: "Je vois que tu as besoin que je te fasse une petite leçon." "Et sur quoi, père?" "Sur une disposition que tu tiens de moi,[2] hélas! et dont je voudrais bien te guérir." "Quelle est-elle?"

Le récit d'une petite aventure de ma vie d'écolier te l'apprendra. J'avais dix ans, j'étais au collège; je rapportais, chaque lundi, de chez mes parents,[3] la grosse somme de quinze sous, destinée à payer mes déjeuners du matin;[4] car le collège ne nous fournissait pour ce repas qu'un morceau de pain tout sec.

Un lundi, en rentrant, je trouve un de nos camarades (je me rappelle encore son nom; il se nommait Couture) armé d'une superbe patte de dindon; je dis *patte* et non *cuisse;* car l'objet tout entier se composait de ce que, dans mon ignorance, j'appellerai un *tibia* et de la patte avec ses quatre doigts; le tout recouvert de cette peau noire, luisante et rugueuse, qui fait que le dindon a l'air de marcher sur des brodequins de chagrin.

Dès que mon camarade m'aperçut: "Viens voir," me dit-il, "viens voir." J'accours; il serrait le haut de la patte entre ses deux mains et, sur un petit mouvement de sa main droite, les quatre doigts s'ouvraient et se refermaient comme les doigts d'une main humaine. Je restai stupéfait et émerveillé. Comment cette patte morte pouvait-elle remuer? Comment pouvait-il la faire agir?[5] Un garçon de dix-huit

---

[24] believe me. [25] *me voilà rendu*, I am at home.

69. [1] *à propos*, talking about. [2] *que tu tiens de moi*, which you take from me. [3] *de chez mes parents*, from home. [4] *déjeuners du matin*, early breakfast. [5] *faire agir*, make it move.

ans qui va au spectacle, et qui suit le développement du drame le plus merveilleux, n'a pas les yeux plus écarquillés, les regards plus ardents, la tête plus fixement penchée en avant que moi en face de cette patte de dindon. Chaque fois que ces quatre doigts s'ouvraient et se refermaient, il me passait devant les yeux comme un éblouissement. Je croyais assister à un prodige. Lorsque mon camarade, qui était plus âgé et plus malin que moi, vit mon enthousiasme arrivé à son paroxysme, il remit sa merveille dans sa poche et s'éloigna. Je m'en allai de mon côté ; mais, rêvant et voyant toujours cette patte flotter devant mes yeux comme une vision : "Si je l'avais," me disais-je, "j'apprendrais bien vite le moyen de la faire agir. Couture n'est pas sorcier. Et alors comme je m'amuserai !" Je n'y tins plus,[6] je courus à mon camarade : "Donne-moi ta patte," lui dis-je avec un irrésistible accent de supplication. "Je t'en prie." "Ma patte ! Te donner ma patte ! Veux-tu t'en aller ?"[7] Son refus irrita encore mon désir. "Tu ne veux pas me la donner ?" "Non." "Eh bien ! vends-la moi !" "Te la vendre ! Combien ?" Je me mis à compter dans le fond de ma poche l'argent de ma semaine. "Je t'en donne cinq sous." "Cinq sous ! Une patte comme celle-là ! Est-ce que tu te moques de moi ?"[8]

Et, prenant le précieux objet, il recommença devant moi cet éblouissant jeu d'éventail et, chaque fois, ma passion grandissait d'un degré. "Eh bien, je t'en offre dix sous." "Dix sous !" reprit-il avec mépris ! "Mais regarde donc !" Et les quatre doigts s'ouvraient et se refermaient toujours. "Mais enfin," lui dis-je en tremblant, "combien donc en veux-tu ?" "Quarante sous ou rien !" "Quarante sous !" m'écriai-je, "quarante sous ! près de trois semaines de déjeuner !" "Soit,[9] à ton aise !"[10]

La patte disparut dans sa poche, et il s'éloigna. Je courus de nouveau après lui. "Quinze sous !" "Quarante." "Vingt sous !" "Quarante." "Vingt-cinq sous !" "Quarante." Oh ! diable de Couture ! Comme il aura fait son

---

[6] *je n'y tins plus*, I could stand it no longer. [7] *veux-tu t'en aller*, get along with you. [8] *est-ce que tu te moques de moi ?* are you laughing at me ? are you joking ? [9] all right. [10] *à ton aise*, as you please.

chemin dans le monde!"¹¹ Comme il connaissait déjà le
cœur humain ! Chaque fois que ce terrible mot *quarante*
touchait mon oreille, il emportait un peu de ma résistance.
Au bout de deux minutes, je ne me connaissais plus.¹² "Eh
bien donc, quarante!" m'écriai-je, "donne-la moi!" "Donne-
moi d'abord l'argent," reprit-il. Je lui mis dans la main les
quinze sous de ma semaine, et il me fit écrire un billet de
vingt-cinq sous pour le surplus. Oh! le scélérat ! Il était
déjà homme d'affaires à treize ans ! Puis, tirant enfin le cher
objet de sa poche : "Tiens," me dit-il, "la voilà !"

Je me précipitai sur elle. Au bout de quelques secondes,
ainsi que je l'avais prévu, je connaissais le secret et je tirais
le tendon, qui servait de cordon de sonnette, aussi bien que
Couture. Pendant deux minutes, cela m'amusa follement ;
après deux minutes, cela m'amusa moins ; après quatre, cela
ne m'amusa plus du tout. Je tirais toujours, parce que je
voulais avoir les intérêts de mon argent. Mais le désenchantement me gagnait. Puis vint la tristesse. Puis le
regret, puis la perspective de trois semaines de pain sec !
Puis le sentiment de ma bêtise et tout cela se changeant
peu à peu en amertume, la colère s'en mêla et, au bout de
dix minutes, saisissant avec une véritable haine l'objet de
mon amour, je le lançai par-dessus la muraille, afin d'être
bien sûr de ne plus le revoir.

Ce souvenir m'est revenu bien souvent depuis que je n'ai
plus dix ans, et bien souvent aussi j'ai retrouvé en moi
l'enfant à¹³ la patte de dindon. Cette impétuosité de désir,
cette impatience de tous les obstacles qui me séparaient de
la possession désirée, cette folle imprévoyance, cette puissance d'illusion égale seulement, hélas ! à ma puissance de
désillusion, tous ces traits de caractère se sont mille fois
réveillés, que dis-je ? se réveillent encore en moi dès qu'une
passion m'envahit. Oh ! on n'étudie pas assez les enfants.
On traite leurs sentiments de puérilités. Rien n'est puéril
dans l'âme humaine. L'enfant ne meurt jamais tout entier
dans l'homme, et ce qui est puéril aujourd'hui peut être
terrible ou coupable demain. Les passions sont différentes,

---

[11] *comme il aura fait son chemin dans le monde*, how he must have got
on in the world.   [12] *je ne me connaissai plus* I had lost control of
myself.   [13] *à* with.

mais le cœur où elles poussent est le même, et le meilleur moyen de bien diriger un jeune homme est d'avoir bien observé le garçon de dix ans. Ainsi cette patte de dindon m'a fort servi. Vingt fois dans ma vie au beau milieu[14] d'une sottise, ce souvenir m'est revenu. "Tu seras donc toujours le même?" me disais-je, et je me mettais à rire, ce qui m'arrêtait court. Il n'y a rien de plus utile que de se rire au nez[15] de temps en temps.

Je me retournai alors vers mon fils et je lui dis: "Cette fable montre que les fils ressemblent quelquefois à leurs pères."

70. COOK.

Les voyages de Christophe Colomb et de Vasco de Gama, les découvertes des Espagnols et des Portugais avaient fait connaître l'Asie et l'Amérique; mais des parties du monde restaient encore inexplorées. C'était ce nombre immense d'îles répandues dans l'océan Pacifique et qu'on a groupées sous le nom d'Océanie. C'étaient les tristes régions des pôles, dont la barrière de glace n'avait jamais été affrontée[1] par les navigateurs. Le dix-huitième siècle reprit l'œuvre du quinzième et du seizième. De hardis navigateurs rappelèrent les noms des Colomb et des Gama. Le plus illustre d'entre eux fut le capitaine Cook.

James Cook naquit à Marton (Yorkshire) en 1728. Son père était un modeste cultivateur;[2] il avait neuf enfants. Il ne pouvait évidemment pas leur faire donner une brillante éducation, et le jeune Cook dut se contenter[3] d'apprendre à lire et à écrire à l'école du village d'Ayton. C'est de ce modeste commencement qu'il partit pour devenir, à force de travail et de persévérance, un des hommes les plus savants et le premier explorateur du dix-huitième siècle.

Placé en apprentissage chez un mercier, à l'âge de treize ans, le jeune Cook résolut de devenir marin. Il s'embarque comme mousse,[4] devient matelot, puis maître d'équipage.[5] Il navigue sur les vaisseaux du commerce et sur ceux de

---

[14] *au beau milieu*, in the very middle. [15] *se rire au nez*, to laugh at one's-self.

70. [1] faced. [2] agricultural labourer. [3] *dut se contenter*, had to be satisfied with. [4] cabin-boy. [5] *maître d'équipage*, boatswain.

l'État, se fait remarquer dans la guerre entre la France et l'Angleterre, étudiant et travaillant sans cesse, et il était déjà assez connu, en 1763, pour qu'on le chargeât de dresser une carte[6] du Saint-Laurent et des terres et îles qui l'avoisinent.[7]

Cinq ans après, l'ancien écolier d'Ayton était choisi par la Société royale de Londres pour aller faire des observations astronomiques de première importance dans l'île de Taïti, et continuer l'exploration des îles océaniennes.

Cook s'acquitta de sa mission de manière à dépasser toutes les espérances qu'on avait fondées sur son talent de navigateur et sur son savoir. Il reconnut[8] la Nouvelle-Zélande et le canal qui en sépare les deux terres, qu'on appela le détroit de Cook. Il se dirigea vers l'Australie, dont on ne connaissait que la côte occidentale, et reconnut six cents lieues de la côte orientale. Il reconnut ensuite la Nouvelle-Guinée. Partout il dressait des cartes, recueillait des observations sur les pays, leurs productions, leurs habitants. C'est ainsi qu'en abordant en Australie, frappé des plantes qu'il y rencontra et qui étaient tout à fait différentes de celles d'Europe, il donna le nom de Botany bay ou baie de la Botanique à la première terre où il descendit. Il revint après un voyage de trois ans, en 1771, rapportant des trésors immenses d'observations à la Société de Londres.

L'année suivante, il repartait pour explorer les régions du pôle Sud ou Austral. Pendant trois ans, il resta dans ces régions froides et désolées, pénétra jusqu'au soixante-dixième degré de latitude sud, et revint convaincu qu'au delà des glaces aucune région habitable n'existait dans ces contrées. Au retour, il voulut ajouter encore à ses découvertes en Océanie et parcourut de nouveau les îles, parmi lesquelles il reconnut les îles Sandwich et la Nouvelle-Calédonie.

En 1776, il reprend la mer.[9] A ce moment, la France était en lutte avec l'Angleterre, contre laquelle elle soutenait les colonies révoltées de l'Amérique du Nord. Le roi Louis XVI ne voulut pas que les hostilités entre les Anglais et les Français s'étendissent au capitaine Cook. Il fit écrire à tous les commandants et chefs d'escadre français de traiter le

---

[6] *pour qu'on le chargeât de dresser une carte*, that he should be entrusted with making a chart.   [7] *qui l'avoisinent*, which border upon it.
[8] discovered, explored.   [9] *il reprend la mer*, he went to sea again.

capitaine Cook, partout où ils le rencontreraient, non comme un ennemi, mais comme un ami de la France. Ils devaient lui prêter tous les secours dont il avait besoin et voir seulement en lui un homme dont les travaux honorent l'humanité.

Dans ce dernier voyage, Cook se dirigeait vers le détroit de Behring, pour voir s'il existait des communications au nord de l'Amérique, par l'océan Glacial, entre l'océan Atlantique et l'océan Pacifique. Il fut arrêté par les glaces au soixante-dixième degré de latitude nord, resta plusieurs mois prisonnier et dut revenir sur son chemin.

Mais il ne rentra pas aussitôt en Angleterre. Il se remit à visiter[10] l'Océanie, le théâtre de ses grandes découvertes, reconnut de nouvelles terres et arriva à l'île d'Hawaii, une des îles Sandwich. C'est là que devait se terminer misérablement une si belle carrière. Les naturels[11] de l'île avaient commis de nombreux vols parmi les équipages[12] anglais. Cook voulut les forcer à rendre ce qu'ils avaient pris, et descendit à terre[13] dans un canot[14] avec neuf hommes pour s'emparer de leur chef. Les naturels accoururent plus nombreux et plus audacieux que Cook ne l'avait supposé. Il fallut battre en retraite en combattant. Cook marchait à reculons,[15] imposant par sa ferme attitude le respect aux sauvages qui l'attaquaient. Mais, à un certain moment, il se retourna pour donner un ordre: les furieux se précipitent, le frappent par derrière. Il est renversé, massacré et mis en pièces, le 14 février 1779.

Cook se faisait remarquer, comme navigateur, non seulement par cette science qu'il ne devait qu'à lui-même, mais encore par son humanité. Aucun commandant ne fut meilleur pour les marins qui l'accompagnaient, aucun ne sut mieux leur éviter des fatigues inutiles, remonter leur moral affaibli,[16] et les soigner dans leurs maladies. Cette bonté s'étendait aux insulaires des pays qu'il parcourait et contre lesquels il ne voulait jamais employer la violence que pour se défendre et à la dernière extrémité. Par ses découvertes,

---

[10] *il se remit à visiter*, he visited again. [11] natives. [12] crews. [13] *descendit à terre*, went ashore. [14] ship's boat. [15] *à reculons*, backwards. [16] *remonter leur moral affaibli*, to raise their broken spirits.

il a mérité notre reconnaissance ; par sa science et ses qualités morales, il est digne en tout point[17] de servir d'exemple aux explorateurs.

71. ALEXANDRE LE GRAND.
Enfance d'Alexandre.

Il naquit[1] le 19 juillet 356 A. J. C.,[2] le jour même où un insensé, Érostrate, pour se rendre célèbre, brûlait le temple fameux de Diane, à Éphèse. Les grands traits de son caractère se montrèrent dès l'enfance dans les petites choses. Sacrifiant un jour aux dieux, il jetait l'encens sur l'autel à pleine poignée. Un de ses maîtres, le parcimonieux Léonidas, l'en reprit.[3] "Attendez," lui dit-il, " pour faire de telles offrandes, que vous possédiez le pays où croît[4] l'encens." Plus tard, maître de l'Asie, Alexandre envoya à Léonidas cent talents pesants d'aromates, en l'invitant à n'être plus chiche[5] envers les dieux.

Un autre jour, on amène à Philippe un cheval que personne ne parvient à dompter. Alexandre remarque que l'animal, très effarouché, a surtout peur de son ombre ; il lui tourne la tête vers le soleil, le flatte, l'apaise, puis d'un bond s'élance sur lui. En vain le cheval veut se dégager de son hardi cavalier, Alexandre l'étreint, le pousse en avant, l'épuise par une course furieuse et le ramène dompté. Bucéphale, toutefois, ne se laissa jamais monter par d'autres.[6]

Comme[7] Achille, qui fut longtemps son modèle, Alexandre excellait à la course[8] et dans tous les exercices du corps. Mais, quand on lui demandait, s'il disputerait le prix à Olympie : "Oui," dit-il, "si, pour rivaux, j'y devais trouver des rois." Il savait par cœur l'Iliade et une partie de l'Odyssée.

Aristote cultiva en lui les dispositions sérieuses. Elles ne manquaient pas. Encore enfant, il avait étonné les ambassadeurs perses en les questionnant sur les routes, les dis-

---

[17] *en tout point*, in every respect.

71. [1] from *naître*.   [2] *A. J. C.* = *avant Jésus Christ*, B.C.   [3] *l'en reprit*, reprimanded him on that score.   [4] from *croître*.   [5] stingy.   [6] *ne se laissa jamais monter par d'autres*, never allowed any one else to ride him.   [7] like.   [8] running.

tances, les forces de l'empire du grand roi. Il voulut tout apprendre d'Aristote: philosophie, littérature, science, même la médecine, que plus d'une fois il pratiqua pour ses amis; et son esprit, naturellement porté[9] aux grandes choses, fut affermi[10] dans cette voie[11] et élevé encore par les entretiens du plus puissant penseur de l'antiquité. Léonidas avait fait de son élève un agile et brillant soldat; Aristote en fit Alexandre.

A dix-sept ans, Alexandre fut chargé d'administrer le royaume en l'absence de son père, occupé contre les Scythes; à vingt ans, il régna pour son compte.[12]

Destruction de Thèbes (335 A. J. C.).

En 336, le roi Philippe fut assassiné par un noble Macédonien, nommé Pausanias. Apprenant que de grands mouvements[13] avaient éclaté dans les pays conquis, à la nouvelle de la mort de son père, Alexandre les réprima par de soudaines et irrésistibles attaques: en moins d'un an, il défit les Triballes, les Péoniens et les Gètes, au delà[14] du Danube.

La Grèce aussi s'agite; Démosthène a donné le signal dans Athènes. Triste et portant le deuil[15] de sa fille, morte depuis sept jours, il apprend, par un courrier secret, l'assassinat de Philippe. Aussitôt il se revêt de vêtements blancs, se couronne de fleurs, et court annoncer au sénat que les dieux lui ont révélé par un songe la mort du Macédonien. Bientôt la nouvelle se confirme.[16] Cependant des émissaires parcourent la Grèce pour la soulever. Mais Alexandre, à la nouvelle de cette effervescence, repasse le Danube et le mont Hémus, traverse en six jours la Macédoine et la Thessalie, et arrive aux Thermopyles. "Démosthène m'appelait enfant," dit-il, "lorsque j'étais en Illyrie, jeune homme lorsque j'arrivai en Thessalie; je veux lui montrer au pied des murs d'Athènes que je suis un homme." Il n'alla pas plus loin que Thèbes. Cette ville prise, ses maisons rasées, à l'exception de celle de Pindare, 6000 de ses habitants tués et 30,000 vendus épouvantèrent les Grecs.

---

⁹ inclined. ¹⁰ strengthened. ¹¹ path. ¹² *pour son compte*, on his own account. ¹³ disturbances. ¹⁴ *au delà*, beyond. ¹⁵ *portant le deuil*, in mourning. ¹⁶ *se confirme*, is confirmed.

Alexandre généralissime de la Grèce.

Dans la ville de Corinthe, Alexandre convoqua l'assemblée générale de la Hellade, et reçut d'elle le titre de généralissime des Grecs pour l'expédition que son père avait préparée contre l'Asie.

Victoire du Granique (334 A. J. C.).

Il laisse Antipater en Macédoine pour veiller à la tranquillité de ses domaines d'Europe et partage entre ses amis tout son patrimoine. "Mais que gardez-vous donc?" lui demande-t-on. "L'espérance," répond-il. Il franchit alors l'Hellespont et prend terre le premier[17] sur la côte d'Asie avec 30,000 fantassins et 4500 cavaliers. La lutte commence sur les bords du Granique où 110,000 Perses veulent l'arrêter et sont battus. Alexandre y courut risque de la vie ; Clitus le sauva en tuant un ennemi qui allait le frapper par derrière.

Conquête de l'Asie Mineure.

Il se dirige, après cette victoire, le long des côtes occidentales de l'Asie Mineure. En s'emparant des cités maritimes, il empêche Darius de lever[18] en Grèce des soldats ou d'y exciter des troubles ;[19] car il s'était aperçu, au passage du Granique, que les plus sérieux obstacles lui viendraient des Grecs mercenaires servant dans les armées du grand roi. En quelques mois, toute la presqu'île fut conquise.

Le nœud gordien.

A Gordion, en Phrygie, se trouvait[20] dans le temple de la ville le char d'un ancien roi du pays, dont le joug était attaché au timon[21] par un nœud si artistement fait, qu'on n'en voyait point les bouts. Un oracle qui courait parmi le peuple[22] promettait l'empire de l'Asie à celui qui saurait le dénouer. Alexandre le trancha d'un coup d'épée et prétendit avoir accompli l'oracle. La victoire d'Issus lui donna raison.

Le médecin Philippe.

Alexandre fut arrêté en Cilicie par une maladie qui faillit changer[23] le sort du monde. Un jour, tout couvert de sueur,

---

[17] *prend terre le premier*, lands first. [18] *de lever*, to raise. [19] *exciter des troubles*, to stir up disturbances. [20] *se trouvait = il y avait*. [21] pole.
[22] *qui courait parmi le peuple*, which was circulated among the people.
[23] *faillit changer*, which nearly changed.

il s'était baigné dans les froides eaux du Cydnos. Une fièvre violente le prit, et bientôt on désespéra de sa vie. Un Acarnane, le médecin Philippe, son ami, osa seul tenter de le sauver en préparant pour lui un breuvage qui devait agir violemment. Alexandre reçut au même moment une lettre de Parménion, qui l'avertissait de se méfier du médecin, vendu aux Perses. Alexandre n'en voulut rien croire, et d'une main présentant à Philippe la lettre qui l'accusait, de l'autre il porta la coupe à ses lèvres et la vida d'un trait, montrant ainsi, avec un courage plus rare que celui du champ de bataille, sa confiance en ses amis et sa foi dans la vertu.

Victoire d'Issus (333 A. J. C.); conquête de la Syrie et de l'Égypte.

Cependant Darius approchait avec une immense armée de 400,000 fantassins et de 100,000 cavaliers. Alexandre l'atteignit à Issus, à l'entrée de la Syrie, le battit, et laissant dédaigneusement le grand roi fuir devant lui, il continua de longer[24] les côtes, traversa la Syrie, s'empara de Tyr après un siège de sept mois, et entra par Péluse en Égypte. Il y fonda sur la Méditerranée une ville de son nom, Alexandrie, qui devint bientôt le principal entrepôt[25] du commerce du monde. D'Alexandrie, il alla consulter, dans le désert, l'oracle célèbre d'Ammon, qui le déclara fils de Jupiter.

Victoire d'Arbèles (331 A. J. C.).

Alexandre avait alors enlevé à Darius toutes les parties maritimes de son empire qui regardent la Grèce; il pouvait donc se mettre enfin à la poursuite de ce prince, sans avoir à craindre qu'une révolte fût excitée derrière lui. Il traversa de nouveau la Palestine et la Syrie, et franchit l'Euphrate. A son approche, les Perses, effrayés, s'enfuirent derrière le Tigre. Alexandre les y suivit; car il pressait maintenant les Perses avec autant de vigueur qu'il avait paru[26] mettre jusqu'à présent d'indifférence à les trouver sur son chemin. Il rencontra leur armée dans la plaine d'Arbèles et la culbuta[27] sans beaucoup de peine.

Occupation des capitales de Perse (331—330 A. J. C.).

Alexandre, sûr maintenant qu'aucune armée du roi de

---

[24] to go along. [25] emporium. [26] from *paraître*. [27] overthrew.

Perse ne pourrait tenir tête[23] à ses Macédoniens, laissa fuir encore ce prince et descendit à Babylone, où il sacrifia à Bel dont il releva le temple renversé par Xerxès. C'était une satisfaction donné aux Babyloniens et un moyen de les gagner. Alexandre agit de même partout, visitant les temples célèbres et honorant les dieux qui y étaient adorés afin de se concilier l'affection des peuples.

Après un court séjour à Babylone, il s'empressa d'aller occuper les autres capitales de Darius : Suses, où il trouva d'immenses richesses, Persépolis, la métropole de l'empire, et Pasargade, la ville sainte des Perses, celle où se faisait le couronnement des rois. Maître du sud de l'empire, il remonta alors vers le nord pour se remettre sur les traces de Darius et atteignit Ecbatane.

Mort de Darius (330 A. J. C.).

Darius était parti de cette ville depuis huit jours. Alexandre, résolu maintenant à en finir avec ce prince, le poursuivit avec une impétueuse ardeur. En onze jours, il fit 480 kilomètres[29] et désespérait cependant de l'atteindre, quand deux serviteurs du roi vinrent annoncer que Bessus, satrape de la Bactriane, avait enchaîné Darius et le traînait à sa suite. Les Macédoniens reprennent aussitôt la poursuite. Bessus, sur le point d'être atteint, égorge son prisonnier qui retarde sa fuite, et laisse le cadavre dans les mains d'Alexandre, qui le fait ensevelir honorablement dans le tombeau des rois de Perse.

Bessus pouvait établir un centre de résistance dans la Bactriane et la Sogdiane ; Alexandre ne lui en donne pas le temps. Le satrape, réfugié au delà de l'Oxus, lui est livré ; le roi l'abandonne au frère de Darius, qui se venge, en lui faisant souffrir, avant de le tuer, les plus cruelles tortures (329).

Campagnes au nord de l'empire (329—328 A. J. C.).

Alexandre passa deux années dans ces régions qu'habitaient des peuplades belliqueuses, et où il eut des villes à fonder pour retenir les Scythes derrière le fleuve Iaxarte, des révoltes à réprimer, surtout celle d'un vaillant satrape, Spitamène, et

---

[23] *tenir tête*, cope with, or resist.   [29] *480 kilomètres* = about 360 miles.

des forteresses réputées imprenables à renverser. Une d'elles était le roc Sogdien. Quand Alexandre somma le gouverneur de se rendre : "As-tu des ailes ?" répondit-il ; et il semblait qu'il en fallût pour atteindre l'inaccessible citadelle. Le roi promit 10 talents au premier qui toucherait les murs, et une petite troupe escalada le roc à pic. Dans cette forteresse, Alexandre trouva la famille d'un seigneur perse dont il épousa la fille, Roxane ; cette alliance assura enfin le repos de ces contrées.

Mort de Clitus et de Philotas (330—327 A. J. C.).

C'est après ces guerres difficiles et dangereuses qu'arriva la mort de Clitus (328). Dans un festin où le vin avait trop largement coulé, de vils flatteurs exaltaient Alexandre, au point de[30] le mettre au-dessus de ceux qu'on regardait comme les héros par excellence, Castor et Pollux, au-dessus même d'Hercule. Clitus, indigné, s'écrie qu'Alexandre n'a pas tout fait à lui seul, et qu'une bonne part de sa gloire appartient aux Macédoniens. Et, comme on rabaissait les actions de Philippe pour élever bien au-dessus d'elles les exploits de son fils, le vieux général ne garde plus de bornes :[31] il commence l'éloge du père, fait la satire d'Alexandre, et étendant le bras vers celui-ci : "Sans le secours de ce bras," lui dit-il, "tu périssais dès le Granique." Ivre de vin et de colère, le roi ne se contient plus ; il arrache une pique à un de ses gardes et en perce son sauveur, son ami. Dans cette généreuse nature, le repentir suivit de près la faute. On dit que ses yeux se dessillant aussitôt, il tourna contre sa poitrine la pointe de la pique et allait s'en percer lui-même, quand on l'arrêta. Pendant trois jours, il demeura dans sa tente, sanglotant, appelant Clitus, se maudissant lui-même et refusant toute nourriture.

Une autre tragédie eut lieu quelque temps après, le meurtre du philosophe Callisthène, accusé de complot contre la vie du roi. Philotas avait péri en 330, lapidé[32] par l'armée entière pour un autre complot qu'il n'avait point révélé ; et Alexandre, redoutant que son père, Parménion, voulût le

---

[30] *au point de*, to such an extent as. [31] *ne garde plus de bornes*, keeps no bounds. [32] stoned.

venger, l'avait fait assassiner. Ce sont des taches fâcheuses pour sa mémoire.

Campagnes dans l'Inde (327—325 A. J. C.).

De la Bactriane, Alexandre se dirigea vers l'Indus. Deux rois régnaient sur les bords : Taxile, qui vint au-devant du conquérant faire sa soumission ; Porus, qui l'attendit fièrement à la tête de toutes ses forces, au-delà du fleuve. Les Macédoniens abattirent[33] toute une forêt pour construire une flotte, et vainquirent le prince indien près de l'Hydaspe. Porus, fait prisonnier, couvert de sang et de blessures, fut conduit devant Alexandre : "Comment prétends-tu être traité ?" demanda le vainqueur. "En roi." "Je le ferai pour moi-même ; mais pour toi, que puis-je faire ? parle !" "J'ai tout dit." "Je te rends ton royaume et j'y ajouterai encore." Alexandre tint parole ; il chargea le brave Porus de veiller à l'obéissance de toute cette région. Il voulait aller plus loin, passer l'Hyphase, et envahir l'Inde ; son armée s'y refusa. Il éleva alors douze autels gigantesques, autour desquels il célébra des jeux ; puis descendit l'Hydaspe jusqu'à son embouchure dans l'Indus, et ce dernier fleuve jusqu'à l'Océan, soumettant toutes les peuplades riveraines, fondant[34] des villes, des chantiers[35] et des ports.

Danger que court Alexandre chez les Malliens.

C'est dans cette marche, au siège d'un fort des Malliens, que son courage impétueux faillit lui coûter la vie.[36] Il était parvenu le premier sur les murailles ; trois de ses officiers l'y suivirent. Mais les échelles se rompirent, et Alexandre, en butte,[37] sur la crête du rempart, à tous les traits, se précipita seul dans l'intérieur du fort. Acculé[38] au mur et protégé par un tronc d'arbre il tint[39] les ennemis à distance, tua les plus audacieux qui l'approchèrent, mais tomba enfin, atteint d'une flèche. Heureusement ses trois compagnons l'avaient déjà rejoint, et couvrirent son corps de leurs boucliers. Cette résistance donna aux soldats le temps de franchir les murs et d'accourir en foule. Alexandre fut emporté, évanoui, dans sa tente, et pendant quelque temps on désespéra de sa vie.

---

[33] cut down. [34] founding. [35] dockyards. [36] *faillit lui coûter la vie,* nearly cost him his life. [37] *en butte,* exposed to. [38] driven against. [39] kept.

Retour à Babylone; navigation de Néarque (325 A. J. C.).

Après avoir exploré avec soin les embouchures de l'Indus, Alexandre retourna à Suses par les déserts de la Gédrosie et de la Carmanie, où nulle armée n'avait encore pénétré. Pendant ce temps, Néarque son amiral, longeait, avec sa flotte, le littoral et revenait, après 129 jours de navigation, par le golfe Persique, ayant ainsi tracé la route des Indes au commerce. L'année suivante, Alexandre rentra à Babylone.

Étendue de l'empire d'Alexandre.

Son empire était le plus vaste que l'ancien monde eût encore vu. Il avait pour limites, au nord, le Danube, le Pont-Euxin, le Caucase, la mer Caspienne et l'Iaxarte; à l'est, l'Hyphase et l'Indus; au sud, la mer Érythrée, le golfe Persique, les déserts de l'Arabie et les cataractes de Syène; à l'ouest, la mer Intérieure et l'Adriatique.

Sagesse de sa politique.

Après avoir fondé ce vaste empire par les armes, il fallait le rendre durable par la sagesse de l'administration. Alexandre s'appliqua à gagner[40] l'affection de ceux qu'il avait vaincus. Il sacrifiait à leurs dieux, respectait leurs coutumes, laissait généralement entre les mains des indigènes[41] le gouvernement civil du pays, et s'efforçait d'unir les deux peuples par des mariages, comme il en donna lui-même l'exemple en épousant Statira, fille de Darius. Il comptait en outre sur la bienfaisante influence du commerce pour créer entre l'Orient et l'Occident, entre la Grèce et la Perse, des intérêts communs qui feraient de tant de peuples divers une seule et formidable nation. C'est pour cela qu'il avait fondé Alexandrie et tant d'autres cités qui subsistent encore. C'est pour cela, qu'il creusait à Babylone un port capable de contenir 1000 galères, et qu'il faisait enlever les barrages que les rois de Perse avaient jetés dans le Tigre inférieur, pour en entraver la navigation.

Mort d'Alexandre (323 A. J. C.).

Malheureusement, la mort ne lui permit pas d'accomplir ses grands desseins. Alexandre, comme tous les Macé-

---

[40] to win.   [41] natives.

doniens, n'estimait pas que la sobriété fût une vertu bien nécessaire ; il s'abandonna, sans retenue,[42] aux plaisirs de la table, où tant de fois lui et son père avaient laissé leur raison. A la suite de plusieurs orgies longtemps prolongées, il fut pris d'une fièvre, dont il avait peut-être gagné le germe dans les miasmes des marais qu'il faisait dessécher.[43] Elle le mina durant dix jours; le onzième il expira dans sa trente-troisième année (21 avril 323 A. J. C.). Quelques semaines auparavant, des députés grecs étaient venus l'appeler dieu et l'adorer.

72. LA VIE DE BENJAMIN FRANKLIN.

Benjamin Franklin naquit à Boston, ville de l'Amérique du Nord, le 17 janvier 1706, de parents anglais. Cette famille, pauvre mais honorable, avait longtemps exercé en Angleterre la profession[1] de forgeron ; cependant le père de Benjamin fut d'abord teinturier, puis fabricant de chandelles; il fit donner à son fils les premières leçons, et à l'age de 10 ans, sachant bien lire et bien écrire, Benjamin devint apprenti chez son père. Le métier de son père était peu de son goût. Dans son intelligente ardeur, il voulait agir, voir, apprendre. Élevé[2] au bord de la mer,[3] où, durant son enfance, il allait se plonger presque tout le jour dans la saison d'été, il désirait devenir marin. Son père en fut effrayé : il se décida à le faire coutelier. Il le mit à l'essai chez son cousin Samuel Franklin qui, après s'être formé dans ce métier à Londres, était venu s'établir à Boston ; mais comme la somme éxigée pour son apprentissage parut trop forte, il fallut renoncer à ce projet. Son père, voyant son goût, décidé pour les livres, le destina enfin à être imprimeur. Il le plaça en 1718 chez l'un de ses fils, nommé James, qui était revenu d'Angleterre, l'année précédente, avec une presse et des caractères d'imprimerie.[4] Le contrat d'apprentissage fut conclu pour 9 ans. Pendant les 8 premières années, Benjamin Franklin devait servir sans rétribution son frère, qui, en retour, devait le nourrir et lui donner, la neuvième année, le salaire d'un

---

[42] *sans retenue*, without moderation. [43] *qu'il faisait dessécher*, which he was having drained.

72. [1] trade. [2] brought up. [3] *au bord de la mer*, at the sea-side.
[4] *caractères d'imprimerie*, printing types.

ouvrier. Il devint promptement très habile. Il avait beaucoup d'adresse qu'il accrut par beaucoup d'application. Il passait le jour à travailler et une partie de la nuit à s'instruire. Il étudia tout ce qu'il ignorait, depuis la grammaire jusqu'à la philosophie ; il apprit l'arithmétique, dont il savait imparfaitement les règles, et à laquelle il ajouta la théorie de la navigation.

Les privations, du reste,[5] lui coûtaient peu, quoiqu'il prît, sur la qualité de sa nourriture et les heures de son repos, les moyens et le temps d'apprendre. Il avait lu qu'un auteur ancien, s'élevant contre[6] l'usage de manger de la chair, recommandait de ne se nourrir que de végétaux. Franklin résolut d'essayer ce système, et l'épreuve lui réussit ; sa santé s'en trouva bien, il gagna du temps sur ses repas, de l'argent sur sa nourriture, et non seulement il put ainsi acheter des livres, mais il eut encore plus de loisir pour les lire. Il apprit seul et rapidement la géométrie, et il se perfectionna de plus en plus[7] dans la connaissance de la grammaire et de la littérature ancienne : il buvait de l'eau et mangeait debout une soupe qu'il faisait cuire lui-même ; un fruit et du pain complétaient ses repas.

Il avait 14 ans lorsque son frère entreprit de publier un journal. Il commença à écrire d'abord en cachette,[8] plus tard ouvertement, dans ce journal et ce fut le commencement de sa réputation littéraire. Cependant le mauvais caractère[9] de son frère l'obligea[10] à se séparer de lui. Benjamin avait alors 17 ans. Ce fut le moment de grandes épreuves pour lui : il abandonna sa famille et partit seul pour faire un long et pénible voyage, résolu d'aller à Philadelphie, capitale de la Pensylvanie, chercher du pain et du travail. Il y arriva après un triste trajet,[11] harassé de fatigue, couvert de boue, n'ayant qu'un mauvais habit sur lui, et dans sa poche un dollar et un shelling, environ 6 francs. Il erra par les rues, jusqu'a ce qu'il eût rencontré un pauvre imprimeur qui, avec une vieille presse et des caractères usés,[12] imprimait misérablement et sans aide. Franklin mit l'imprimerie en ordre,

---

[5] *du reste*, besides. [6] *s'élevant contre*, condemning, or railing against. [7] *de plus en plus*, more and more. [8] *en cachette*, in secret. [9] *mauvais caractère*, bad temper. [10] compelled him. [11] journey. [12] worn out.

le travail y prospéra et bientôt il put faire quelques petites économies.[13] Sobre, honnête, actif, il avançait toujours, sans autre secours que son infatigable activité et ses bons principes. A 18 ans, possédant quelques économies, il résolut de visiter l'Angleterre. L'Amérique du Nord était alors une colonie anglaise ; les Américains étaient sujets du roi d'Angleterre, se considéraient comme Anglais, et payaient les impôts à leur mère-patrie. Arrivé à Londres, Franklin y trouva de l'ouvrage dans une grande imprimerie qui existe toujours[14] et dans laquelle on montrait encore il y a peu d'années, avec orgueil et respect, la vieille presse à laquelle il avait travaillé. Là, fidèle à son principe de faire partager aux autres ce qu'il avait reconnu bon pour lui, il corrigea de leurs mauvaises habitudes les ouvriers qui travaillaient avec lui : ce désir de faire le bien et de rendre moral ce qui l'entourait, est un des traits les plus honorables de son caractère. Après 18 mois de séjour en Angleterre, il revint en Amérique, ayant augmenté ses connaissances et son habileté. Il avait alors 22 ans. Il rapportait une presse, des caractères, et il s'associa un ami[15] pour fonder, en 1728, une imprimerie à Philadelphie. Quand son imprimerie eut été montée et que l'atelier eut été garni de tout ce dont il avait besoin, il ne lui restait pas un sou ; cependant une pratique[16] se présenta, lui fournit du travail, et le paya 6 francs. Ce premier gain lui vint si à point, que jamais argent gagné ne lui causa une telle joie. Aussi le souvenir de ce pénible début le rendit-il toute sa vie charitable pour les pauvres ouvriers qui commençaient à s'établir. Son imprimerie acquit rapidement une excellente réputation. Il publia un journal dont il fut un des principaux rédacteurs, et la sagesse et le bon sens avec lesquels il y traita les matières politiques, lui attirèrent la considération générale : il fut bientôt nommé imprimeur du gouvernement. Alors, ayant 24 ans, il se maria et trouva le bonheur dans son ménage. Franklin eut à cette époque l'idée de fonder une bibliothèque publique, pour répandre l'instruction parmi ses concitoyens, et sa pensée fut exécutée avec un grand succès. Cette

---

[13] savings. [14] *qui existe toujours*, which is still in existence. [15] *il s'associa un ami*, he took a friend into partnership. [16] customer.

première bibliothèque fut formée par souscription, et cet exemple fut bientôt suivi par toutes les grandes villes d'Amérique. Poursuivant ses études pendant ses loisirs, il se livra avec ardeur à des recherches qui devaient le mettre un jour au rang des savants, bienfaiteurs de l'humanité. Il publia pendant 25 années de suite[17] un almanach, qui est connu en France sous le nom d' "Almanach du bonhomme Richard." Dans ce petit livre, au lieu des sottises[18] que les almanachs renfermaient alors, on trouvait à chaque page les maximes les plus sages, applicables à tous et à tous les moments, et présentées sous la forme la plus facile à retenir;[19] aussi[20] son almanach fut-il répandu par toute l'Amérique, et plus tard, en Europe, fut traduit dans toutes les langues.

A l'âge de 30 ans, il fut nommé secrétaire de l'assemblée générale de Pensylvanie, et c'est de cette époque que date sa vie publique. Cette vie se compose de deux parties également utiles et importantes : la vie politique et la vie savante. Depuis l'âge de 30 ans jusqu'à près de quatre-vingts, il prit part à tous les grands événements dont l'Amérique fut le théâtre, comme à toutes les grandes découvertes de son siècle : aussi l'on peut dire que jamais carrière ne fut remplie d'une manière plus honorable, plus utile et plus heureuse. En 1753, il fut nommé par le gouvernement anglais maître général des postes en Amérique : le revenu des postes fut triplé par ses soins. Dans les différends qui s'élevèrent[21] entre l'Amérique et l'Angleterre par suite[22] des impôts dont l'Angleterre accablait ses colonies, Franklin fut envoyé en 1764 à Londres par ses concitoyens. Il y défendit leurs droits à diverses reprises,[23] chercha à maintenir la paix et l'union entre le gouvernement anglais et les colonies, et merita l'amitié et l'estime des plus grands hommes de l'époque. En 1775, l'Amérique fut déclarée rebelle par le gouvernement anglais, et la guerre commença. Franklin fut bientôt nommé l'un des chefs de l'administration du pays ; il fut l'un de ceux qui rédigèrent,[24] le 4 juillet 1776, la fameuse déclaration de l'indépendance des États-Unis. A la fin de l'année 1776, il

---

[17] *de suite*, running. [18] absurdities. [19] *à retenir*, to remember. [20] in consequence. [21] *qui s'élevèrent*, which arose. [22] *par suite*, in consequence. [23] *à diverses reprises*, several times. [24] drew up.

repartit pour l'Europe, chargé de[25] former une alliance avec le gouvernement français. Il fut reçu par le roi Louis XVI de la manière la plus flatteuse, et resta en France pendant 9 ans, veillant aux[26] intérêts de sa patrie et à l'avancement des sciences. Ses découvertes dans les sciences physiques l'avaient placé dans un rang élevé parmi les savants ; le premier, il étudia les lois de l'électricité ; la première application utile de cette découverte, le paratonnerre, lui est due. Franklin vivait heureux au milieu de tant et de si précieux amis ; il s'occupait toujours activement de l'avenir de l'Amérique et des progrès des sciences, quand il apprit que des divisions funestes menaçaient l'avenir de la constitution des États-Unis. On lui dit que sa présence y était nécessaire. Il partit de suite[27] de Paris, malgré les souffrances causées par une cruelle maladie, et malgré son grand âge, 79 ans. Cependant, le voyage d'Amérique n'était point alors, comme aujourd'hui, l'affaire de 12 jours : 6 semaines étaient regardées comme une traversée ordinaire. Il fut reçu en Amérique comme le père de la patrie. En effet, il fut du nombre de ces hommes sages qui fondèrent sa prospérité actuelle.

Enfin, le 17 avril 1790, à l'âge de 83 ans, le pauvre ouvrier imprimeur rendit son âme à son Créateur ; celui qui était entré à Philadelphie presque nu, avec un dollar dans sa poche, et y avait erré par les rues cherchant du travail, avait fondé la liberté et la constitution de son pays, dont il était devenu l'un des chefs, et à sa mort la ville entière de Philadelphie suivit son cercueil. Le deuil fut porté pendant 2 mois par toute l'Amérique, et ce deuil était dans tous les cœurs.

Si sa persévérance en toutes choses fut extraordinaire, c'est sa persévérance dans le bien qu'il faut surtout imiter. Tout ce qu'il fit, comme tout ce qu'il apprit fut appris et fait dans le but[28] d'être utile à tous ; ses maximes furent dans toutes les bouches au grand profit de tous.[29]

---

[25] *chargé de*, entrusted with. [26] *veillant aux*, watching over. [27] *de suite*, at once. [28] *dans le but*, with a view to. [29] *au grand profit de tous*, to the great advantage of all.

BIOGRAPHICAL AND GEOGRAPHICAL VOCABULARY.

Acarnane, Acarnania, the most westerly part of ancient Greece.
Achille, Achilles, a famous Greek warrior, said to have greatly distinguished himself at the siege of Troy. Of his life and deeds nothing is known with certainty.
Adriatique, the Adriatic Sea.
Afrique, Africa.
Agrippa, son-in-law of the emperor Augustus, born B.C. 63, died A.D. 12. As ædile of the city of Rome, he adorned it with many costly buildings.
Alexandrie, Alexandria, a celebrated sea-port town of Egypt.
Allemagne, Germany.
Alpes, Alps, the greatest mountain system of Europe.
Alphonse d'Aragon, Alfonso, king of Aragon, born A.D. 1385, died A.D. 1458.
Alsace, formerly a province of eastern France. It now belongs to Prussia.
Amadan, or *Hamadan*, a town of Persia.
Amérique, America.
Ammon, the chief god of the Egyptians.
Amsterdam, the chief city of Holland.
Angleterre, England.
Antipater, the most distinguished general of Philip of Macedon, died about B.C. 321.
Anvers, Antwerp, the chief commercial city of Belgium.

Arabie, Arabia.
Arbèles, Arbela, now Erbil, a small town of Assyria.
Aristote, Aristotle, a celebrated Greek philosopher, born B.C. 384, died B.C. 322.
Asie, Asia.
Assas, lived about 1760.
Athènes, Athens, the capital of Greece.
Australie, Australia.
Autriche, Austria.
Auvergne, a province of France.
Babylone, Babylon, one of the most famous cities of antiquity, on the Euphrates.
Bactriane, Bactria, the name of an ancient district coinciding with Turkestan.
Bayonne, a town in the south-west of France, near the Pyrenees.
Béhring, détroit de, Behring Straits.
Bel, Baal, the supreme male deity of a great portion of western Asia.
Bessus, a satrap of Bactria, lived about B.C. 330.
Biton, see *Cléobis*.
Brandebourg, Brandenburg, a central province of Prussia.
Brunswick, a northern German state.
Bucéphale, Bucephalus, the "bullheaded," the favourite horse of Alexander the Great.
Callisthène, Callisthenes, born B.C. 360, died B.C. 328.

Cambronne, a general of Napoleon I. He commanded a portion of the 'Old Guard' at Waterloo. Born 1770, died 1842.
Carmanie, Carmenia, a country of Asia, near Persia.
Carthage, a celebrated city of northern Africa.
Caspienne, Caspian Sea.
Castor and Pollux, twin brothers, sons of Jupiter and Leda.
Catherine II., empress of Russia, A.D. 1729—1796.
Caucase, the Caucasus.
Christophe Colomb, Christopher Columbus, the celebrated Genoese navigator, who discovered America in 1492, died 1506.
Cilicie, Cilicia, a province of Asia Minor.
Cléobis and Biton, sons of Cydippe, the priestess of Juno at Argos.
Clitus, foster-brother of Alexander the Great.
Clotaire II., a king of France, ascended the throne in 613.
Corinthe, Corinth, a famous city of ancient Greece on the Isthmus of Corinth.
Crésus, Crœsus, king of Lydia, ascended the throne in B.C. 560.
Crillon, a famous French warrior, 1541—1615.
Cydnos, Cydnus, a river of Cilicia, rising in the chain of Mount Taurus.

Danube, a river of Europe, rising in the Black Forest and emptying itself into the Black Sea.
Darius, Darius III., king of Persia, died B.C. 330.
Dee, a river in Scotland.
Démosthène, Demosthenes, a great Grecian orator, born B.C. 385, died B.C. 322.
Diane, Diana, a Roman goddess, daughter of Jupiter and Latona.
Dieppe, a town of Normandy, on the English Channel.
Don Quichotte, Don Quixote.

Ecbatane, Ecbatana, the capital of Media (Assyria).
Egypte, Egypt.
Eloi, born 588, died 659.
Epée, l'abbé de l', born 1712, died 1789, a celebrated instructor of the deaf-mutes.
Ephèse, Ephesus, a city of Ionia, on the coast of Asia Minor.
Erythrée (mer), the Red Sea.
Espagne, Spain.
Esope, Æsop, a celebrated fabulist, supposed to have lived about B.C. 620.
Etats-Unis, United States.
Euphrate, Euphrates, the largest river of western Asia.

Ferdinand d'Aragon, Ferdinand V., king of Spain, 1452—1516.
Fléchier, a famous French theologian and preacher, born 1632, died 1710.
Fontenelle, a French author, born 1657, died 1757.
François I. d'Autriche, emperor of Austria, 1708—1765.
Frédéric II., Frederick the Great, king of Prussia, born 1712, died 1786.

Gédrosie, Gedrosia, a province of Persia.
Gètes, Getæ, the people of Dacia, now Hungary.
Gordion, Gordius, a Phrygian peasant who became king of his country.
Granique, Granicus, a river of Bithynia, in Asia Minor.
Grotius, a great theologian, born 1583, died 1645.

Hawaï, the most southerly of the Sandwich Islands.
Hellade, Hellas, a name applied to the whole of Greece, except Thessaly.
Hellespont, Hellespont, now the Dardanelles.

Hémus, Hæmus, a mountain on the north of Thrace.
Henri IV., king of France, born 1553, assassinated 1610.
Hercule, Hercules, son of Jupiter and Alcmena.
Holstein, a former duchy of Denmark, since 1866 a part of Prussia.
Husum, a sea-port of Schleswig Holstein, Prussia.
Hydaspe, Hydaspes, a tributary of the Indus.
Hyphase, Hyphasis, a tributary of the Indus.

Iaxarte, Iaxartes, a river of Asia, flowing into the Sea of Aral.
Ibycus, a lyric poet, lived about B.C. 540.
Illyrie, Illyria, a country on the Adriatic, opposite Italy.
Inde, India.
Indus, a river of India, flowing into the Indian Ocean.
Isabelle de Castille, Isabella of Castile, born 1451, died 1504.
Issus, a town of Cilicia, on the confines of Syria.
Italie, Italy.

Joseph II., emperor of Austria, born 1741, died 1790.
Junon, Juno, a celebrated deity of the ancients, daughter of Saturn and Ops.
Jupiter, the most powerful of all the gods of the ancients.

Lafitte, a celebrated financier, born 1767, died 1844.
La Rochelle, a sea-port town of France, on the Bay of Biscay.
Lefebvre, duc de Dantzick, a French Marshal, born 1755, died 1820.
Lemierre, a French poet, born 1721, died 1793.
Léonidas, king of Lacedæmo, the hero of the Thermopylæ.
Londres, London.

Louis XI., king of France, born 1423, died 1483.
Louis XIV., king of France, born 1638, died 1715.
Louis XVI., king of France, born 1754, died on the scaffold in 1793.
Louvre, a palace in Paris.
Lydie, Lydia, a country of Asia Minor.

Macédoine, Macedonia, a country of Europe, west of Thrace.
Mahomet, or *Mohammed*, born 571, died 632.
Malliens, the people of Malia, a town of Greece.
Marie Antoinette, queen of Louis XVI., born 1755, died on the scaffold in 1793.
Marie Thérèse, Maria Theresa of Austria, born 1717, died 1780.
Mendoza, born at Toledo 1540, died 1617.
Menzikoff, minister of Peter the Great and Catherine I., born 1674, died in Siberia 1729.
Mer Erythrée, see *Erythrée*.
Mer intérieure, Mediterranean Sea.
Metz, a town of western Prussia, formerly belonging to France.
Milan, a town of northern Italy.
Mozart, a celebrated German composer, born 1756, died 1791.

Nancy, a town of eastern France.
Nantes, a town of France, on the Loire.
Néarque, Nearchus, an officer of Alexander the Great.
Nour Eddyn, Noureddin, a ruler of Syria, died 1174.
Nouvelle Calédonie, New Caledonia, an island in the Pacific, belonging to France.
Nouvelle Zélande, New Zealand.

Olympie, Olympia, a town of the Peloponesus.
Omar, born 581, died 644.

Orléans, a town of France, on the banks of the Loire.
Oxus, a river of Bactria (Turkestan).

Panthéon, a famous building in Rome.
Parménion, Parmenio, a general of Alexander the Great.
Pasargade, Pasargada, a town of Persia.
Pausanias, a Spartan general, died B.C. 477.
Péluse, Pelusium, a town of Egypt, on the mouth of the Nile.
Pensylvanie, Pennsylvania.
Perse, Persia.
Persépolis, the old capital of the Persian empire.
Persique (golfe), Persian Gulf.
Philadelphie, Philadelphia.
Philippe, Philip, king of Macedonia and father of Alexander.
Philippe, Philip, the physician of Alexander.
Philotas, son of Parmenio, a distinguished soldier, died B.C. 330.
Phrygie, Phrygia, a large country of Asia Minor.
Pierre-le-grand, Peter the Great, czar of Russia, born 1672, died 1725.
Pindare, Pindar, a celebrated lyric poet of Thebes, born B.C. 522(?).
Pologne, Poland.
Pont Euxin, Pontus Euxinus, the Black Sea.
Porus, a king of India.
Prusse, Prussia.

Régulus, Roman consul in B.C. 267.
Rhinsberg, a town of Germany.
Rome, the capital of Italy.
Roxane, Roxana, a daughter of Darius.
Russie, Russia.

Saardam, a town of Holland.
Sandwich, Sandwich Islands, a group of islands in the Pacific.

Sardes, Sardis, the capital of Lydia.
Scythes, Scythians, the inhabitants of Scythia, a province of Asia.
Seine, a river of France, flowing through Paris.
Sicard, l'abbé, a celebrated instructor of the deaf-mutes, born 1742, died 1822.
Sogdiane, Sogdiana, a country of Asia, between Scythia and Bactria.
Solon, Solo, one of the seven wise men of Greece, died about 558.
Statira, a daughter of Darius.
St. Gothard, a group of the Swiss Alps.
St. Laurent, St. Lawrence, between the United States and Canada.
Suède, Sweden.
Suses, Susa, a celebrated city of Asia.
Swift, a celebrated English writer, born 1677, died 1745.
Syène, Syene, a town of Upper Egypt.
Syrie, Syria, in Asia Minor.

Taïti, Tahiti.
Tantale, Tantalus, said to have been king of Lydia, a son of Jupiter.
Taxile, Taxilus, a king in India.
Terre-Neuve, Newfoundland.
Thèbes, Thebes, the celebrated capital of Boetia.
Thermopyles, Thermopylæ, a pass leading from Thessaly into Locris and Phocis. In its narrowest part its width is about 25 feet.
Thessalie, Thessalia, a country of Greece.
Tigre, Tigris, a river of Armenia (Asia).
Triballes, Triballi, a people of Thrace (near the Black Sea).
Turenne, a French Marshal, born 1611, killed in 1675.
Tyr, Tyre, a celebrated city of Phœnicia (Asia Minor).

Vasco de Gama, a celebrated Portuguese navigator, born 1469, died 1524.

Venise, Venice, a celebrated city of northern Italy, on the Adriatic.

Vesel, Wesel, a town of Prussia.

Vienne, Vienna, the capital of Austria.

Waterloo, a village near Brussels, where the battle of Waterloo was fought, June 18, 1815.

Xerxes, a celebrated Persian king, ruled from B.C. 485 to 465.

Ziethen, a great Prussian general, born 1699, died 1786.

Zoug, Zug, a town of Switzerland, also a lake in the same country.

FRENCH AND ENGLISH VOCABULARY.

Words alike in French and English have been generally omitted.

à, to, at, in, into, by, for, on.
abaissement, m. lowering, humiliation, meanness.
abaisser, to lower, to diminish.
abandon, m. relinquishment.
abandonné, e, deserted.
abandonner, to abandon, to give over.
abattre, to beat down, to fell.
abattu, e, cast down, low-spirited.
abbaye, f. abbey.
abbé, m. abbot.
abbesse, f. abbess.
abîme, m. abyss, chasm.
aboiement, m. barking.
abolir, to abolish.
abondance, f. abundance, plenty.
abondant, e, abundant, plentiful.
abord, m. approach, access; *du premier —*, at first sight; *d'—*, at first.
abordable, accessible.
aborder, to approach, to land.
aboyer, to bark.
abrégé, m. abridgment, summary.
abri, m. shelter; *à l'— de,* under cover.
abricot, m. apricot.
abriter, to shelter; *s'—,* to take shelter.
absence, f. absence.
absolu, e, absolute, arbitrary.
absoudre, to absolve.
abstrait, e, abstracted, abstruse.
abus, m. abuse, ill use, error.
abuser, to abuse, to violate.
académicien, m. academician.

académie, f. academy.
accablement, m. heaviness, dejection.
accabler, to overwhelm.
accéder, to accede.
accélérer, to accelerate, to hasten.
accent, m. accent, tone.
accepter, to accept.
acclamer, to salute, to cheer.
accommodement, m. compromise, agreement.
accommoder, to fit up, to adapt.
accompagner, to accompany.
accomplir, to accomplish, to perform.
accomplissement, m. accomplishment, performance.
accord, m. agreement.
accorder, to grant.
accoster, to come up to one.
accourir, to run to.
accoutrement, m. accoutrement, dress.
accoutumé, e, accustomed, usual.
accoutumer, to accustom, to use.
accrocher, to hang upon.
accroissement, m. increase.
accroître, to increase.
accueil, m. reception, welcome.
accueillir, to receive, to welcome, to honour.
acculer, to drive into a corner.
accumuler, to accumulate.
accusé, e, m. & f. accused, culprit.
accuser, to accuse, to impeach.
achalander, to procure customers; *s'—,* to get customers.
acharné, e, furious, desperate.
achat, m. purchase.

acheter, to buy, to purchase.
acheteur, *m.* buyer, purchaser.
achever, to finish, to conclude.
acier, *m.* steel.
acquérir, to acquire.
acquitter, to acquit, to pay.
acte, *m.* act, action, deed.
acti-f, *ve(ment)*, active(ly).
action, *f.* action, deed, operation.
adieu, *m.* adieu, farewell.
adjuger, to adjudge, to award.
admettre, to admit.
administrer, to administer, to govern.
adolescent, *e*, young; —, *m.* youth, lass.
adorer, to worship.
adoucir, to sweeten, to soften.
adoucissement, *m.* softening, mitigation.
adresse, *f.* address, direction, petition, dexterity, ability.
adresser, to address, to apply to, to direct.
adroit, *e*, dexterous, skilful.
adroitement, dexterously, skilfully.
adulte, *m.* adult.
adversaire, *m.* adversary.
adverse, adverse, contrary.
affaiblir, to enfeeble, to weaken.
affaire, *f.* affair, business, matter.
affaisser, to press down, to cause to sink.
affecter, to destine, to consecrate.
affectueu-x, *se(ment)*, affectionate-(ly), kind.
affermir, to strengthen.
affiche, *f.* bill, placard.
afficher, to publish, to advertise.
affirmer, to affirm.
affliger, to afflict, to grieve.
affranchir, to set free, to pay the postage.
affreu-x, *se(ment)*, frightful(ly), horrible.
affronter, to dare, to face.
afin, to, in order to.
Africain, *e*, African.
s'agenouiller, to kneel down.
agile, nimble, agile.

agir, to act, to do.
agiter, to agitate, to move, to shake.
agneau, *m.* lamb.
agonie, *f.* agony; *à l'*—, dying.
agrandir, to enlarge, to aggrandize.
agrandissement, *m.* increase, promotion.
agréable, agreeable, pleasant; —*ment*, —*mar.*, agreeably.
agresseur, *m.* aggressor.
aguerrir, to inure to war.
ah! oh! ah! — *ça!* now then!
aide, *m.* & *f.* assistant, helper, mate; aid, help, assistance; — *de camp*, aide-de-camp.
aieul, *m.* grandfather, ancestor; —*e*, *f.* grandmother.
aïeux, *m. pl.* forefathers, ancestors.
aigle, *m.* eagle.
aigre, sour, tart.
aigreur, *f.* sourness, sharpness.
aigu, *ë*, acute, sharp-pointed.
aiguille, *f.* needle, hand (of a clock); points, switch; — *à tricoter*, knitting-needle.
aiguiser, to whet, to sharpen.
aile, *f.* wing.
ailleurs, elsewhere; *d'*—, otherwise.
aimable, amiable, lovely, pleasant.
aimant, *m.* loadstone, magnet; —*e*, loving.
aimer, to love, to like, to be fond of, to choose.
aîné, *e*, elder, eldest.
ainsi, so, thus.
airain, *m.* brass.
aisance, *f.* ease, comfort; *dans l'*—, well off.
aise, *f.* ease; —*s*, *pl.* comfort.
ajournement, *m.* adjournment.
ajourner, to summon, to put off.
ajouter, to add; — *foi*, to believe.
ajuster, to adjust, to fit.
alarmer, to alarm.
alentour, about, around.
alerte, *f.* alarm.
aligner, to place in a line.
aliment, *m.* food, fuel.
alimenter, to feed.

allée, f. walk, alley; *—s et venues,* going to and fro.
alléger, to lighten, to ease.
Allemand, e, German.
aller, to go, to walk, to lead to.
alliance, f. alliance, league, wedding-ring.
allonger, to lengthen, to stretch.
allouer, to allow, to grant.
allumer, to light, to kindle, to excite.
allumette, f. match.
allure, f. pace, gait.
almanach, m. almanac.
alors, then, at that time.
alourdir, to dull.
altérer, to alter, to change.
altesse, f. highness.
alti-er, ère, haughty, proud.
amande, f. almond.
amarre, f. mooring, cable.
amasser, to heap up, to hoard.
ambassade, f. embassy.
ambassadeur, m. ambassador.
âme, f. soul, spirit, mind, heart, life.
amende, f. fine, penalty.
amener, to bring (with one's-self).
am-er, ère, bitter, grievous.
Américain, e, American.
amertume, f. bitterness.
ami, m. friend, sweetheart.
ami, e, friendly.
amical, e, amicable, friendly.
amicalement, friendly.
amiral, m. admiral.
amirauté, f. admiralty.
amitié, f. friendship, favour.
amorcer, to bait.
amour, m. love, passion, affection; *— propre,* self-love.
amoureu-x, se(ment), amorous(ly), enamoured, lover.
amphithéâtre, m. amphitheatre.
amputer, to amputate.
amuser, to amuse, to entertain.
an, m. year; *par—,* yearly; *premier jour de l'—,* new-year's-day.
ancêtres, m. pl. ancestors.
ancien, ne, ancient, old.
anciennement, anciently, formerly.
ancienneté, f. antiquity, seniority.
ancre, f. anchor, refuge.
âne, m. ass, donkey, fool.
anéantir, to annihilate.
Anglais, e, Englishman, —woman.
angoisse, f. anguish, pang.
animé, e, animated, gay, sprightly.
animer, to animate, to enliven.
anneau, m. ring, link.
année, f. year.
annonce, f. advertisement.
annoncer, to announce, to make known.
annuel, le(lement), annual(ly), yearly.
anonyme, anonymous.
antichambre, f. antechamber.
antique, antique, old, ancient.
antiquité, f. antiquity.
antre, m. cave; *— des bêtes,* den.
anxiété, f. anxiety.
apaiser, to calm, to appease; *s'—,* to grow calm.
apercevoir, to perceive, to descry.
apitoyer, to move to pity.
aplanir, to level, to smooth.
aplatir, to flatten.
aplomb, m. level, perpendicular line, steadiness, self-possession; *d'—,* perpendicularly, in equilibrium.
apôtre, m. apostle, saint.
apparaître, to appear.
apparance, f. appearance.
appareil, m. preparation, equipage.
apparemment, apparently.
apparition, f. apparition, ghost.
appartement, m. apartment.
appartenir, to appertain, to belong.
appauvrir, to make poor.
appel, m. appeal, challenge, call.
appeler, to call, to name.
appétit, m. appetite, relish.
applaudir, to applaud; *s'—,* to applaud one's-self, to admire.
applaudissement, m. applause.
appliquer, to apply; *s'—,* to apply one's-self to.
apporter, to bring.
apprécier, to appreciate, to value.
apprendre, to learn, to teach.
apprenti, e, f. apprentice, novice.

apprentissage, m. apprenticeship.
approba-teur, trice, m. & f. approver.
approche, approach.
approcher, to approach, to come near.
approfondir, to deepen, to dive into.
approprier, to fit, to make neat; *s'—,* to usurp, to lay claim to.
approuver, to approve (of).
appui, m. prop, stay, support, protection.
appuyer, to prop up, to support, to favour.
après, after, next to.
après-demain, the day after to-morrow.
après-midi, afternoon.
aqueduc, m. aqueduct, water-pipe.
Arabe, Arabian.
arborer, to set up, to hoist.
arbre, m. tree.
arc, m. bow, arch, arc.
arc-boutant, m. buttress, support.
arc-en-ciel, m. rainbow.
archer, m. archer, bowman.
archevêché, m. archiepiscopal palace.
archevêque, m. archbishop.
archiduc, m. archduke.
archiduchesse, f. archduchess.
ardent, e, ardent, vehement, eager.
ardeur, f. ardour, eagerness.
ardoise, f. slate.
à reculons, backwards.
arène, f. sand, arena.
arête, f. fish-bone, edge.
argent, m. silver, money, cash, coin.
arithmétique, f. arithmetic.
arme, f. arm, weapon.
armée, f. army, troops.
armer, to arm, to prepare.
armoire, f. clothes-press, cupboard; *— à glace,* wardrobe with plate-glass door.
armure, f. armour.
aromate, m. perfume.
arracher, to tear out, to pluck up, to wrest out.
arranger, to arrange, to place in order, to dispose.
arrêt, m. decree, sentence, judgment.

arrêter, to arrest, to stop, to detain.
arrière, m. back part, stern.
arrivée, f. arrival.
arriver, to arrive.
arroser, to water, to sprinkle.
arrosoir, m. watering-pot.
artichaut, m. artichoke.
artifice, m. artifice, art, skill.
artillerie, f. artillery.
artimon, m. mizzen.
artisan, m. workman.
artistement, artistically.
ascension, f. ascent.
asile, m. asylum, refuge.
aspect, m. aspect, view, appearance.
asperger, to sprinkle.
aspirant, e, m. candidate, midshipman.
aspirer, to aspirate, to inhale, to aspire.
assaillir, to assail, to assault, to attack.
assassinat, m. assassination, murder.
assassiner, to assassinate, to murder.
assemblée, f. assembly, meeting.
assembler, to assemble, to bring together; *s'—,* to assemble together, to come together.
asseoir, to set, to lay, to fix; *s'—,* to sit down.
assez, enough; *—bien,* pretty well; *c'est —,* that will do.
assidu, e, assiduous.
assiéger, to besiege.
assiette, f. seat, state, situation, plate.
assigner, to assign.
assister, to help.
associé, m. associate, partner, accomplice.
associer, to associate, to take into partnership.
assombrir, to darken.
assoupir, to make drowsy or sleepy.
assujettir, to subdue, to master, to overcome.
assurance, f. assurance, confidence.
assurer, to assure, to insure, to affirm.
assurément, assuredly.
astreindre, to bind, to compel.

astrologue, m. astrologer.
astronomique, astronomical.
atelier, m. workshop.
Athénien, Athenian.
âtre, m. hearth.
atroce, atrocious.
attachement, m. attachment, fondness.
attacher, to attach, to fasten, to join.
attaque, f. attack, assault.
attaquer, to attack, to assault, to begin.
atteindre, to reach.
atteinte, f. blow, hit, touch, reach.
attendre, to expect, to wait.
attendrir, to soften, to move to pity, to mollify.
attendrissement, m. commiseration, compassion, pity.
attente, f. waiting, expectation, hope.
attirer, to attract, to draw.
attribut, m. attribute.
au (cont. of *à le*).
aube, f. dawn.
auberge, f. inn, tavern.
aubergiste, m. innkeeper.
aucun, e, no one, none, not any.
audace, f. audaciousness, boldness.
audacieu-x, se(*ment*), audacious(ly), bold(ly).
au-delà, on the other side, beyond.
au devant de (*aller*), to go and meet.
audience, f. audience, auditory, assembly.
auditoire, m. audience.
augmenter, to increase.
aujourd'hui, to-day, now-a-days.
aumône, f. alms, charity.
auparavant, before, first.
auprès, near, close to, next to.
auquel, from *lequel*.
aussi, also, too, likewise.
aussitôt, immediately, presently; *— que,* as soon as.
autant, as much, as many, so much, so many; *tout —,* as much; *— que,* as much as, as far as; *d'— plus, d'— mieux,* the better; *d'— moins,* so much the less.
autel, m. altar.

auteur, m. author.
authentique, —ment, authentic(ally).
autorisation, f. authorization.
autoriser, to authorize, to empower, to allow.
autour, about, round, around, round about.
autre, other, another, else.
autrefois, formerly; *d'—,* bygone.
autrement, otherwise, else.
Autrichien, Austrian.
autrui, others, other people.
aux (cont. of *à les*).
avaler, to swallow, to drink up, to endure.
avance, f. projection.
avancement, m. advancement, promotion.
avancer, to advance, to forward; *s'—,* to come or go forward.
avant, m. prow, the bows.
avant, before; *en —,* forward.
avantage, m. advantage, gain, profit.
avant-derni-er, ère, the last but one.
avant-hier, the day before yesterday.
avant-poste, m. outpost.
avant-veille, f. day before the eve.
avare, avaricious, covetous; *m.* miser.
avec, with, for, against.
avenir, to happen, to chance.
avenir, m. the future; *à l' —,* for the future.
aventure, f. adventure.
aventurer, to risk, to venture; *s'—,* to venture.
averse, f. sudden and heavy shower.
avertir, to warn.
avertissement, m. warning, advice.
aveu, m. confession, avowal; *homme sans —,* vagabond.
aveugle, blind; *—ment, m.* blindness.
aveuglément, blindly, implicitly.
aveugler, to blind, to dazzle.
avide, greedy, eager; *—ment,* greedily, eagerly.
aviron, m. oar.
avis, m. advice, counsel.
aviser, to warn: *s'—,* to think of.
avocat, m. barrister.
avoine, f. oats.

avoir, to have, to hold, to get; — *peur*, to be afraid; — *raison*, to be in the right; *il y a*, there is, there are, it is; —, *m.* property.
avoisiner, to border upon, to be in the neighbourhood of.
avouer, to confess.
avril, *m.* April.

bague, *f.* ring.
baguette, *f.* wand, ramrod, drumstick.
baigner, to bathe, to wash, to soak.
bail, *m.* lease.
bâillement, *m.* yawning.
bâiller, to yawn, to gape.
bailli, *m.* bailiff.
bain, *m.* bath, bathing.
baïonnette, *f.* bayonet.
baiser, to kiss; — *m.* kiss.
baisser, to let down, to lower; *se* —, to stoop, to bend down.
bal, *m.* ball; — *masqué*, masked ball.
balai, *m.* broom.
balancer, to balance, to hesitate.
balayer, to sweep.
baleine, *f.* whale.
balle, *f.* ball, musket-ball, bullet.
ballotter, to toss.
banc, *m.* bench, form, pew, seat.
bande, *f.* band, fillet, strip.
bannière, *f.* banner, flag.
bannir, to banish.
bannissement, *m.* banishment, exile.
banquier, *m.* banker.
barbare, barbarous, inhuman.
barbarie, *f.* barbarism.
barbier, *m.* barber.
baril, *m.* barrel, small cask.
barque, *f.* boat, fishing-boat.
barrage, *m.* dam.
barre, *f.* bar, cross-bar, helm.
barrière, *f.* gate, turnpike.
bas, *m.* stocking, lower part; —*adv.* low, softly, in a whisper.
bas, *se*, low.
base, *f.* base, basis.
basse-cour, *f.* poultry-yard.
bataille, *f.* battle, fight.

bateau, *m.* boat.
batelet, *m.* small boat.
bâtiment, *m.* building.
bâtir, to build.
batiste, *f.* cambric.
bâton, *m.* stick, cudgel, staff
battre, to beat, to strike.
bavard, *e*, talkative.
beau, *belle*, fine, fair, beautiful.
beaucoup, much, many; *de* —, by far.
beaupré, *m.* bowsprit.
beauté, *f.* beauty.
bel, *le*, see *beau*.
belliqueu-x, *se*, warlike.
bénédiction, *f.* blessing.
bénéfice, *m.* profit, living.
bénir, to bless, to consecrate.
berge, *f.* bank.
berger, shepherd; —*ère*, shepherdess.
besoin, *m.* need, want, necessity; *avoir* — (*de*), to want; *au* —, if necessary.
bestiaire, *m.* beast-fighter.
bête, *f.* beast, animal, fool.
bêtise, *f.* folly, stupidity.
beurre, *m.* butter.
bibliothèque, *f.* library, book-case.
bien, well; *eh* —, well!
bien, *m.* good, fortune, estate; *homme de* —, honest man.
bienfaisance, *f.* beneficence, kindness.
bienfaisant, *e*, beneficent, kind.
bienfait, *m.* benefit, favour.
bienfai-teur, *trice*, *m.* & *f.* benefactor, benefactress.
bientôt, soon, ere long.
bienvenu, *e*, welcome.
bière, *f.* beer, coffin.
bijou, *m.* jewel, trinket.
bijoutier, *m.* jeweller.
billet, *m.* note, bill; —*d'aller et retour*, return-ticket; —*de banque*, bank-note; — *doux*, love-letter.
blâmer, to blame.
blan-c, *che*, white, clean.
blanchir, to whiten, to grow white or gray.
blé, *m.* wheat, corn.
blême, pale, pallid, wan.

First French Reader.

blesser, to wound, to hurt, offend.
blessure, f. wound.
bleu, e, blue.
blond, e, light, fair.
blouse, f. smock-frock.
bœuf, m. ox; *du* —, beef.
bohémien, ne, m. & f. gipsy.
boire, to drink.
bois, m. wood.
boisson, f. drink, drinking.
boîte, f. box, watch-case.
bombe, f. shell.
bon, ne, good, useful, able, fit, proper; *à quoi* —, to what purpose; *à la —ne heure,* be it so.
bond, m. leap, bound, rebound, gambol.
bonheur, m. happiness, good luck; *par* —, luckily.
bonhomme, m. good-natured man.
bonjour, m. good day, good morning.
bon-mot, m. witticism.
bonne, f. nursery-maid, nurse.
bonnement, kindly, ingenuously; *tout* —, simply.
bonnet, m. cap.
bonsoir, m. good evening, good night.
bonté, f. goodness, kindness.
bord, m. edge, brim, sea-shore.
border, to border, to edge, to trim.
borgne, one-eyed.
borne, f. boundary, limit.
bossu, e, humpbacked.
botte, f. boot, bunch.
botté, e, booted, in boots.
se botter, to put one's boots on.
bottier, m. book-maker.
bottine, f. half-boot.
bouche, f. mouth.
boucher, m. butcher.
boucherie, f. butchery, slaughter-house.
boucle, f. buckle, curl.
boucler, to buckle, to curl hair.
bouclier, m. shield.
boue, f. mud, dirt, mire.
bouée, f. buoy.
bouffon, m. buffoon, jester.
bouger, to budge, to stir.
bougie, f. candle.

bouillir, to boil.
bouillonner, to bubble.
boulanger, m. baker.
boulangère, f. baker's wife.
boulet, m. cannon-ball.
bourg, m. borough.
bourgeois, e, m. & f. burgess, burgher.
bourreau, m. executioner, hangman, tormentor.
bourse, f. purse, stock-exchange.
bout, m. end, extremity.
bouteille, f. bottle, flask, jar.
boutique, f. shop.
bouton, m. button, stud.
boxe, f. boxing.
braillard, e, obstreporous, noisy.
braire, to bray.
braise, f. embers.
brancard, m. stretcher, litter.
brandir, to brandish.
bras, m. arm.
brasse, f. fathom, stroke.
braver, to braver, to brave.
bravement, bravely.
bravoure, f. bravery, valour.
brebis, f. sheep.
bref, brève, brief, short.
breuvage, m. drink, potion.
brick, m. brig.
bride, f. bridle, check, curb.
brièvement, chiefly.
brièveté, f. brevity, shortness.
brillant, e, brilliant, shining.
briller, to shine.
brin, m. blade, morsel, bit.
briser, to break, to split, to crush.
brodequin, m. lace-boot.
broder, to embroider, to embellish.
broderie, f. embroidery, embellishment.
bronze, m. bronze, brass, flint steel.
brouillard, m. fog, mist, waste-book.
brouillé, jumbled, embroiled.
broussailles, f. pl. brambles.
bruit, m. noise, roaring, rattling.
brûler, to burn, to scald, to scorch.
brume, f. mist, fog.
brune, f. dark woman, dusk.
brunir, to burnish.
brusque(ment), blunt(ly), rough(ly).

I

bûcher, m. funeral pile, wood-house.
bûcheron, m. woodman, woodcutter.
bureau, m. office, writing-desk.
but, m. mark, aim, design.
butin, m. booty.
butte, f. mound.

ça, for *cela.*
cabane, f. cottage, cabin, hut, kennel.
cabestan, m. capstan.
cabinet, m. closet, study.
cabriole, f. somersault.
cabriolet, m. gig, hansom cab.
cacher, to hide, to conceal; *se —,* to hide one's-self.
cachet, m. seal, signet.
cacheter, to seal.
cachette, f. hiding-place.
cachot, m. dungeon.
cadavre, m. corpse, dead body.
cadeau, m. present.
cadet, m. younger, youngest, junior.
cadette, f. youngest sister.
cadran, m. dial-plate; *— solaire,* sun-dial.
café, m. coffee, coffee-house.
caillou, m. flint-stone, pebble.
caisse, f. chest, box, trunk.
calculer, to calculate, to reckon.
cale, f. the hold (of a ship).
calicot, m. calico.
caliphe, m. caliph.
calme, calm; *— m.* calmness.
camarade, m. comrade, mate.
campagne, f. country, campaign, expedition.
canal, m. canal.
canard, m. duck.
candidat, m. candidate.
canif, m. penknife.
canne, f. cane, walking-stick.
canon, m. cannon, barrel of a gun.
canonnade, f. cannonade.
canot, m. boat, ship's boat.
cantique, m. canticle, song.
capitaine, m. captain.
capital, e, capital, chief, main.
caporal, m. corporal.
capti-f, ve, m. & f. captive, prisoner.
car, for, because, for as much as.

carabine, f. carbine, rifle.
caractère, m. temper, humour, genius.
caresse, f. caress.
caresser, to caress.
cargaison, f. cargo, ship-load.
carillon, m. chime of bells, peal.
carnage, m. slaughter.
carrière, f. career.
carrosse, m. coach.
carte, f. card, map.
Carthaginois, Carthaginian.
carton, m. pasteboard, cartoon.
cas, m. case, accident, matter.
caserne, f. barrack.
casque, m. helmet.
casquette, f. cap.
casser, to break, to crack.
catholique, catholic.
cause, f. cause, source, occasion.
causer, to cause, to talk.
causerie, f. prattling, gossiping.
cavalerie, f. cavalry.
cavali-er, ère, free; *— m.* horseman, rider.
cave, f. cellar.
ce (cet), cette, this, that, it.
ceci, this.
céder, to cede, to give up, to yield.
ceinture, f. girdle, sash.
ceinturon, m. belt.
cela, that.
célèbre, celebrated.
célébrer, to celebrate.
célébrité, f. celebrity, fame.
célérité, f. speed, quickness.
celle, she, that.
celui, he, him, her, that; *—-ci,* the latter, this one, who; *— là,* the former.
cendre, f. ashes, cinder; *mercredi des —s,* Ash-Wednesday.
cent, hundred.
centaine, f. a hundred.
centième, hundredth.
centime, m. the hundredth part of a franc.
centre, m. centre.
centupler, to make a hundredfold.
cependant, in the mean time, in the mean while, however, yet.

cercueil, m. coffin, bier.
cérémonie, f. ceremony.
cerf, m. stag, hart.
cerné, e, surrounded.
cerner, to cut round, to surround.
certain, e, certain, sure, some.
certainement, certainly.
certes, truly, indeed.
cerveau, m. brain; — *brûlé,* crazy fellow.
ces, these, those.
cesser, to cease, to desist, to give over.
cet, this, that.
ceux, these, those.
chacun, e, each, every.
chagrin, m. grief, sorrow, vexation.
se chagriner, to grieve.
chaîne, f. chain.
chair, f. flesh, meat.
chaire, f. pulpit, professorship.
chaise, f. chair, seat.
chaleur, f. heat, warmth, eagerness.
chambre, f. chamber, room, apartment; — *à coucher,* bedroom.
champ, m. field, career.
chancelant, e, tottering.
chanceler, to stagger, to totter, to reel.
chandelle, f. candle.
change, m. change, exchange.
changement, m. change.
changer, to change, to exchange, to alter.
chanson, f. song.
chant, m. singing, song, tune, air.
chanter, to sing, to praise, to warble.
chantier (de construction), m. dockyard.
chapeau, m. hat, bonnet.
chapelet, m. beads, string.
chapitre, m. chapter.
chaque, each, every.
char, m. chariot.
charbon, m. coal; — *de bois,* charcoal; — *de terre,* pit-coal.
charbonnier, m. coal-burner, coalman.
charbonnière, f. coal-woman.
chardon, m. thistle.

charge, f. charge, load, burden, weight.
charger, to charge, to load, to burden.
charier, to carry.
charme, m. charm, pleasure.
charpente, f. timber-work.
charpentier, m. carpenter.
charrette, f. cart.
chasse, f. hunting, shooting.
chasser, to put to flight, to drive out.
chat, m. cat.
château, m. castle, fort; —*x en Espagne,* castles in the air.
châtiment, m. chastisement, punishment.
chaud, e, hot, warm; *avoir* —, *faire* —, to be warm.
chauffer, to heat, to warm.
chaume, m. stubble, thatch.
chaumière, f. cottage.
chausser, to put on shoes or boots.
chausson, m. sock, list-shoe.
chaussure, f. shoes, boots, &c.
chef, m. chief, head, leader, commander.
chef d'œuvre, m. masterpiece.
chemin, m. way, path, road, means; — *de fer,* railway; *grand* —, highroad; — *de traverse,* cross road; *en* —, — *faisant,* by the way.
cheminée, f. chimney, fire-place, chimney-piece, mantel-piece.
cheminer, to walk, to go on.
chêne, m. oak.
ch-er, ère, dear, fond, dearly.
chercher, to seek, to fetch.
chercheu-r, se, m. & f. seeker, searcher.
chère, f. cheer, fare, living.
chérir, to cherish, to love dearly.
cherté, f. dearness.
chéti-f, ve(ment), mean, pitiful.
cheval, m. horse.
chevalerie, f. chivalry, knighthood.
chevalier, m. knight.
chevelure, f. hair of the head.
chevet, m. bolster, bedside.
cheveu, m. hair.
chèvre, f. she-goat.

chez, at, to, in (one's house), among, amongst; — *soi*, at home.
chiche, stingy, niggardly.
chien, *m.* dog.
chiffre, *m.* cipher, figure, number.
chirurgien, *m.* surgeon.
chimiste, *m.* chemist.
choc, *m.* shock, collision, onset.
choir, to fall, to tumble.
choisi, *e*, choice, select.
choisir, to choose, to elect, to select.
choix, *m.* choice, selection.
chose, *f.* thing, matter; *quelque —*, something.
chou, *m.* cabbage.
chrétien, *ne*, Christian.
christianisme, *m.* Christianity.
chuchoter, to whisper.
chut, hush!
chute, *f.* fall, falling, downfall.
ci, here; *ci-après*, hereafter; *ci-devant*, formerly; *par —, par-là*, here and there; *ci-gît*, here lies.
cidre, *m.* cider.
ciel, *m.* sky, heaven, air.
cieux, *pl.* of *ciel*.
cimetière, *f.* cemetery, churchyard.
cimier, *m.* crest.
cingler, to lash.
cinq, five.
cinquante, fifty.
circonstance, *f.* circumstance, occasion.
circuler, to circulate, to move round.
cire, *f.* wax.
cirque, *m.* circus.
citadelle, *f.* citadel, fortress.
cité, *f.* city, the citizens.
citer, to cite, to summon, to quote.
citoyen, *m.* citizen.
citoyenne, *f.* free-woman of a city.
clair, *e*, clear, bright, light.
clarté, *f.* clearness, brightness, light.
classe, *f.* class, order, rank.
clavier, *m.* key-board (of a piano).
clé, *clef*, *f.* key, plug.
clémence, *f.* clemency.
clément, *e*, clement, generous.
clerc, *m.* clerk, clergyman, scholar.
clergé, *m.* clergy.

climat, *m.* climate.
clin (*d'œil*), *m.* twinkling (of an eye), trice.
cloche, *f.* bell, glass-bell.
clocher, *m.* steeple, parish.
clore, to close, to enclose, to end, to seal up.
clos, *e*, closed, shut up.
clouer, to nail.
cocher, *m.* coachman, driver.
cœur, *m.* heart, courage, vigour.
coffre, *m.* chest (box).
coiffer, to coif, to dress the head, to curl the hair.
coiffure, *f.* head-dress, manner of dressing the hair.
coin, *m.* corner, angle.
colère, *f.* anger, wrath; *en —*, angry.
collation, luncheon.
collecte, *f.* collect, collection.
colline, *f.* hill, hillock.
colombe, *f.* dove.
colon, *m.* colonist, planter.
colonie, *f.* colony, settlement.
colonne, *f.* column, pillar, defender.
colosse, *m.* colossus, giant.
colporteur, *m.* peddler.
combat, *m.* battle, fight.
combattre, to engage, to fight.
combien, how much.
comble, *m.* top, summit, roof, over-measure.
commander, to command.
comme, as, as if, like.
commencement, *m.* beginning.
commencer, to begin.
comment, how, in what manner, why?
commerçant, *m.* tradesman, business man.
commettre, to commit, to assign.
commis, *m.* clerk, shopman.
commissaire, *m.* commissary, commissioner; *— de police*, superintendent of police.
commodément, commodiously, comfortably.
commun, *e*, common, vulgar.
communauté, *f.* commonalty, community.
commune, *f.* parish, inhabitants.

communément, commonly, usually.
communiquer, to communicate, to impart.
compagne, f. female companion, spouse.
compagnon, m. companion.
comparaître, to appear.
compatriote, m. fellow-citizen.
complaisance, f. kindness.
complaisant, e, obliging.
complice, m. accomplice.
complot, m. plot, conspiracy.
composer, to compose, to write.
compositeur, m. composer.
comprendre, to understand, to conceive.
comprimer, to compress, to restrain, to squeeze.
compromettre, to compromise, to implicate.
compte, m. account, reckoning.
compter, to count, to reckon, to pay.
comte, m. count, earl.
comtesse, f. countess.
concevoir, to conceive, to understand.
concilier, to conciliate.
concitoyen, m. fellow-citizen.
conclure, to conclude, to finish, to end.
concourir, to concur, to compete.
condamner, to condemn.
conduire, to lead.
conduite, f. conduct.
confédération, f. confederation, confederacy.
confesser, to confess, to hear the confession.
confiance, f. confidence, reliance, trust.
confier, to confide, to entrust, to trust.
confirmer, to confirm.
confisquer, to confiscate.
confondre, to confound, to discountenance.
confrère, m. brother, fellow-member.
confus, e, confused, jumbled.
congédier, to discharge, to dismiss.
conjecture, f. conjecture, guess.
conjugal, e, conjugal.
conjurer, to ward off, to entreat.

connaissance, f. knowledge, skill, consciousness.
connaître, to know, to be acquainted with.
conquérir, to conquer, to subdue, to gain.
conquête, f. conquest.
conquis, e, conquered.
consacrer, to consecrate.
conscrit, m. recruit, greenhorn.
conseil, m. counsel, advice, counsellor.
conseiller, to advise.
consentir, to consent, to assent, to agree.
conservation, f. preservation.
conserver, to conserve, to preserve, to maintain.
considérablement, considerably, a great deal.
consigne, f. watchword.
consister, to consist.
consoler, to console, to comfort.
constater, to aver, to prove.
consterner, to strike with awe.
construire, to construct.
consulter, to consult.
consumer, to consume, to waste.
conte, m. tale, story.
contempler, to contemplate.
contenance, capacity, contents, countenance.
contenir, to contain, to hold.
content, e, content, satisfied, pleased.
contentement, m. content, satisfaction, joy.
contenter, to content.
contenu, m. contents.
conter, to tell, to relate.
continuel, le, continual.
continuer, to continue.
contracter, to contract, to get.
contraindre, to constrain, to compel, to restrain.
contrainte, f. constraint, compulsion.
contraire, contrary, adverse, opposite.
contrariété, f. vexation.
contraste, m. contrast.
contrat, m. contract, covenant.

contre, against, contrary to; *par —*, by way of compensation; *tout —*, close by.
contrebande, f. smuggling, contraband.
contrebandier, m. smuggler.
contredire, to contradict, to refute.
contretemps, m. disappointment.
contrevent, m. outside shutter.
contribuer, to contribute.
convaincre, to convince, to convict.
convenir, to agree.
convier, to invite.
convive, m. guest.
convoi, m. convoy.
convoitise, f. covetousness.
convoquer, to call together, to summon.
convulsi-f, ve(ment), convulsive(ly).
copie, f. copy, duplicate.
coq, m. cock, male (of birds).
coquillage, m. shell, couch.
coquin, m. rogue, rascal, knave.
corail, m. coral.
corbeille, f. little basket.
cordage, m. cordage, rigging, ropes.
corde, f. cord, rope, line, string.
corderie, f. rope-walk.
cordon, m. cord; *— de sonnette*, bell-rope or string.
cordonnier, m. shoemaker.
corne, f. horn, hoof, shoe-horn.
corps, m. body, corporation, company.
correspondre, to correspond, to communicate.
corriger, to correct, to mend, to temper; *se —*, to amend, to get rid.
corsaire, m. corsair.
côte, f. rib, sea-coast, hill, slice.
côté, m. side, way.
côte-à-côte, side by side.
coteau, m. hillock, little hill.
côtelette, f. chop, cutlet.
cotisation, f. clubbing, share.
coton, m. cotton.
côtoyer, to coast along, to go by the side.
cou, m. neck.

coucher, to put to bed, to lay, to lay down, to slope; *— en joue*, to aim at; *se —*, to go to bed, to lie down, to set; *—, m.* going to bed, bed-time.
coude, m. elbow, turning, bend.
coudre, to sew, to stitch.
couler, to strain, to flow, to drop, to glide away, to slip.
coup, m. blow, throw, stroke, wound, action, deed, event, effect, time, move; *— de grâce*, finishing blow; *— de poignard*, stab; *— d'épée*, thrust with a sword; *— de canon*, cannon-shot; *— de fusil*, gun-shot; *— de pied*, kick; *— d'œil*, glance; *— de vent*, gust of wind; *— d'essai*, trial, attempt.
coupable, guilty of; *—, m.* culprit.
coupe, f. cut, cut (at cards), cup.
couper, to cut, to cut out, to cut off, to fell, to divide, to carve, to mix.
coupole, f. cupola.
coupure, f. cut, slit, entrenchment.
cour, f. court, court-yard.
courber, to bend; *se —*, to bend, to stoop.
coureur, m. runner, racer, stroller, scout.
courir, to run, to hunt after, to frequent.
couronne, f. crown, coronet, wreath.
couronnement, m. coronation.
couronner, to crown.
courrier, m. courier, post-boy.
courroux, m. wrath.
cours, m. course, current, public walk.
course, f. running, race, hunting, chase.
court, e, short, concise.
courtisan, m. courtier.
couteau, m. knife.
coutelas, m. cutlass.
coutelier, m. cutler.
coûter, to cost, to be painful, to be an effort.
coutil, m. ticking.
coutume, f. custom.

couvent, m. convent.
couvert, e, covered, loaded, clad.
couverture, f. cover, wrapper, blanket.
couvrir, to cover, to wrap, to envelop.
craie, f. chalk.
craindre, to fear, to dread, to be afraid of.
crainte, f. fear, dread, awe.
craquement, m. cracking noise.
craquer, to crack, to creak.
crayon, m. crayon, pencil.
crédulité, f. credulity.
créer, to create, to settle.
crête, f. crest, top.
creuser, to dig.
creu-x, se, hollow, deep, empty.
crevasse, f. crevice, chink.
cri, m. cry, shriek, scream.
crier, to scream, to shout.
criminel, le, criminal, guilty; —, *m.* culprit.
crin, m. horsehair.
crise, f. crisis, fit.
critique, f. criticism; —, *m.* critic.
critiquer, to criticize.
croire, to believe, to think, to suppose; *se* —, to believe one's-self, to be believed.
croisée, f. window-sash.
croître, to increase, to grow, to thrive, to swell.
croix, cross, mark.
croquer, to cranch, to scranch, to eat up.
crosse, f. butt end (of a rifle).
croupe, f. croup (of a horse).
croûte, f. crust, shell.
croyance, f. belief, creed, credit.
cru, e, raw, rough.
cruauté, f. cruelty.
cruche, f. pitcher.
cruel, le, cruel.
crûment, bluntly.
cueillir, to gather, to pluck.
cuiller, f. spoon.
cuir, m. leather, hide, skin.
cuirasse, m. cuirass, breast-plate.
cuire, to cook, to dress.
cuisine, f. kitchen, cookery.

cuisinier, m. cook.
cuisse, f. thigh, leg.
cuivre, m. copper.
cuivré, e, copper-coloured.
cuivrer, to copper.
culbuter, to overthrow.
culte, m. worship.
cultivateur, m. husbandman.
cultiver, to cultivate, to till the ground.
cupidité, f. cupidity.
curé, m. parson, vicar.
curieu-x, se, curious, inquisitive.
curiosité, f. curiosity.
cuve, f. large tub, vat.

daigner, to deign.
dame, f. lady.
dame, nay, indeed, forsooth.
dangereu-x, se(ment), dangerous(ly).
Danois, Dane.
dans, in the, into, at, with, within.
danse, f. dance, dancing.
danser, to dance.
dard, m. dart, sting.
darder, to dart, to throw, to beam.
date, f. date.
davantage, more.
de, of, from, in, with, by, about, after, at, upon.
dé, die, thimble.
débarquement, m. landing.
débarras, m. riddance.
débarrasser, to clear, to disencumber; *se* —, to get rid of.
débat, m. debate, contest, strife.
débiter, to sell by retail, to spread about, to tell.
débattre, to contest, to agitate, to contend.
déboire, m. trouble, grief.
déborder, to overflow.
déboucher, to uncork, to unstop, to go out of a defile.
déboucler, to unbuckle, to uncurl.
debout, up, standing, upright.
débris, m. remains, wreck (of a ship).
début, m. first step, first cast, first throw, beginning.

deçà, on this side; *au —*, on this side.
décamper, to decamp, to march off, to bolt.
décapiter, to behead.
décéder, to decease, to die.
déceler, to disclose, to betray.
décembre, m. December.
décence, f. decency.
décerner, to award.
décès, m. decease, death.
décevoir, to deceive.
déchaîner, to unchain, to exasperate, to irritate; *se —*, to break loose, to rail at.
décharge, f. discharge, release, receipt.
décharger, to discharge, to unload, to release.
déchausser, to pull off the shoes or stockings.
déchiffrer, to decipher, to read or play at sight.
déchirer, to tear, to rend, to destroy.
déchoir, to fall, to sink, to forfeit.
décider, to decide, to determine, to put an end to; *se —*, to resolve.
décimer, to decimate, to thin.
déclarer, to declare, to proclaim.
déclin, m. decline, decay, wane, ebb.
décoiffer, to take off the head-dress, to uncoif, to uncork.
décombres, m. pl. rubbish (of a building).
décomposer, to decompose, to discompose; *se —*, to become decomposed or discomposed.
déconcerté, put out, disconcerted.
déconcerter, to put out, to disconcert.
décontenancer, to confound, to put out of countenance.
décoration, f. decoration, scenery, star of the order of the Legion of Honour.
décorer, to decorate, to adorn, to paint, to dignify, to confer the cross of the Legion of Honour.
découdre, to unsew, to unstitch.
découper, to carve, to cut up, to pink; *se —*, to come out, to show off.

découragement, m. discouragement.
décourager, to discourage; *se —*, to be discouraged.
décousu, e, unsewed, unconnected.
découvert, e, uncovered, open, plain.
découverte, f. discovery, reconnoitring, looking out.
découvrir, to uncover, to unmask, to discover, to reveal.
décret, m. decree.
décrire, to describe.
décrocher, to unhook, to take down.
décroître, to decrease, to shorten, to wane.
dédaigner, to disdain, to scorn.
dédaigneu-x, se(ment), disdainful(ly).
dédain, m. disdain, scorn.
dedans, in, within; *au —*, inwardly.
dédier, to dedicate.
dédire, to disown, to deny, to gainsay.
dédommagement, m. indemnification, indemnity.
dédommager, to indemnify, to make amends for.
déesse, f. goddess.
défaillir, to fail, to decay, to faint away.
défaire, to unmake, to undo, to defeat, to rid of, to untie, to break; *se —*, to rid one's-self, to part with.
défaite, f. defeat, pretence, evasion.
défaut, m. defect, imperfection, want.
défendre, to defend, to protect, to uphold, to prohibit.
défense, f. defence, guard.
défenseur, m. defender.
déferler, to unfurl, to break into foam.
défi, m. defiance, challenge.
défier, to defy, to brave, to challenge; *se —*, to suspect, to apprehend, to distrust.
défigurer, to disfigure, to deform.
défilé, m. defile, narrow passage, difficulty.
défiler, to unthread, to unstring, to file off.

défoncer, to stave, to dig up.
déformer, to deform, to distort.
défrayer, to defray, to bear the charges of.
défunt, e, deceased, late.
dégagement, m. disengagement, redeeming, extrication, release, escape, discharge, back-door, back-room.
dégager, to disengage, to release, to redeem, to free from, to pay off; *se —*, to free or extricate one's-self.
dégarnir, to unfurnish, to strip, to unrig, to ungarrison; *se —*, to leave off some of one's clothes, to part with, to lose its leaves, to grow thin.
dégât, m. damage, havoc, waste.
dégel, m. thaw.
dégeler, to thaw.
dégoût, m. disgust, dislike.
dégoûté, e, squeamish, weary of.
dégouter, to disgust; *se —*, to take a dislike to.
dégoutter, to drop, to trickle down.
degré, m. degree, step.
déguisement, m. disguise.
déguiser, to disguise.
dehors, out, out of doors, without; *au —*, outwardly; *de —*, from without, outward; *en —, par —*, without, out of.
déjà, already, before.
déjeûner, m. breakfast, lunch; *—*, to breakfast.
déjouer, to baffle.
delà, thence, from that time; *au —*, beyond.
délai, m. delay, interval, term.
délaisser, to abandon, to forsake.
délateur, m. informer.
délasser, to refresh, to recreate, to divert.
délégué, m. delegate.
délibéré, e, deliberated, resolved, bold.
délicat, e, delicate, dainty, nice.
délicatesse, f. delicacy, daintiness.
délices, f. pl. delight, pleasure.

délicieu-x, se(ment), delicious(ly), delightful(ly).
délire, m. delirium, frenzy.
délit, m. offence; *en flagrant —*, in the very act.
délivrer, to deliver, to free.
déloyal, e, disloyal, perfidious.
demain, to-morrow.
demande, f. demand, question.
demander, to ask, to call for, to inquire after, to beg, to crave.
démasquer, to unmask.
démâter, to dismast.
démêler, to disentangle, to find out, to recognize.
démence, f. insanity, madness.
démenti, m. flat contradiction, denial.
demeure, f. dwelling, abode.
demeurer, to live in or at, to dwell.
demi, e, half; *à —*, by half.
demoiselle, f. miss, young lady.
démolir, to demolish, to pull down.
dénégations, f. pl. denials.
denier, m. money, funds.
dénoncer, to denounce, to inform against.
denonciateur, m. informer, accuser.
dénonciation, f. denunciation, information.
dénoter, to denote.
dénouement, m. unravelling, conclusion.
dénouer, to untie, to loose, to undo, to unravel, to resolve.
dent, f. tooth, prong.
dentelle, f. lace, lace-work.
dénué, e, destitute, void.
dénuer, to deprive, to strip.
de par, by order of.
départ, m. departure.
dépasser, to overstep.
dépeindre, to paint, to portray, to describe.
dépendances (les), f. pl. appurtenances.
dépendre, to take down, to depend on.
dépens, m. pl. expenses; *aux — de*, at the expense of.
dépense, f. expense, expenditure.

dépenser, to spend.
dépeupler, to depopulate, to unstock.
dépit, m. spite, vexation.
déplacer, to displace, to transpose.
déplaire, to displease, to vex, to trouble.
déplaisant, e, unpleasant.
déplaisir, m. displeasure, grief, sorrow.
déplier, to unfold.
déplorer, to deplore.
déployer, to unfold, to display, to unfurl.
déposer, to depose, to give up.
dépôt, m. deposit, store-house, warehouse.
dépouiller, to strip, to take off.
dépouilles, f. pl. spoils.
dépourvu, unprovided, destitute.
depuis, since, from; — *longtemps*, long ago.
député, m. deputy, representative.
déraciner, to root out, to eradicate.
déranger, to derange, to disorder.
derni-er, ère, last, the highest, the utmost.
dérobé, e, stolen; *à la —ée,* by stealth.
dérober, to rob, to steal, to plunder.
déroute, f. rout, disorder, ruin.
dérouter, to lead astray, to confuse.
derrière, behind, back, after.
dès, from since; — *que*, as soon as.
des, of the.
désabuser, to disabuse, to undeceive.
désaccord, m. disunion, disagreement.
désachalander, to make one lose his customers.
désagréable, disagreeable, unpleasant; —*ment*, disagreeably.
désarmer, to disarm, to appease, to quiet.
désastre, m. disaster.
désastreu-x, se(ment), disastrous(ly).
désavantage, m. disadvantage.
désaveu, m. disavowal, denial.
désavouer, to disavow, to retract.
descendance, f. descent.
descendre, to descend, to bring down, to go down, to walk down.

descente, f. descent, going down, alighting, declivity.
désenchantement, m. disillusion.
desespéré (être), to be in despair.
désert, e, desert, solitary, abandoned, wild; —, *m.* desert, wilderness.
déserter, to desert, to forsake.
déserteur, m. deserter.
désertion, f. quitting the army.
désespéré, e, desperate, hopeless, past recovery.
désespérer, to bereave of all hopes, to grieve to excess; *se —,* to fall into despair.
désespoir, m. despair.
déshabillé, m. undress.
déshabiller, to undress.
déshonneur, m. dishonour, disgrace.
désigner, to designate, to describe.
se désiller, to be opened.
désir, m. desire.
désirer, to desire, to wish for.
désireu-x, se, desirous, anxious.
désobéir, to disobey, to be disobedient.
désoler, to desolate, to ruin, to afflict; *se —,* to be grieved, to lament.
désordre, m. disorder, irregularity, confusion.
désorganiser, to disorganize.
désorienter, to make one lose his way, to disconcert.
désormais, henceforth.
se dessaisir, to part with, to give up.
dessécher, to dry up, to parch, to drain.
dessein, m. design, purpose, scheme.
desserrer, to loosen.
dessin, m. drawing, plan, pattern.
dessiner, to draw, to design, to sketch.
dessous, under, below, underneath.
dessus, on, upon, uppermost; *au —,* above.
destin, m. destiny, fate.
destinée, f. destiny, doom, fate.
destiner, to destine, to doom, to intend.
destructeur, destroyer.
destructi-f, ve, destructive.
désunir, to disunite, to disjoin, to divide, to separate; *se —,* to fall out.

First French Reader. 123

détacher, to detach, to loosen, to separate.
détail, m. detail, particulars.
détendre, to unbend, to slacken.
déterminé, e, determined, determinate.
déterminer, to determine, to settle, to decide.
détester, to detest, to abhor.
détour, m. turning, by-way, way about.
détourner, to turn aside, to put out of the way.
détresse, f. distress.
détroit, m. strait.
détrousser, to rob.
détruire, to destroy, to ruin.
dette, f. debt.
deuil, m. mourning, mourning-dress.
deux, two; — à —, two and two.
deuxième, second.
dévaliser, to rifle, to strip.
devant, before, in front of, ahead of.
dévaster, to devastate, to lay waste.
développement, m. development, unfolding.
devenir, to become, to grow.
deviner, to guess.
devise, f. device, motto.
devoir, m. duty, obligation.
devoir, to own, to be indebted to.
dévorer, to devour, to eat greedily.
dévot, e, devout, pious.
dévote, f. devout woman.
dévouement, m. devotion, self-denial.
dévouer, to devote, to dedicate.
diable, m. devil, deuce.
diamant, m. diamond.
diantre, the deuce!— ment, deucedly.
diapré, e, diapered, variegated.
diaprer, to diaper.
Dieu, m. God ; — merci! thank God! plût à —, God grant it! à — ne plaise! God forbid! — veuille! God grant!
différend, m. difference, contention.
différent, e, different.
différer, to defer, to put off, to differ.

difficile, difficult, hard.
difficulté, f. difficulty, impediment.
difforme, deformed.
digérer, to digest, to brook.
digne, worthy of, deserving.
dignité, f. dignity, title.
diligence, f. diligence, speed, despatch, stage-coach.
dimanche, m. Sunday.
diminuer, to diminish, to decrease, to shorten, to sink, to fall.
dinde, f. turkey-hen.
dindon, m. turkey-cock.
dîner, m. dinner, dinner-time, dinner-party.
dîner, to dine.
dire, to tell, to say, to relate; c'est-à- —, that is to say; pour ainsi —, as it were.
diriger, to direct, to manage, to guide.
discontinuer, to discontinue, to leave off.
discorde, f. discord.
discourir, to discourse, to descant.
discours, m. discourse, speech, talk, lecture.
discr-et, ète(ment), discreet(ly).
disculper, to exculpate, to clear.
disgrâce, f. disgrace, disfavour.
disparaître, to disappear, to go.
dispenser, to dispense with, to exempt from.
disposé, e, disposed, ready, inclined, willing.
disposer, to dispose, to adjust, to prepare.
disposition, f. disposition, inclination.
disputer, to dispute, to argue.
dissiper, to dissipate, to disperse.
dissoudre, to dissolve.
distingué, e, distinguished, eminent, gentlemanly, ladylike.
distraire, to distract, to separate, to part.
distribuer, to distribute, to deal out.
divaguer, to go astray, to wander.
divers, e, diverse, different, various.
divertir, to divert, to amuse.

divertissement, m. recreation, pastime, sport.
divin, e, divine, admirable, exquisite.
divinité, f. divinity, godhead.
diviser, to divide, to separate, to part.
divulguer, to divulge.
dix, ten, tenth.
dix-huit, eighteen.
dix-huitième, eighteenth.
dix-neuf, nineteen.
dix-neuvième, nineteenth.
dix-sept, seventeen.
dixième, tenth; —*ment,* tenthly.
docteur, m. doctor.
dogue, m. bulldog, mastiff.
doigt, m. finger; (*du pied*), toe.
domaine, m. estate, possession.
domestique, domestic.
domicile, m. domicile, abode; *à* —, at home.
dominer, to predominate, to domineer, to rule, to prevail.
dommage, m. damage, hurt, injury.
dompter, to tame, to subdue, to vanquish, to conquer.
don, m. gift, present, knack.
donc, then, therefore, accordingly.
donnateur, m. donor, giver.
donner, to give, to bestow, to confer, to deliver, to impart, to communicate.
dont, whose, whereof, of which, of whom.
dormeu-r, se, m. & f. sleeper, sluggard.
dorer, to gild.
dormer, to sleep, to be sleeping.
dos, m. back.
douane, f. custom-house.
douanier, m. custom-house officer.
doublure, f. lining.
doucement, softly, gently, slowly.
douceur, f. sweetness, softness.
douer, to bestow, to endow.
douleur, f. pain, sorrow, grief.
douloureu-x, se(*ment*), painful(ly), smarting, grievous(ly), afflicting.
doute, f. doubt.
douter, to doubt, to question.
dou-x, ce, sweet, soft.

douzaine, f. dozen; *à la* —, by or to the dozen.
douze, twelve, twelfth.
douzième, twelfth; —*ment,* twelfthly.
dragée, f. sugar-plum, small shot.
drame, m. drama.
drap, m. cloth, sheet (for a bed).
drapeau, m. colours, banner.
dresser, to raise, to set up.
droit, m. right, justice, equity.
droite, f. the right hand; *à* —, on the right hand.
droiture, f. rectitude, uprightness.
drôle, droll, funny; — *m.* scoundrel, rogue.
dû, due, due, owing.
duc, m. duke.
duché, m. dukedom, duchy.
duchesse, f. duchess.
duper, to dupe, to gull.
duquel, contr. of *de lequel.*
dur, e, hard, close, firm.
durant, during.
durcir, to harden, to indurate.
durer, to last, to continue, to endure.
dureté, f. hardness, firmness.

eau, f. water, rain, lake, sea; — *bénite,* holy water; — *-de-vie,* brandy.
ébat, m. pleasure, pastime.
éblouir, to dazzle.
éblouissement, m. dazzling, dimness.
éboulement, m. falling down, earth-slip.
ébranler, to shake, to move, to shock.
écarlate, f. scarlet.
s'écarquiller les yeux, to stare.
écarté, e, out of the way, lonely.
écarter, to disperse, to drive away; *s'*—, to go out of the way, to lose one's way.
ecclésiastique, ecclesiastical; — *m.* clergyman.
échafaud, m. scaffold, stage.
échange, m. exchange, barter.
échanger, to exchange, to barter.
échapper, to escape, to avoid.
échelle, f. ladder, scale.

échouer, to run aground, to strand.
éclair, m. lightning, flash.
éclaircir, to clear, to brighten.
éclairer, to light, to enlighten.
éclat, m. shiver, splinter, brightness, splendour, magnificence; — *de rire*, outburst of laughter.
éclatant, e, bright, sparkling.
éclater, to split, to shiver, to break out, to burst.
écluse, f. sluice, dam.
école, f. school, school-time.
écolier, m. school-boy, pupil.
écolière, f. female scholar.
économie, f. economy, frugality.
écorchure, f. excoriation, chafing.
Ecossais, e, Scotch, Scotchman, woman.
écoulement, m. running, flowing, draining.
écouler, to sell; *s'*—, to run or flow out.
écouter, to hear, to hearken, to listen.
écraser, to crush in pieces, to destroy.
écrevisse, f. crawfish.
s'écrier, to cry out, to exclaim.
écrire, to write; *s'*—, to write to each other, to be written or spelt.
écrit, m. writing, pamphlet; *par* —, in writing.
écriteau, m. bill, board.
écriture, f. handwriting.
écrivain, m. writer.
écu, m. shield, crown.
écueil, m. rock, sandbank.
écume, f. froth, foam, scum, dross.
écumer, to skim, to scum, to foam.
écurie, f. stable.
édifice, m. building.
édit, m. edict, decree.
effacer, to efface, to deface, to strike or blot out.
effarer, to scare.
effarouché, e, scared.
effectivement, indeed.
effervescence, f. effervescence, fermentation.
effet, m. effect, result, consequence.
effleurer, to graze, to touch lightly.
s'efforcer, to endeavour, to strive.

effrayant, e, frightful.
effrayer, to frighten, to terrify; *s'*—, to be frightened.
effroi, m. fright, terror.
effrontément, impudently.
effronterie, f. impudence.
effusion, f. pouring-out, shedding.
égal, e, equal, alike, like, even; *c'est* —, never mind.
également, equally.
égalité, f. equality, evenness, uniformity.
égard, m. regard, respect, consideration; *à l'— de*, with respect.
égaré, e, strayed, misled.
égarer, to mislead, to mislay; *s'*—, to go astray.
égide, f. ægis, shield.
église, f. church.
égoïsme, m. selfishness.
égoïste, m. & f. selfish.
égorger, to slaughter.
égorgeur, m. slaughterer, murderer.
Egyptien, ne, Egyptian.
élan, m. impulse, life, warmth.
élancer, to shoot; *s'*—, to rush upon, to dash.
élargir, to widen, to make wide, to stretch.
électricité, f. electricity.
élève, m. & f. pupil, scholar.
élevé, e, raised, elevated, sublime.
élever, to raise, to lift up, to erect; *s'*—, to rise.
elle, she, her, it.
éloge, m. eulogy, praise.
éloignement, m. remove, removal, absence.
éloigner, to remove, to put away; *s'*—, to go away, to deviate.
émail, m. enamel.
embarcation, f. embarcation, boat.
embarras, m. embarrassment, encumbrance.
embarrasser, to embarrass, to entangle.
embellir, to embellish.
embellissement, m. embellishment.
embonpoint, m. stoutness, corpulence.
embouchure, f. mouth (of a river).

embrasement, m. conflagration, combustion.
embraser, to set on fire, to inflame.
embrasser, to embrace, to hug, to kiss.
embuscade, f. ambuscade, ambush; *être en —,* to lie in wait.
émeraude, f. emerald.
émerveiller, to astonish, to amaze.
émettre, to emit, to issue, to utter.
émeute, f. riot, mutiny.
émissaire, m. emissary, agent.
emmener, to take away, to lead away.
émoi, m. care, trouble, anxiety.
émousser, to blunt, to dull the edge; *s'—,* to grow blunt or dull.
émouvoir, to move, to agitate; *s'—,* to be moved, &c.
empailler, to stuff with straw.
s'emparer, to take possession of.
empêcher, to hinder, to prevent.
empiler, to pile up.
emplette, f. purchase.
emplir, to fill (up).
emploi, m. employment, occupation, trade.
employer, to employ, to use, to occupy.
emporter, to take or carry away; *s'—,* to fly into a passion.
empreindre, to imprint, to stamp.
empressé, e, bustling, eager.
s'empresser, to be eager, to be earnest.
emprisonnement, m. imprisonment, confinement.
emprisonner, to imprison, to confine.
emprunt, m. loan, borrowing.
emprunter, to borrow.
ému, e, moved, affected, agitated.
en, of him, of her, of it, of them, with him, with her, with it, with them, about it, about them.
enceindre, to enclose.
enceinte, f. enclosure, precincts.
encens, m. incense.
enchaîner, to chain, to fetter.
enchantement, m. charm, illusion.
enchanter, to enchant, to delight.
enchère, f. outbidding, chancing the price.
enchérir, to outbid, to enhance the price.
enclin, e, inclined, prone.
enclore, to enclose.
enclos, m. enclosure.
encore, yet, as yet, still, more, once more, again, too, also.
encourager, to encourage.
encre, f. ink.
encrier, m. ink-stand, ink-trough.
endormi, e, asleep, sleepy, sluggish.
endormir, to lull to sleep; *s'—,* to fall asleep, to be sleepy.
endroit, m. place, part, passage.
enduire, to do over with, to plaster.
enduit, m. layer.
endurer, to endure, to bear, to suffer.
énergie, f. energy.
enfance, f. infancy, childhood.
enfant, m. child, infant.
enfer, m. hell.
enfermer, to shut up, to lock up, to enclose.
enfin, in fine, finally, after all, at last, in short.
enfler, to swell, to puff up, to blow.
enfoncement, m. recess.
enfoncer, to drive; *s'—,* to sink; *— une porte,* to burst open.
enfouir, to bury.
enfreindre, to infringe.
s'enfuir, to run away, to escape.
engager, to engage, to pawn, to pledge; *s'—,* to engage one's-self, to be bound.
engin, m. engine, machinery, tackle.
engloutir, to swallow up, to dissipate.
engourdi, e, dull, benumbed, torpid.
engourdir, to benumb, to enervate.
engraisser, to fat, to fatten, to feed.
enguirlandé, e, wreathed, covered with garlands.
enhardir, to embolden.
énigme, f. riddle, enigma.
enivrer, to intoxicate; *s'—,* to get drunk.
enjoué, e, cheerful, lively, sprightly.
enlèvement, m. carrying off, removal.

enlever, to lift up, to raise, to carry off, to take away.
enleveur, *m*. robber, ravisher.
ennemi, *e*, *m*. & *f*. enemy, foe, hostile, adverse.
ennui, *m*. tediousness, weariness.
ennuyer, to tire, to weary; *s'*—, to be tired or weary.
ennuyeu-x, *se*, tiresome, wearisome.
enorgueillir, to make proud; *s'*—, to grow or be proud.
énorme, enormous, huge.
enquête, *f*. inquest, inquiry.
enragé, *e*, mad, enraged; —, *m*. madman.
enrager, to enrage, to be mad, to run mad.
enrhumer, to cause a cold; *s'*—, to catch cold; *enrhumé*, *e*, with a cold.
enrichir, to enrich, to adorn; *s'*—, to grow rich.
enrouer, to make hoarse.
enseigne, *m*. ensign, midshipman; —, *f*. sign, signal, colours.
enseignement, *m*. instruction, precept.
enseigner, to teach, to instruct.
ensemble, together, whole appearance, harmony, part-music.
ensevelir, to lay out, to bury.
ensuite, afterwards, then, after.
entamer, to cut, to make the first cut, to begin, to enter upon.
entendre, to hear, to listen, to understand.
entendu, *e*, heard, understood.
enthousiasme, *m*. enthusiasm, rapture.
enti-er, *ère*, entire, whole, complete; *en* —, totally, wholly.
entourer, to surround, to enclose.
s'entr'aider, to help one another.
entraîner, to carry away, to lead away.
entraver, to thwart.
entre, between, among, in, into.
entre-deux, *m*. intermediate space.
entrée, *f*. entrance, passage.
entrepôt, *m*. warehouse.

entreprendre, to undertake, to attempt.
entrepris, *e*, undertaken, disconcerted.
entreprise, *f*. enterprise, undertaking, attempt.
entrer, to enter, to come in.
entretenir, to hold fast together, to keep up.
entretien, *m*. maintenance, livelihood, conversation.
entrevoir, to have a glimpse of, to foresee.
entr'ouvrir, to open a little; *s'*—, to open or to unclose itself, to gape.
envahir, to invade, to encroach on.
envers, towards, to.
envie, *f*. envy, mind, desire.
environ, about.
environner, to surround.
environs, *m*. *pl*. country round, neighbourhood.
envoi, *m*. sending, conveyance.
envoyer, to send, to despatch.
épagneul, *m*. spaniel.
épais, *se*, thick, heavy.
épaisseur, *f*. thickness.
épaissir, to thicken.
épaississement, *m*. thickening, thickness.
épanouir, to blow, to bloom.
épargner, to spare, to save.
épars, *e*, scattered, thin, dishevelled.
épaule, *f*. shoulder.
épaulette, *f*. epaulet, shoulder-piece.
épave, strayed, waif, wreck.
épée, *f*. sword.
éperdu, *e*, dismayed, distracted, desperate.
éperon, *m*. spur, beak-head.
épi, *m*. ear (of corn).
épices, *f*. *pl*. spices.
épier, to espy, to watch.
épine, *f*. thorn.
épingle, *f*. pin, peg, pin-money.
éponge, *f*. sponge.
époque, *f*. epoch, period.
épouse, *f*. spouse, wife.
épouser, to espouse, to marry.
épouvantable, frightful.

épouvante, f. fright, terror.
épouvanter, to frighten, to terrify; *s'—,* to be frightened or terrified.
époux, m. husband, bridegroom; *—, pl.* husband and wife, married couple.
s'éprendre, to fall in love.
épreuve, f. trial, proof, test.
éprouver, to try, to experience, to be sensible of.
épuiser, to exhaust, to drain.
équilibre, m. equilibrium, balance.
équipage, m. crew.
ériger, to erect, to raise.
ermitage, m. hermitage.
ermite, m. hermit.
errant, e, errant, wandering.
errer, to rove, to ramble, to wander, to err.
erreur, f. error, mistake, nay !
érudit, e, learned.
escadre, f. squadron (of ships).
escadron, m. squadron (of horse).
escalader, to scale (as a wall)
escalier, m. staircase, flight of stairs.
escapade, f. prank, spree.
esclavage, m. slavery.
esclave, m. & f. slavish, slave, drudge.
escorte, f. escort, convoy.
escouade, f. squad, scout.
espace, m. space, room.
Espagnol, e, Spanish, Spaniard.
espèce, f. species, sort, kind, race, tribe.
espérance, f. hope, expectation.
espérer, to hope, to expect.
espion, m. spy.
espionner, to espy.
espoir, m. hope, expectation.
esprit, m. spirit, soul, ghost, apparition, wit ; *homme d'—,* man of genius, man of wit; *— de corps,* fellow-feeling ; *— fort,* freethinker.
esquisse, f. sketch, outline.
essai, m. essay, trial, proof, experiment.
essayer, to try, to attempt.

essentiel, le, —lement, essential(ly), material(ly).
essouffler, to put out of breath.
essuyer, to wipe (off, away), to dry up.
est, m. east.
estampe, f. stamp, print, engraving.
estime, f. esteem, estimation.
estimer, to esteem, to estimate, to value.
estropié, e, crippled, maimed.
et, and ; *— . . . —,* both.
établir, to establish, to settle.
établissement, m. establishment, institution.
étage, m. story, floor.
étaler, to stall, to expose to sale, to show.
étang, m. (fish-)pond, pool.
état, m. state, condition.
état-major, m. staff.
été, m. summer.
éteindre, to extinguish, to put out, to quench.
étendard, m. standard, colours.
étendre, to extend, to spread, to stretch.
étendu, e, stretched, spread out.
éternel, le(ment), eternal(ly), everlasting(ly).
étincelle, f. spark, flash.
étoffe, f. stuff, cloth.
étoile, f. star, blaze.
étonnement, m. astonishment.
étonner, to astonish, to amaze, to startle ; *s'— de,* to be astonished at.
étouffer, to stifle, to suffocate.
étourdi, e, giddy, light-headed.
étourdir, to stun (with noise or by a blow), to deafen, to make giddy.
étrange, strange, peculiar.
étrang-er, ère, strange, foreign.
étrangler, to strangle, to be choked.
être, to be, to exist, to consist of.
étreindre, to bind, to press.
étreinte, f. binding, grasp, embrace.
étrennes, f. pl. new-year's gift, Christmas-box.
étrier, m. stirrup, strap.

étroit, e, strait, narrow, close.
étude, f. study, learning, study-room.
étudier, to study; s'—, to endeavour.
Européen, ne, European.
eux, them, they.
s'évader, to escape (from a place of confinement).
évaluer, to value, to estimate.
évangile, m. gospel.
s'évanouir, to faint, to swoon, to vanish.
évanouissement, m. swoon, fainting-fit.
évêché, m. bishopric.
éveiller, to wake, to awake.
événement, m. event, emergency.
éventail, m. fan; jeu d'—, dazzling game.
évêque, m. bishop.
évidemment, evidently.
éviter, to avoid, to shun.
exactement, exactly.
exalter, to exalt.
examen, m. examination.
examinateur, m. examiner.
examiner, to examine.
excéder, to exceed, to weary, to wear out.
exceller, to excel.
excellence, f. excellency, superiority.
excepté, except.
excès, m. excess, abuse.
exciter, to excite, to provoke, to urge.
exclure, to exclude.
exécuter, to execute, to perform.
exécution, f. execution, performance.
exemple, m. example.
exempt, e, exempt, free from.
exercer, to exercise, to drill.
exercise, m. exercise, drill.
exiger, to require, to demand.
exil, m. exile.
exilé, e, m. & f. exiled person.
expatrier, to expatriate; s'—, to leave one's country.
expédient, proper, fit.
expédier, to expedite, to forward, to send off, to hasten.

expert, e, m. appraiser, valuer.
expier, to atone for.
expliquer, to explain, to translate; s'—, to explain one's-self.
exploit, m. exploit, achievement.
exploitation, f. the working (of a business).
explorateur, m. explorer.
exploration, f. exploration, search.
exposer, to expose, to show.
exprès, m. express (messenger); —se, purposely, on purpose.
expressi-f, ve, expressive, significant.
exprimer, to express, to squeeze out.
exquis, exquisite.
s'extasier, to be enraptured.
extérieur, e, exterior, external, outward.
externe, exterior; —m. day-scholar.
extraordinaire, extraordinary; —ment, extraordinarily.
extrême, extreme, utmost; —ment, extremely.
extrémité, f. extremity, the utmost part, the extreme.

fabricant, m. manufacturer.
fabrique, f. manufacture, factory.
fabuliste, m. fabulist,
façade, f. front, frontage.
face, f. face, visage, surface.
fâcher, to anger, to make angry, to grieve; se —, to get angry.
fâcheu-x, se, vexatious, grievous.
facile, easy; —ment, easily.
facilité, f. facility, easiness, ease.
façon, f. fashion, shape, form.
facteur, m. porter, postman.
factionnaire, m. sentinel, sentry.
fade, insipid, tasteless.
faible, feeble, weak, poor.
faiblement, weakly.
faiblesse, f. feebleness, weakness.
faillir, to fail, to err.
faim, f. hunger; avoir, —, to be hungry.
fainéant, e, idle, lazy.
faire, to make, to do, to perform.
faisan, de, m. pheasant, hen-pheasant.

K

fait, m. fact, matter of fact.
faîte, m. top, summit.
falaise, f. cliff.
falloir, to be necessary, to be needful.
fameu-x,se(ment), famous(ly), famed, distinguished.
familiariser, to familiarise, to tame.
famili-er, ère(ment), familiar(ly), intimate, free.
famille, f. family.
fanatique, fanatic.
fanatisme, m. fanaticism.
fange, f. mire, mud, dirt.
fangeu-x, se, miry, dirty.
fantaisie, f. fancy, whim.
fantassin, m. foot-soldier.
fantôme, m. phantom, apparition, spectre.
fardeau, m. burden, load.
farine, f. meal, flour.
farouche, wild, savage.
faste, m. sing. pomp, display; *les —s, m. pl.* records.
fat, m. fop, coxcomb.
fatiguer, to fatigue, to tire.
faubourg, m. suburb, outskirt.
faucher, to mow.
faucheur, m. mower.
faussaire, m. forger (of writings).
fausser, to bend, to violate.
faute, f. fault, failing, error.
fauteuil, m. arm-chair.
fauve, fallow.
fauvette, f. warbler.
faux, f. scythe.
faux, fausse, false, untrue; *—,* falsely, erroneously.
faveur, f. favour, interest.
favorable(ment), favourable, propitious, favourably.
favori, m. favourite.
fée, f. fairy.
feindre, to feign, to sham, to pretend.
féliciter, to congratulate, to wish joy.
femelle, f. female.
féminin, e, feminine.
femme, f. woman, wife, female.
fendre, to cleave, to split.
fendu, e, split.

fente, f. a split, a rent.
fenêtre, f. window.
féodal, e, feudal.
féodalité, f. feudalism.
fer, m. iron, sword; *—s, pl.* fetters, chains.
férir, to strike; *sans coup —,* without striking a blow.
ferme, f. farm, farmer's house.
ferme, firm, steady.
fermement, firmly, steadily, stoutly.
fermer, to shut, to shut up, to fasten.
fermeté, f. firmness, steadiness.
féroce, ferocious, savage.
ferré, e, shod or mounted with iron.
ferrer, to shoe (a horse).
ferveur, f. earnestness.
festin, m. feast.
fête, f. feast, festival, birthday; *jour de —,* holiday.
feu, m. fire, burning; *— de joie,* bonfire; *—follet,* will o' the wisp.
feu, e, late, deceased.
feuille, f. leaf, sheet.
feutre, m. felt, felt hat.
février, m. February.
fiacre, m. hackney-coach.
ficelle, f. packthread, dodge, trick.
fichu, m. neckerchief.
fidèle, faithful, true, loyal.
fidélité, f. fidelity, faithfulness, loyalty.
fier, to entrust; *se —,* to rely upon.
fi-er, ère, haughty, proud.
fièrement, haughtily, proudly.
fierté, f. pride.
fièvre, f. fever.
figue, f. fig.
figure, f. face, form, shape.
fil, m. thread.
file, f. a row.
filer, to spin.
filet, m. a net.
filial, e, filial.
fille, f. daughter, girl.
filou, m. pickpocket, cheat.
fils, m. son.
fin, f. end, extremity, conclusion, termination.
fin, e, fine, small, thin.

financi-er, ère, financial, financier.
finesse, f. thinness, smallness.
fini, e, finished, done, completed.
finir, to finish, to end.
fixe, fixed, settled, firm.
fixer, to fix, to place.
Flamand, e, Flemish, Fleming.
flamme, f. flame, passion.
flanc, m. flank, side.
flatter, to flatter, to caress, to coax.
fléau, m. plague.
flèche, f. arrow.
fléchir, to bend, to bow, to submit.
flétrir, to fade, to tarnish.
fleur, f. flower, blossom.
fleurir, to blossom, to bloom.
fleuve, m. river.
flocon, m. flake.
flot, m. wave, flood, tide.
flotte, f. fleet.
flotter, to float, to swim.
fluet, e, lank.
flux, m. flood, tide.
foi, f. faith, fidelity.
foin, m. hay.
foire, m. fair, market.
fois, f. time; *une —,* once; *deux —,* twice; *trois —,* thrice; *quatre —,* four times; *plusieurs —,* several times.
fol, see *fou.*
folie, f. folly, insanity.
folle, f. see *fou.*
follement, foolishly, madly.
fonction, f. function, duty.
fond, m. bottom, ground, depth.
fonder, to found, to lay the foundation of.
fondre, to melt, to cast, to liquefy.
fontaine, f. fountain, spring, well.
force, f. strength, power, vigour, violence.
forcer, to compel.
forêt, f. forest.
forger, to forge, to fabricate, to coin.
forgeron, m. blacksmith.
forme, f. form, shape, figure.
former, to form, to fashion, to model.
formule, f. formula, prescription.
fort, m. fort, stronghold.

fort, e, strong
forteresse, f. fortress.
fortifier, to fortify, to strengthen.
fosse, f. pit, hole, grave.
fossé, m. ditch, moat.
fou, m. fool, madman, jester.
fou, folle, mad, foolish; *m.* madman; *f.* madwoman.
foudre, m. & f. thunderbolt, lightning.
fouet, m. whip, scourge.
fouiller, to search.
foule, f. crowd, throng.
fouler, to thread, to stamp upon, to press, to squeeze.
four, m. oven, kiln, stove, hot room, bakehouse.
fourbe, deceitful; *m.* deceiver.
fourche, f. fork, pitchfork.
fourchette, f. fork, breast-bone.
fourmi, f. ant.
fournir, to furnish, to provide, to supply, to give forth, to yield.
fourrage, m. forage, fodder.
fourrager, to forage.
fourrer, to put in, to thrust in.
fourrière, f. the pound (for cattle, &c.).
foyer, m. hearth, fireside, focus, home.
fracas, m. noise, tumult.
fraîchement, freshly, coolly, recently.
frais, m. freshness, coolness, stiff breeze.
frais, fraîche, fresh, cool, sweet, new.
frais (les), m. pl. expenses, costs.
fraise, f. strawberry.
fran-c, che, free, exempted, frank, open.
Français, e, French, Frenchman, — woman; *à la —e,* in the French fashion.
franchement, frankly, freely, openly.
franchir, to leap over, to pass over by leaping.
frange, f. fringe.
frapper, to strike, to beat, to tap.
fraternel, le, fraternal, brotherly.
frayeur, f. fright.
frégate, f. frigate.

frein, m. bit, bridle, curb.
frêle, frail, weak.
frémir, to shudder, to quake, to tremble.
fréquenter, to frequent.
frère, m. brother.
friand, e, dainty, nice.
friandise, f. daintiness; —*s, pl.* dainties.
fripon, m. rogue, knave, sharper, thief.
frire, to fry.
friser, to curl, to crisp, to frizzle.
frisure, f. curling, curls.
froid, e, cold, cool; *à* —, without fire; —, *m.* coldness; *il fait* —, it is cold; *avoir* —, to be cold.
froisser, to bruise, to rumple.
fromage, m. cheese.
froment, m. wheat.
froncer, to pucker; — *le sourcil,* to knit the brow.
front, m. forehead, face, head.
frottement, m. friction.
frotter, to rub, to bang, to beat.
fruit, m. fruit, product, production, advantage.
fuir, to shun, to avoid, to flee.
fuite, f. flight, running away.
fumée, f. smoke, vapour.
fumer, to smoke, to dry in the smoke.
funérailles, f. pl. funeral.
funeste, fatal.
fureur, f. fury.
furie, f. fury, rage.
furieusement, furiously.
furieu-x, se, furious, violent, raging.
furti-f, ve(ment), furtive(ly).
fusil, m. gun, musket.
futur, e, future.

gaffe, f. gaff, boat-hook.
gage, m. pledge, mark, testimony; —*s, pl.* wages; *à* —*s,* hired.
gagner, to gain, to obtain, to get, to earn, to seize.
gai, e, gay, cheerful, lively.
gaiement, gaily, cheerfully.
gaieté, f. merriment, mirth.
gaillard, e, merry, free.

gain, m. gain, profit.
galant, e, genteel, well-bred, elegant.
galère, f. galley.
galerie, f. gallery.
galon, m. braid.
gambade, f. gambol.
gambader, to gambol.
gamin, m. street-boy, urchin, mere boy.
gant, m. glove, gauntlet.
garantir, to guarantee, to warrant.
garçon, m. boy, lad, man-servant, waiter.
garde, m. guard, keeper, warden.
garder, to preserve, to keep, to save.
garde-robe, f. wardrobe.
gardien, m. guardian, warden, protector.
garenne, f. warren.
garnir, to furnish, to provide with.
garniture, f. furniture, ornaments, trimming.
garrotter, to tie.
gâteau, m. cake, honeycomb.
gâter, to spoil, to corrupt, to hurt.
gauche, awkward; *à* —, on the left hand.
gaule, f. long pole.
gazon, m. turf.
geai, m. jay, jackdaw.
géant, e, m. & f. giant, giantess.
gelée, f. frost; — *blanche,* hoar-frost.
geler, to freeze.
gémir, to groan, to sigh, to moan, to mourn.
gémissement, groan, moan.
gendarme, m. armed policeman.
gendre, m. son-in-law.
gêne, f. rack, torture, pain; *sans* —, without ceremony.
gêner, to constrain, to pinch, to cramp; *se* —, to constrain, or to restrain one's-self.
général, e, general.
généralissime, m. generalissimo.
généreusement, generously, nobly, handsomely.
généreu-x, se, generous.
générosité, f. generosity.

génie, m. genius.
genou, m. knee.
Génois, e, Genoese.
genre, m. gender.
gens, m. pl. people, men, servants, attendants.
gentil, le, genteel, elegant, pretty.
gentilhomme, m. nobleman.
gentillesse, f. prettyness, pretty thing.
géographie, m. geographer.
géométrie, f. geometry.
gerbe, f. sheaf.
germe, m. seed.
gésir, to lie (down).
geste, m. gesture, manner.
gibier, m. game.
gigantesque, gigantic.
gigot, m. leg of mutton.
girouette, f. weathercock.
gîte, m. home, lodging, dwelling.
glace, f. ice.
glacé, e, frozen, iced, freezing, chilling; *gants —s,* glazed gloves.
glacer, to ice, to freeze.
gladiateur, m. gladiator.
glaive, m. sword, steel.
gland, m. acorn, tassel.
glisser, to slip, to slide; *— à l'oreille de quelqu'un,* to whisper to some one.
gloire, f. glory.
glorieu-x, se(ment), glorious(ly), illustrious.
gloutonnement, gluttonously.
golfe, m. gulf.
gomme, f. gum; *— élastique,* india-rubber.
gond, m. hinge.
gondole, f. gondola.
gondolier, m. gondolier.
gonfler, to swell.
gordien, Gordian.
gorge, f. throat, gullet.
gosier, m. throat, gullet, voice.
goudron, m. tar.
gourmand, e, greedy, gluttonous.
goût, m. taste, savour, smell.
goûter, to taste, to relish.
goutte, f. drop, dram.
gouttière, f. gutter.

gouvernail, m. rudder, helm.
gouvernante, f. governess, housekeeper.
gouvernement, m. government, management.
gouverner, to govern, to rule, to manage, to steer.
gouverneur, m. governor.
grabat, m. pallet.
grâce, f. favour, kindness, beauty, charm; *de —,* pray; *avec —,* gracefully; *de bonne —,* genteelly; *faire —,* to pardon.
gracieuseté, f. kindness, civility.
gracieu-x, se, gracious, pleasant, elegant.
gradin, m. step, bench.
grain, m. corn, grain, berry.
grammaire, f. grammar.
grand, e, great, large, tall, high.
grandement, greatly, very much, nobly.
grandeur, f. greatness, magnitude.
grandir, to grow, to increase, to rise.
grand-maître, m. grand-master.
grand-mère, f. grandmother.
grand-père, m. grandfather.
grappe, f. bunch, cluster.
grappin, m. grapnel.
gras, se, fat, plump.
gratter, to scrape.
gratuit, e(ment), gratuitous(ly), free.
grave, heavy, grave, important.
graver, to engrave, to impress.
gravir, to climb.
gravure, f. engraving, carving.
gré, m. will, inclination, liking.
Grec, que, Greek.
greffier, m. registrar (of a court), recorder.
grêle, f. hail, hailstorm.
grenier, m. granary, loft, garret.
grenouille, f. frog.
grève, f. sandy shore, strand.
grief, m. grievance, wrong, injury.
griffe, claw.
grille, f. grating, railing.
griller, to broil, to scorch.
grimper, to climb.
gris, e, gray, dull.

griser, to make tipsy; *se —*, to get tipsy.
grogner, to growl.
grondement, m. rumbling, roaring.
gronder, to chide, to scold at, to grumble.
gros, se, big, bulky, great, large.
grosseur, f. bulk.
grossi-er, ère, coarse, thick.
grossir, to make bigger, to enlarge.
grotte, f. grotto.
grouper, to group, to form a cluster.
grue, f. crane.
gué, m. ford.
guéable, fordable.
guérir, to cure.
guerre, f. war, warfare.
gueule, f. mouth, jaws.
gueu-x, se, beggarly, poor; —, *m.* scoundrel.
guichetier, m. turnkey (of a prison).
guider, to guide.
guinée, f. guinea.
guirlande, f. wreath, garland.
guise, f. manner, fancy; *en — de*, by way of.

habile, able, fit, proper, clever, skilful.
habileté, f. skill.
habillement, m. clothing.
habiller, to dress, to clothe, to attire.
habit, m. habit, dress, coat.
habitant, m. inhabitant, dweller.
habitué, e, accustomed to.
hache, f. axe, hatchet.
hacher, to hack, to cut to pieces.
haie, f. hedge, fence.
haillon, m. rag, tatters.
haine, f. hatred.
haïr, to hate.
haleine, f. breath, wind.
haleter, to pant, to be out of breath.
halle, f. market-place.
halte, f. halt, stopping; *faire —*, to halt.
hameau, m. hamlet.
hameçon, m. hook, fish-hook.
hanche, f. hip, haunch.
harangue, f. speech, public address.
harasser, to harass.

hardi, hardy, bold, daring, fearless
hardiesse, f. boldness, liberty.
hardiment, boldly.
harmonie, f. harmony.
harmonieu-x, se(ment), harmonious(ly).
harnais, m. harness, armour, horse-trappings.
harpe, f. harp.
hasard, m. hazard, chance, accident.
hasarder, to hazard, to venture, to risk.
hâte, f. haste, hurry; *à la —*, hastily.
hâter, to hasten, to forward, to hurry; *se —*, to haste, to hasten.
hausser, to raise, to lift up, to increase.
haut, e, high, elevated, great, exalted; *en —*, above, upstairs; *le — de*, the top of.
hautement, highly, boldly, loudly.
hauteur, f. height, hill, depth.
hé, ha! ho! hoy! I say!
hein, eh!
hélas, alas!
héler, to hail (with the voice).
hennir, to neigh.
herbe, f. herb, grass; *mauvaises —*, weeds.
héréditaire, hereditary.
hérissé, bristling, brushy, rough.
héritage, m. heritage, inheritance, succession, legacy.
hériter, to inherit.
héri-tier, tière, m. & f. heir, heiress.
héroïne, f. heroine, female hero.
héros, m. hero.
hésiter, to hesitate.
heure, f. hour, time; *de bonne —*, early; *à la bonne —*, well, be it so; *tout à l' —*, immediately.
heureu-x, se(ment), happy, fortunate(ly), lucky.
heurter, to strike against, to hit against.
hibou, m. owl.
hier, yesterday.
hirondelle, f. swallow.
histoire, f. history, narration, record.
historien, m. historian.

historique(*ment*), historical(ly).
hiver, *m.* winter.
hiverner, to winter.
holà, holloa.
Hollande, Holland; *Hollandais*, *e*, Dutch.
hommage, *m.* homage.
homme, *m.* man, gentleman.
honnête, honest, just, equitable, fair; —*ment*, honestly, fairly, civilly.
honnêteté, *f.* honesty, fairness, genteelness, probity.
honneur, *m.* honour, respect.
honorer, to honour, to do credit to.
honte, *f.* shame, dishonour, disgrace.
honteu-x, *se*(*ment*), shameful(ly), scandalous, infamous, ashamed.
hôpital, *m.* hospital.
horloge, *f.* clock.
horloger, *m.* watchmaker, clockmaker.
hormis, except, save, but.
horreur, *f.* horror, terror, dread.
horriblement, horribly.
hors, except, out of.
hospice, *m.* hospital, almshouse (for monks).
hospitali-er, *ère*, hospitable.
hospitalité, *f.* hospitality.
hôte, *m.* host, innkeeper, guest.
hôtel, *m.* hotel, inn; — *de ville*, townhouse.
hôtel-ier, *ière*, *m. & f.* innkeeper, landlady.
hôtellerie, *f.* hostelry, inn.
hôtesse, *f.* hostess, landlady.
huée, *f.* hooting, shouting.
huer, to hoot after, to shout.
huile, *f.* oil.
huissier, *m.* usher, bailiff, summoning officer.
huit, eight.
huitaine, *f.* eight days.
huitième, eighth, the eighth part.
humain, *e*, human, humane.
humanité, *f.* humanity, mankind.
humblement, humbly.
humeur, *f.* humour, moisture, temper.
humide, humid, moist, wet, damp.

humidité, *f.* humidity, moisture, dampness.
hurlement, *m.* howling.
hutte, *f.* hut, cottage.

ici, here, hither, in this place; *par* —, this way; *jusqu'*—, hitherto.
idée, *f.* idea, thought, opinion, notion.
identifier, to identify.
idiome, *m.* idiom, dialect.
idole, *f.* idol.
if, *m.* yew.
ignominieu-x, *se*(*ment*), ignominious(ly).
ignorer, to ignore.
il, he, it; — *y a*, there is, there are.
île, *f.* island.
illimité, *e*, unlimited.
illisible, illegible, unreadable; —*ment*, illegibly.
illuminé, *e*, visionary.
s'illustrer, to distinguish one's-self.
îlot, *m.* small island, islet, block of houses.
imaginer, to imagine.
imiter, to imitate, to mimic.
imminent, *e*, impending.
immobile, immovable, motionless.
immoler, to sacrifice.
immonde, unclean, foul.
immoralité, *f.* immorality.
immortaliser, to immortalize.
immortalité, *f.* immortality.
immortel, *e*, immortal, everlasting.
immortelle, *f.* everlasting flower.
immuable, immutable, unchangeable; —*ment*, immutably.
impair, *e*, odd, uneven.
imparfait, *e*, imperfect; —*ement*, imperfectly.
impasse, *f.* blind alley.
impatiemment, impatiently.
impérati-f, *ve*(*ment*), imperative(ly); —, *m.* imperative mood.
impératrice, *f.* empress.
impétueu-x, *se*, impetuous, hasty.
impétuosité, *f.* impetuosity, force, impetus.

impie, impious, irreligious.
impiété, f. impiety.
impitoyable, unmerciful, merciless, pitiless.
implorer, to implore.
impoli, e(ment), uncivil(ly).
impolitesse, f. incivility, rudeness.
importun, e, importunate, troublesome.
imposer, to impose, to prescribe, to lay duties on.
impôt, m. tax, duty, toll.
impotent, e, impotent, infirm.
imprenable, impregnable.
impressionable, impressive, excitable, sensitive.
imprévoyant, e, improvident.
imprévoyance, f. improvidence.
imprévu, e, unforeseen, unexpected; —, *m.* adventure, surprise.
imprimer, to impress, to print.
imprimerie, f. printing, printing-house, printing-office.
imprimeur, m. printer.
impropre, improper, not becoming.
improprement, improperly.
impuissance, f. impotence, inability, powerlessness.
impunément, with impunity.
inabordable, inaccessible.
inabrité, e, unsheltered.
inacti-f, ve, inactive.
inadvertance, f. inadvertency, oversight.
inaltérable, unchangeable, incorruptible.
inanimé, e, inanimate.
inaperçu, e, unperceived.
inattendu, unexpected.
incendiaire, incendiary.
incendie, m. fire, conflagration.
incendier, to burn, to set fire to.
incliner, to incline, to bend.
inclus, e, enclosed.
incomparable(ment), matchless, incomparably.
incompétence, f. incompetency.
incompl-et, ète, incomplete.
inconduite, f. misconduct.
inconnu, e, unknown, stranger.

inconséquence, f. inconsistency.
inconsolable(ment), inconsolable, inconsolably.
inconstance, f. inconstancy, fickleness, unsteadiness.
incrédule, incredulous.
incrédulité, f. incredulity, unbelief.
incroyable(ment), incredible, incredibly.
inculper, to accuse, to charge, to criminate.
indécis, e, undecided, undetermined, doubtful, vague, wavering.
indéfini, e, indefinite, unlimited; —*ment*, indefinitely, indeterminately.
indemnité, f. indemnity.
indépendamment, independently.
indépendant, e, independent.
indien, ne, Indian.
indigène, indigenous, native.
indigent, e, poor, needy.
indigne, unworthy, undeserving.
indigné, e, indignant.
indiquer, to indicate, to point out, to show.
indispensable(ment), indispensable, indispensably.
indisposé, e, indisposed, unwell.
individu, m. individual, self.
industrie, f. industry, ingenuity, dexterity, skill.
industriel, le, industrial, manufacturing; —, *m.* manufacturer.
inégal, e, unequal, uneven, irregular; —*ement*, unequally.
inerte, inert, sluggish.
inertie, f. indolence, sluggishness.
inespéré, unhoped-for, unexpected.
inexact, e, inexact, inaccurate, careless.
inexorable, merciless.
infâme, infamous, filthy.
infamie, f. infamy, infamous thing.
infanterie, f. infantry, foot-soldiers.
infatigable(ment), indefatigable, indefatigably.
infect, e, infectious.
infecter, to infect, to taint, to stink horridly.

inférieur, e, inferior, lower ; *—ement,* in an inferior manner.
infidèle, unfaithful, false, unbelieving.
infidélité, f. infidelity, unfaithfulness.
infini, e, infinite, numberless; *—ment,* infinitely.
infirmité, f. infirmity.
infliger, to inflict.
informer, to inform, to advise, to inquire.
infortune, f. misfortune.
infortuné, e, unfortunate, unhappy.
ingénieur, m. engineer.
ingénieu-x, se(ment), ingenious(ly).
ingénûment, ingenuously.
ingrat, e, ungrateful.
inhabilité, f. incapacity.
inhospitali-er, ère, inhospitable.
inhumain, e(ment), inhuman(ly), cruel.
injure, f. injury, insult; *dire des —s,* to abuse.
injurier, to abuse, to insult.
injurieu-x, se, injurious, outrageous.
injuste, unjust.
innombrable, innumerable.
innondation, f. inundation.
inouï, e, unheard-of, surprising, strange.
inqui-et, ète, uneasy, restless, anxious.
inquiéter, to disquiet, to alarm, to vex.
inquiétude, f. uneasiness.
inscrire, to inscribe.
insensé, e, insane, mad; *—, m.* madman.
insérer, to insert.
insouciance, f. carelessness.
insouciant, e, careless.
insoumis, e, unsubdued.
inspecteur, m. inspector.
inspirer, to inspire.
instamment, earnestly.
instance, f. entreaty, solicitation.
instant, m. moment.
instituteur, m. elementary schoolmaster.
instruire, to instruct, to educate, to teach.

instruit, e, learned, informed.
à l'insu, unknown to; *à mon —,* unknown to me.
insulaire, insular, islander.
intendant, m. intendant, surveyor, steward.
intercaler, to intercalate.
interceder, to intercede.
interdire, to interdict, to forbid.
interdit, e, interdicted, confused.
intéressant, interesting.
intéressé, e, interested.
intéresser, to interest, to have a share in.
intérêt, m. interest, concern, self-interest.
intérieur, e, interior, inner, inward; *—ement,* internally.
interne, internal, interior, inward.
interprète, m. interpreter.
interpréter, to interpret, to construe.
interrogatoire, m. examination.
interroger, to interrogate, to examine.
interrompre, to interrupt, to break off, to cut short.
intervenir, to intervene, to interfere.
intime, intimate, intimate friend.
intimider, to intimidate.
intituler, to entitle.
intrépide, intrepid.
intriguer, to puzzle, to perplex.
introduire, to introduce ; *s'—,* to gain admittance.
intrus, e, m. & f. intruder.
inutile(ment), useless(ly).
inutilité, f. uselessness.
invalide, invalid, disabled.
invariable(ment), invariable, invariably.
inventer, to invent, to contrive.
inventeur, m. inventor, contriver.
inviter, to invite, to engage.
ironiquement, ironically.
irrécusable, unexceptionable, undeniable.
irréfléchi, thoughtless.
irréguli-er, ère(ment), irregular(ly).
irréprochable(ment), irreproachable, unexceptionable, irreproachably.

irrésolu, e(ment), irresolute(ly).
irrespectueu-x, se(ment), disrespectful(ly).
irriter, to irritate, to exasperate, to anger.
isolé(ment), isolated, lonely, solitarily.
isoler, to insulate, to isolate, to detach, to separate.
issu, e, descended, born.
issue, f. issue, outlet.
Italie, Italy.
Italien, ne, Italian.
ivoire, f. ivory.
ivre, inebriated, intoxicated.
ivresse, f. ebriety, intoxication.
ivrogne, drunken, drunkard.
ivrognerie, f. drunkenness.

jadis, of old, formerly.
jaillir, to spout out, to spurt out.
jalousie, f. jealousy, envy, enviousness.
jalou-x, se, jealous, envious.
jamais, ever; *ne —*, never; *à —, à tout —*, for ever and ever; *au grand —*, never.
jambe, f. leg, shank.
jambon, m. ham, gammon.
janvier, m. January.
jaquette, f. jacket, short coat.
jardin, m. garden.
jardinage, f. gardening.
jardinier, m. gardener.
jardinière, f. female gardener, gardener's wife.
jarret, m. ham, knuckle, shin.
jarretière, f. garter.
jaser, to prate, to chatter.
jatte, f. wooden bowl.
jaunâtre, yellowish.
jaune, yellow, yellow colour.
jaunir, to make yellow, to grow yellow.
je, j', I.
jet, m. throw, cast, fling.
jetée, f. mole, pier, jetty.
jeter, to throw (away, out, down), to cast, to hurl, to fling.
jeu, m. play, game, gaming, sport.
eu de mots, m. a quibble, a pun.

jeudi, m. Thursday.
jeune, young, youthful.
jeûne, m. fast, fasting.
jeûner, to fast.
jeunesse, f. youth, youthfulness.
joailli-er, ère, m. & f. jeweller.
joie, f. joy, joyfulness, gladness.
joindre, to join, to put together.
joint, m. joint, seam.
joli, e, pretty, neat, pleasing.
jonc, m. rush, cane.
joncher, to strew, to spread over.
jongler, to juggle.
jongleur, m. juggler.
joue, f. cheek.
jouer, to play, to sport, to perform.
jouet, m. plaything, jest.
joueur, m. player, gambler.
joug, m. yoke.
jouir, to enjoy, to possess, to use.
jouissance, f. enjoyment, possession.
joujou, m. plaything, toy.
jour, m. day, daylight.
journée, f. day, day's work, day's pay or gain.
joute, f. joust, tilt, tournament.
jouter, to joust, to tilt, to fight.
joyau, m. jewel.
joyeu-x, se(ment), joyful(ly), cheerful(ly), glad, merry.
juge, m. judge, justice.
juge de paix, m. justice of the peace.
jugement, m. judgment, understanding, sentence.
juger, to judge, to discern, to distinguish.
jui-f, ve, Jewish, Jew, Jewess.
juillet, m. July.
juin, m. June.
jum-eau, elle, twin.
jument, f. mare.
jupon, m. under-petticoat.
juri, e, juryman, juror.
jurer, to swear, to declare, to curse.
juron, m. favourite oath, curse.
jus, m. juice, gravy.
jusque, until, till, to, as far as; *jusqu'ici*, hitherto.

juste, just, equitable, impartial, right.
justement, justly, correctly.
justifier, to justify, to vindicate.

kilomètre, m. kilometre (a measure of length = 1093·63 yards).

l', the.
la, f. the, her, it.
là, there; *ça et —, par ci par —*, here and there.
la-bas, down there, yonder.
labeur, m. labour, work, toil.
laborieu-x, se(ment), laborious(ly), assiduous, sedulous.
labour, m. tillage, ploughing.
labourage, m. tillage, husbandry.
labourer, to till, to plough.
laboureur, m. ploughman, husbandman.
lac, m. lake.
lâche, loose, slack, cowardly; —, *m.* coward.
lâcher, to slacken, to relax, to let loose, to loose, to abandon.
lâcheté, f. laxity, slackness, cowardice.
ladrerie, f. stinginess.
lagune, f. lagoon.
laideur, f. ugliness, deformity.
laine, f. wool.
laisser, to leave, to let, to forsake, to abandon.
lait, m. milk.
laitage, m. milk-food.
laitier, m. dairyman.
laitière, f. milk-woman, milk-maid.
laitue, f. lettuce.
lambeau, m. shred, scrap, strip.
lambris, m. ceiling, wainscot.
lame, f. blade, sheet, plate.
lampe, f. lamp.
lancer, to fling, to dart, to hurl, to cast, to throw.
langage, m. language.
langue, f. tongue, speech, language.
langueur, f. faintness, feebleness.
languir, to languish, to linger, to pine away.
lapidaire, lapidary.

lapider, to stone.
lapin, m. rabbit.
laps, m. lapse.
laquais, m. footman.
laquelle, f. who, which, that.
larcin, m. larceny, theft.
largement, largely.
largesse, f. liberality.
largeur, f. breadth, width.
larme, f. tear, drop.
larron, m. thief.
las, se, tired, weary.
lassant, e, tiresome, wearisome.
laurier, m. laurel, cherry-bay, glory.
lavage, m. washing, slop.
lave, f. lava.
laver, to wash, to clean.
le, m. the.
lécher, to lick, to polish, to finish.
leçon, f. lesson, lecture, reading.
lec-teur, trice, m. & f. reader.
lecture, f. reading, perusal; *cabinet de —*, reading-room.
leg-er, ère, light, nimble, active, slight.
légèrement, lightly, swiftly.
légèrité, f. levity, lightness, swiftness.
législateur, m. legislator.
léguer, to bequeath.
légume, m. vegetable, greens.
lendemain, m. next day, morrow.
lent, e, slow, tardy; *—ement*, slowly.
lenteur, f. slowness.
lèpre, f. leprosy.
lépreu-x, se, leprous.
lequel, which.
les, plural of *le, la.*
lésinerie, f. stinginess, meanness.
lest, m. ballast.
leste, nimble, brisk; *—ment*, smartly.
lester, to ballast.
lettre, f. letter.
lettré, e, lettered, literate, learned.
leur, their, to them; *le —, la —, les —s*, theirs.
levant, e, rising; *m.* east.
lever, to lift, to lift up, to heave.
se lever, to rise, to get up.
lèvre, f. lip.
liaison, f. binding, joining, unison.

liard, m. farthing.
liarder, to be sordidly stingy, to higgle.
liarderie, f. stinginess.
libérer, to free, to rid, to exempt.
liberté, f. liberty, freedom.
libraire, m. bookseller; — *éditeur,* publisher.
librairie, f. book trade, bookseller's shop.
libre, free, at liberty, unrestrained; —*ment,* freely.
licence, f. licence, licentiousness.
lien, m. band, tie.
lier, to tie, to bind, to fasten.
lierre, m. ivy.
lieu, m. place, room, cause, reason; *au — de,* instead of.
lieue, f. league.
ligne, f. line, pathway.
ligue, f. league.
liguer, to unite in a league.
lilas, m. lilac.
limon, m. lemon.
limpide, clear, limpid.
lin, m. flax.
linceul, m. winding-sheet, shroud.
linge, m. linen, cloth.
lire, to read, to peruse.
lisible, legible, readable; —*ment,* legibly.
lit, m. bed, bedstead, channel.
litière, f. litter, straw.
littéraire, literary.
littérature, f. literature.
littoral, m. the (sea) shore.
livre, m. book; *grand* —, ledger.
livrée, f. livery, livery servants.
livrer, to deliver, to give up.
se livrer, to devote one's-self to.
livret, m. little book.
local, m. premises.
loge, f. box, cabin, cell.
logement, m. apartment.
loger, to lodge, to harbour; *se* —, to take a lodging.
logis, m. home, dwelling; *au* —, at home.
loi, f. law, rule, precept, command.

loin, far, far off, at a distance; *de* —, at a distance.
lointain, e, far, remote, distant.
loisir, m. leisure, spare time.
Londres, London.
long, ue, long, large, tedious.
longer, to go along, to run along.
longtemps, a long time, a great while; *depuis* —, long ago.
longuement, long, a long time.
longueur, f. length, delay, lingering.
lors, at the time; *dès* —, from that time; *pour* —, then.
lorsque, when.
louable, praiseworthy.
lot, m. lot, portion, share.
louange, f. praise, commendation.
louer, to praise, to commend, to hire, to let.
loup, m. wolf.
lourd, e, heavy, weighty, dull, stupid; —*ement,* heavily, clumsily.
loyer, m. rent (of a house), wages.
lueur, f. gleam, glimmer, glimpse.
lui, he, him, to him, to her, to it; *c'est* —, it is he.
lui-même, himself.
luire, to glitter, to glimmer, to shine.
lumière, f. light, candle, flame.
luisant, e, shining.
lunaire, lunar.
lundi, m. Monday.
lune, f. moon; *clair de* —, moonshine.
lunette, f. glass; —*s, pl.* spectacles.
lutte, f. wrestling, struggle, contest.
lutter, to struggle.
luxe, m. luxury, display.

mâchoire, f. jaw, jaw-bone.
maçon, m. mason, bricklayer.
madame, f. madam, mistress, my lady.
mademoiselle, f. miss.
magasin, m. magazine, storehouse, warehouse.
magie, f. enchantment.
magistral, magisterial.
magnifique(*ment*), magnificent(ly), splendid(ly).

mai, m. May.
maigre, lean; *—ment,* poorly.
maigrir, to grow lean.
maille, f. stitch, mesh.
main, f. hand.
maintenant, now, at present.
maintenir, to maintain, to sustain, to support; *se —,* to support one's-self.
maintien, m. maintenance, support, defence.
mais, but, why.
maison, f. house, home; *— de campagne,* country-house.
maître, m. master, owner, teacher.
maître d'école, m. elementary schoolmaster.
maîtresse, f. mistress, landlady, governess.
maîtrise, to master.
maîtriser, to domineer, to govern.
majesté, f. majesty.
mal, m. evil, pain, disease; *— à la tête,* headache; *— de mer,* seasickness.
mal, ill, badly.
malade, ill.
maladie, f. malady, sickness, illness.
maladresse, f. awkwardness.
malentendu, m. misunderstanding, mistake.
malgré, in spite of, notwithstanding.
malheur, m. misfortune, unhappiness.
malheureusement, unhappily, unluckily.
malheureu-x, se, unhappy, unfortunate, unlucky.
malhonnête(ment), dishonest(ly), uncivil(ly).
malhonnêteté, f. dishonesty, incivility, rudeness.
mal-in, igne, malicious, mischievous, waggish.
malsain, e, unhealthy, sickly, unwholesome.
malveillant, e, malevolent, ill-disposed.

maman, f. mamma; *bonne —,* grandmamma.
manche, m. handle, haft; *—, f.* sleeve; *la —,* British Channel.
manchon, m. muff.
manger, to eat, to consume, to spend.
manier, to handle, to feel, to touch.
manière, f. manner, way, custom, sort; *de — que,* so that.
manifeste, potent, clear.
manque, m. want; *— de,* for want of.
manquer, to miss, to fail, to do amiss, to neglect.
manteau, m. cloak, mantel (of a chimney).
manuel, le, manual, performed by the hand.
marais, m. marsh, fen, bog, market-garden; *— salant,* salt marsh.
marbre, m. marble, slab.
marchand, m. merchant, shopkeeper, tradesman, dealer; *vaisseau —,* merchant vessel.
marchande, f. trading woman, tradeswoman.
marchander, to haggle.
marchandise, f. ware, goods; *—s, pl.* stock-in-trade.
marche, f. march, journey.
marché, market, market-place; bargain; *à bon —,* cheap.
marcher, to walk.
mardi, m. Tuesday; *—gras,* Shrove-Tuesday.
maréchal, m. farrier, (field-)marshal, blacksmith; *— de camp,* major-general; *— ferrant,* farrier.
marée, f. tide; *haute —,* high water; *basse —,* low water; *grande. —,* spring-tide; *morte —,* neap-tide.
marge, f. margin.
mari, m. husband.
mariage, m. marriage, wedding.
marié, m. bridegroom.
mariée, f. bride.
marier, to marry, to match; *se —,* to get married.
marin, m. mariner, sailor.
maritime, naval.
marmiton, m. scullion.

marquant, e, conspicuous, remarkable.
marqué, f. mark, token.
marquer, to mark, to stamp, to brand.
marquis, m. marquis, marquess.
marquise, f. marchioness, veranda, awning, settee.
marraine, f. godmother.
mars, m. March.
marteau, m. hammer.
masquer, to hide, to conceal.
massacré, massacred.
masse, f. mass, lump, heap.
massi-f, ve, massive, massy, bulky, lumpish.
mat, te, unpolished, heavy.
mât, m. mast; *grand —*, mainmast.
matelas, m. mattress.
matelot, m. seaman, sailor.
matériel, le, material, corporeal.
maternel, le, maternal, motherly.
mathématicien, m. mathematician.
mathématique, f. mathematics; *— (ment)*, mathematical(ly).
matière, f. matter, materials, body, subject.
matin, m. morning, forenoon.
matois, e, cunning, sly.
mâture, f. rigging.
maudire, to curse.
maudit, e, cursed.
mauvais, e, bad, ill, evil.
maux, pl. of *mal*.
me, m', me, to me, myself.
mécanicien, m. machinist, engine-builder.
mécanique, —(ment), mechanical(ly); *—, f.* mechanics.
méchanceté, f. wickedness, mischievousness, malice.
méchant, wicked, bad, wretched, mischievous.
méconnaître, to disown, to disregard.
mécontent, e, dissatisfied, discontented.
mécontentement, m. displeasure.
mécontenter, to dissatisfy, to displease.
médaille, f. medal.

médecin, m. physician, doctor.
médicine, f. medicine, physic.
médiocre, middling, tolerable, indifferent; *—ment*, moderately, indifferently.
médiocrité, f. mediocrity.
médire, to slander, to speak ill.
médisance, f. slander, scandal.
méditer, to meditate, to project.
méditerrané, e, mediterraneous, midland.
méfiance, f. mistrust, diffidence, distrust.
méfiant, e, mistrustful, diffident, suspicious.
se méfier, to mistrust, to distrust.
meilleur, e, better; *le —*, the best.
mélange, m. mixture, medley, mixing, mingling.
mêler, to mix, to mingle, to blend, to entangle.
mélodie, f. melody.
membre; m. member, limb.
même, same, like, self, itself, even; *de —, tout de —*, in the same way, just so; *de — que*, as well as.
mémoire, f. memory, remembrance; *en — de*, in memory of.
menace, f. threat.
menacer, to threaten.
ménage, m. household, housekeeping.
ménagement, m. regard, attention.
ménager, to husband, to preserve, to be sparing of.
mendiant, e, mendicant, begging; *—, m.* beggar.
mendier, to beg.
mener, to lead, to conduct, to drive.
mensonge, m. lie, falsehood.
menteu-r, se, deceitful, false, treacherous; *—, m.* liar.
mentir, to lie.
menu, e, slender, small, thin, spare.
se méprendre, to mistake, to be mistaken.
mépris, m. contempt, scorn, disdain.
méprise, f. mistake.
mépriser, to despise.
mer, m. sea.

mercenaire, mercenary.
merci, thanks; — *bien*, much obliged; *grand* —, I thank you.
merc-ier, ière, m. & f. mercer, haberdasher.
mercredi, m. Wednesday; — *des cendres*, Ash-Wednesday.
mère, f. mother.
mérite, m. merit, worth, desert.
mériter, to merit, to deserve, to procure.
merveille, f. marvel, wonder; *à* —, wonderfully.
merveilleu-x, se(ment), marvellous(ly), wonderful(ly).
mes, my.
messag-er, ère, m. & f. messenger, carrier.
messe, f. mass; *grand'* —, high-mass.
messieurs, m. messieurs, gentlemen, sirs.
mesure, f. measure, rule, proportion.
mesurer, to measure, to weigh.
métairie, f. farm-house.
méthode, f. method, system.
métier, m. trade, handicraft, employment.
métropole, f. chief city, metropolis.
mets, m. dish, food.
mettre, to put, to set, to place.
se mettre à, to set one's-self to, to sit down to.
meuble, movable, personal.
meuble, m. piece of furniture; *les* —*s*, furniture.
meubler, to furnish (a house), to adorn, to enrich.
meunier, m. miller.
meurtre, m. murder.
meurtri-er, ère, murderous; —, *m. & f.* murderer.
meurtrir, to bruise.
mi, half, mid; *à* — *côte*, half-way up the hill.
miasme, m. miasma.
midi, m. mid-day, noon; *à* —, at noon.
mie, f. crumb of bread.
miel, m honey.

mien, mine, my own, of mine; *les* —*s*, my relations.
mieux, better, rather, best; —, *m.* best, best way.
mil, thousand.
milieu, m. middle, mean, way; *au beau* —, in the very middle.
militaire, military, soldier; —*ment*, militarily.
mille, thousand; —, *m.* mile.
mince, thin, slender, small.
mine, f. mien, countenance, mine.
miner, to undermine, to weaken.
ministère, m. ministry, ministers.
ministre, m. minister, parson.
minuit, m. midnight; *en plein* —, at dead of night.
mirer, to aim at, to take one's aim at, to loom; *se* —, to look at one's-self in the looking-glass.
miroir, m. mirror, looking-glass; — *de toilette*, dressing-glass.
mis, e, attired, dressed, clad.
mise, f. dress.
misère, f. misery, wretchedness, poverty.
mobile, movable, unsteady, quick, lively.
mode, m. mood, mode; —, *f.* fashion.
modèle, m model.
modérer, to moderate, to temper, to abate.
modeste(ment), modest(ly).
modestie, f. modesty.
modique, moderate.
modulation, f. warbling.
moi, me; *à* —! help! help! *pour* —, *quant à* —, as for me, for my part.
moi-même, myself.
moindre, less, lesser; *le* —, *la* —, the least.
moine, m. monk, friar.
moins, less, lesser, except, but; *au* —, *pour le* —, at least, the least; *à* — *que*, unless.
mois, m. month.
moisson, f. harvest, crop.
moissonner, to reap.
moitié, f. half.
mollesse, f. solftness, effeminacy.

mon, my.
monarque, m. monarch.
monastère, m. monastery.
monde, m. world, universe, earth, mankind; *tout le* —, everybody.
monnaie, f. money, coin, mint; *de la petite* —, small change.
monseigneur, m. my lord, your lordship.
monsieur, m. sir, master, gentleman.
monstre, m. monster.
mont, m. mount, mountain.
montagnard, *e*, mountaineer, highlander.
montagne, f. mountain, highland.
monter, to mount, to go up, to ascend, to get up.
montre, f. watch, sample, muster, review.
montrer, to show, to exhibit, to point out, to teach.
moqueu-r, *se*, mocking.
se moquer, to laugh at, to mock, to ridicule.
morale, f. morality, morals, ethics.
morbleu, zounds!
morceau, m. bit, morsel, piece.
mordre, to bite, to gnaw, to corrode, to nibble, to close with, to like; *s'en* — *les doigts*, to repent of it.
mors, m. curb, bit.
mort, f. death, decease.
mort, *e*, dead, defunct, stagnant, lying dead.
mortel, *le*, mortal, deadly; —*lement*, mortally.
mot, m. word, saying, sentence; *en un* —, in a word, in short.
mou, mol, molle, soft, mellow, muggy.
mouche, f. fly.
moucher, to blow the nose; *se* —, to blow one's nose.
mouchoir, m. handkerchief.
mouiller, to wet, to soak, to moisten.
moule, m. mould, cast, model, pattern, netting-rule; — *à buerre*, butter-print; —, f. mussel (fish).
moulin, m. mill.
mourir, to die, to expire, to perish.

mousse, f. moss, foam; —, m. cabin boy.
moutarde, f. mustard.
mouton, m. mutton, sheep.
mouture, grinding.
mouvement, m. motion, movement.
mouvoir, to move, to stir, to agitate.
moyen, m. means, way, expedient, assistance.
moyennant, for, by means of.
muet, *te*, mute, dumb, speechless.
mugir, to low, to roar.
munir, to store, to provide with.
mur, m. wall.
mûr, *e*, ripe, mellow, mature; —*ement*, maturely, deliberately.
muraille, f. wall.
murmurer, to murmur, to grumble.
museau, m. muzzle, snout.
musée, m. museum.
musicien, *ne*, musician.
musique, f. music, band.
mutuellement, mutually.
mythologie, f. mythology.

nacre, f. mother-of-pearl.
nage, f. great perspiration; *à la* —, in swimming.
nager, to swim.
naguère, but lately.
naï-f, *ve*, artless, ingenuous, unaffected, simple.
naissance, f. birth, extraction, descent.
naître, to be born.
naïvement, plainly, candidly, ingenuously.
naïveté, f. artlessness, ingenuousness.
naquit, perf. def. of *naître*.
narcisse, m. narcissus.
narquois, *e*, sneering.
natation, f. swimming.
nati-f, *ve*, native, born.
natte, f. mat, hassock, plait.
naturaliser, to naturalize.
naturaliste, m. naturalist.
naturel, ad. natural.
naturels (les), m. pl. the natives.
naturellement, naturally.
nativité, f. nativity, birth.

naufrage, m. shipwreck; *faire —,* to be shipwrecked.
naval, e, naval.
navigateur, m. navigator.
navigation, f. navigation, voyage.
naviguer, to navigate.
navire, m. ship, vessel.
ne, no, not; ... *pas* ... *point,* not.
né, e, born.
néanmoins, nevertheless, however.
nécessaire, necessary, requisite; —, *m.* necessaries.
nécessité, f. necessity, exigence, indigence.
négati-f, ve(ment), negative(ly).
négliger, to neglect, to omit; *se —,* to neglect one's-self.
négociant, m. merchant.
nègre, m. negro.
neige, f. snow.
neiger, to snow.
nerf, m. nerve, strength.
net, te, neat, clean, clear, pure.
nettoiement, nettoyage, m. cleaning, cleansing.
nettoyer, to clean, to cleanse.
neuf, nine, ninth.
neu-f, ve, new, fresh; —, *m.* something new.
neveu, m. nephew.
nez, m. nose.
ni, neither, nor.
niais, e, silly, foolish; — *ement,* foolishly; —, *m.* simpleton.
nid, m. nest.
nier, to deny, to disown.
niveau, m. level; *au —, de —,* level, even with.
noël, m. Christmas; *à la —,* on Christmas-day.
nœud, m. knot, joint, tie.
noir, e, black, dark.
noirceur, f. blackness.
noix, f. nut, walnut.
nom, m. name, noun, fame; *au — de,* in the name of; *— de baptême,* Christian name.
nombre, number, multitude.
nombreu-x, se, numerous.
nommer, to name, to call, to appoint.

non, no, not; *— plus,* no more, no longer; *— seulement,* not only.
nord, m. north.
nos, our.
notaire, m. notary, attorney.
note, f. note, mark, remark.
noter, to note, to mark, to remark, to brand.
notre, our.
nôtre, ours, our own.
nouer, to tie, to knit, to join.
noueu-x, se, knotty.
nourrir, to nourish, to nurture; *se —,* to live or feed upon.
nourriture, f. food.
nous, we, us, to us; *nous-mêmes,* ourselves.
nou-veau (nouvel), velle, new, recent.
nouveauté, f. novelty, newness.
nouvelle, f. news, intelligence, tidings.
nouvellement, newly, recently, freshly
noyer, to drown; *se —,* to be drowned.
nu, e, naked, bare, uncovered, destitute.
nuage, m. cloud.
nuire, to be harmful.
nuit, f. night, darkness.
nul, le, null, void.
numéro, m. number, size.

obéir, to obey, to yield.
obéissance, f. obedience, allegiance.
objet, m. object, end, motive, matter, business.
obliger, to oblige, to compel.
obscur, e, obscure, dark.
obscurcir, to darken, to dim.
obscurité, f. obscurity, darkness.
observa-teur, trice, observer.
observatoire, m. observatory.
observer, to observe, to examine.
obstacle, m. obstacle.
obtenir, to obtain, to acquire.
occident, m. occident, west.
occidental, e, western.
occuper, to occupy, to hold, to employ, to inhabit.
océanien, ne, oceanian.

L

octobre, m. October.
odeur, f. odour, smell, scent, fragrance.
odieu-x, se(ment), odious(ly), invidious(ly); —, *m.* odium, odiousness, invidiousness.
œil, m. eye; *à vue d'*—, visibly.
œuf, m. egg.
œuvre, f. work, deed, action.
offense, f. offence, injury.
offenser, to offend, to outrage, to hurt.
office, m. office, function, employment, charge.
officier, m. officer.
offrande, f. offering.
offre, f. offer, tender, proposal.
offrir, to offer, to tender.
oie, f. goose.
oiseau, m. bird, fowl; — *mouche,* humming-bird.
oisi-f, ve, unoccupied, idle.
olivâtre, swallow.
ombrage, m. shade, umbrage.
ombrager, to shade.
ombre, f. shade, shadow.
omettre, to omit, to leave out, to forget.
on, one, we, they, people, man, men.
once, f. ounce.
ondée, f. shower.
ongle, m. nail, hoof.
onze, eleven, eleventh.
opportun, e, opportune, convenient.
opposer, to oppose, to go against.
opprimer, to oppress.
opulence, f. wealth.
opulent, e, wealthy.
or, m. gold; —, now, but.
oracle, m. oracle.
orage, m. storm, tempest.
orateur, m. orator, public speaker.
ordinaire, ordinary, common, usual; *d'*—, *pour l'*—, most often, usually.
ordinairement, ordinarily, commonly.
ordonnance, f. ordering, disposition.
ordonner, to order, to regulate, to direct, to command.

ordre, m. order, disposition, **precept,** command.
oreille, f. ear.
oreiller, m. pillow.
orfèvre, m. goldsmith, silversmith.
organiser, to organize; *s'*—, **to get** settled.
orgie, f. debauch.
orgue, m. organ (church).
orgueil, m. pride, haughtiness.
orgueilleu-x, se(ment), proud(ly).
orient, m. the east.
oriental, e, eastern.
orme, m. elm.
orner, to adorn, to ornament, to beautify.
orphelin, e, m. & f. orphan.
orthographie, f. orthography.
os, m. bone.
oser, to dare.
osier, m. osier, willow.
otage, m. hostage.
oter, to take away, to take off, to deprive ot.
ou, or, either.
où, where, whither; *d'*—, whence; *par* —, which way.
oubli, m. forgetfulness, neglect.
oublier, to forget.
ouest, m. west.
oui, yes.
ours, m. bear.
ourse, f. she-bear.
outil, m. tool, implement.
outrager, to outrage, to abuse.
outre, beyond, besides; *en* —, moreover, besides; *passer* —, to go on.
ouvrage, m. work, piece of work, composition.
ouvrier, m. labourer, worker, workman.
ouvrière, f. workwoman.
ouvrir, to open, to set open.

pacifier, to pacify.
pacifique, pacific, peaceable, peaceful; —*ment,* peaceably, quietly.
pacotille, f. venture.
paiement, see *payement.*
paillasse, f. palliass.

paille, f. straw.
pain, m. bread, loaf, livelihood.
pair, even, equal, alike; — *m.* peer, equal, mate, companion.
paire, f. pair.
paisible, peaceable, peaceful; —*ment,* peaceably, peacefully.
paître, to graze, to feed on.
paix, f. peace, quiet, rest; —! be quiet!
palais, m. palace, court of justice, palate (of the mouth).
pâle, pale, wan, tame.
palefrenier, m. groom, ostler.
paletot, m. great-coat.
pâlir, to make pale, to turn pale.
palpitant, throbbing.
panier, m. basket, hamper.
panser, to dress (a wound); to groom (a horse).
pantalon, m. trousers.
pantelant, e, panting.
pantoufle, f. slipper.
papauté, f. papacy.
pape, m. pope.
papier, m. paper.
papiste, popish, papist.
pâque, f. passover.
pâques, m. pl. Easter.
paquet, m. bundle, packet.
par, by, through, at, in, about; — *ici,* this way; — *là,* that way; — *où?* which way?
paradis, m. paradise, heaven.
parage, m. sea-coast.
paraître, to appear, to seem.
paralyser, to paralyze.
parapluie, m. umbrella.
paratonnerre, m. lightning-conductor.
parc, m. park, sheepfold.
parcelle, f. particle, portion.
parce que, because.
parcimonieu-x, se, parsimonious.
parcourir, to travel over, to run or go over.
parcours, m. right of common.
pardon, m. pardon, forgiveness, mercy; —! excuse me! I beg your pardon!

pardonner, to pardon, to forgive, to excuse.
pareil, le, like, alike, equal; —*lement,* likewise, in like manner.
parer, to adorn, to deck.
paresse, f. idleness, laziness, sloth.
paresseu-x, se, idle, slothful, lazy.
parfaitement, perfectly.
parfois, sometimes, now and then.
Parisien, ne, Parisian.
parjure, m. perjury.
parlement, m. parliament.
parler, to speak, to talk.
parmi, among, amongst, amidst.
paroissien, m. parishioner.
parole, f. word, speech; *sur ma —,* upon my word.
paroxysme, m. paroxysm.
parquet, m. floor; — *ciré,* polished floor.
parrain, m. godfather.
parsemer, to strew, to besprinkle, to stud.
part, f. part, portion, share, concern, side; *nulle —,* nowhere; *quelque —,* somewhere.
partager, to part, to share, to divide.
parti, m. party, faction, cause.
particuli-er, ère, particular, peculiar, private.
partie, f. part, portion.
partir, to depart, to set out, to go away.
partout, everywhere; — *où,* wherever.
parure, f. dress, attire.
parvenir, to arrive, to reach, to get.
pas, m. pace, step, footstep, footing, stride.
pas, no, not; — *du tout,* not at all.
passable, tolerable, indifferent; —*ment,* tolerably, indifferently.
passage, m. passage, voyage.
passager, m. passenger.
passant, m. passer-by.
passe, f. pass, channel.
passé, past, gone, over; —, *m.* time past.
passer, to pass, to go over, to exceed.
se passer de, to do without.

passerelle, f. narrow bridge for foot passengers.
pasteur, m. shepherd, pastor, minister (church).
patauger, to splash, to be embarrassed.
pâte, f. paste, dough.
pâté, m, pie, pasty.
paternel, le(ment), paternal, fatherly.
patiemment, patiently.
patience, f. patience, forbearance.
pâtissier, m. pastrycook.
patrie, f. native country, native land.
patrimoine, m. patrimony, inheritance.
patriote, m. patriot.
patriotique(ment), patriotic(ally).
patte, f. paw, foot, claws.
pâturage, m. pasturage.
pauvre, poor, needy; —, *m.* poor man, beggar.
pauvrement, poorly, beggarly.
pauvreté, f. poverty.
pavé, m. pavement, paving-stone, carriage-way.
pavillon, m. tent, summer-house.
payement, m. payment.
payer, to pay, to pay off.
pays, m. country, countryman.
paysage, m. landscape.
paysan, ne, m. & f. peasant, country-woman.
péage, m. toll, toll-house.
peau, f. skin, hide.
pêche, f. fishing, angling, fishery.
pêcheur, m. fisherman.
pécheur, m. sinner.
peigne, m. comb.
peindre, to paint, to draw, to describe.
peine, f. pain, grief, sorrow, punishment, penalty; *à* —, hardly, scarcely.
peintre, m. painter.
pêle-mêle, pell-mell, helter-skelter.
pèlerinage, m. pilgrimage.
pelle, f. shovel.
penchant, m. declivity, steepness, propensity.
pencher, to bend, to incline.

pendant, e, hanging.
pendant, during; — *que,* while, whilst.
pendre, to hang, to hang up, to suspend.
pendule, f. clock, timepiece.
pénétrer, to penetrate, to pierce.
pénible, painful, hard.
péninsule, f. peninsula.
pénitence, f. penance.
pensée, f. thought, idea.
penser, to think, to believe, to reflect.
penseur, m. thinker.
pensif, ve, thoughtful.
pension, f. boarding-house, boarding-school.
pensionnaire, m. boarder, pensioner.
pensum, m. task, imposition.
pente, f. slope.
pentecôte, f. Whitsuntide.
percer, to pierce, to bore, to broach.
percevoir, to gather, to collect.
perche, f. pole.
perdre, to lose, to undo, to ruin.
perdrix, f. partridge.
père, m. father.
perfectionner, to improve.
péril, m. peril, danger.
période, f. period.
périr, to perish, to die, to be destroyed.
permettre, to permit, to allow.
pernicieu-x, se(ment), pernicious(ly), noxious(ly).
perpétuel, le, perpetual.
perplexité, f. perplexity.
perquisition, f. search.
perruquier, m. haircutter.
Perse, Persian.
persécuter, to persecute, to importune.
persister, to persist.
persistance, f. persistency.
personne, f. person; —, nobody, none.
persuader, to persuade, to induce.
persuasion, f. persuasion.
perte, f. loss, damage, ruin.
pesant, e, heavy, weighty, ponderous.

peser, to weigh, to ponder, to be heavy.
peste, f. pest, plague.
petit, e, small, little, short.
petit-fils, m. grandson.
peu, little, few; —*à* —, by degrees; *à* — *près*, nearly.
peuplade, f. tribe.
peuple, m. people, nation.
peur, f. fear, fright.
peut-être, perhaps.
phare, m. lighthouse.
pharmacien, m. chemist, dispenser.
philosophe, m. philosopher.
philosophie, f. philosophy.
physionomie, f. physiognomy, look, appearance.
pic, m. peak; *à* —, perpendicularly.
pièce, f. piece, fragment.
pied, m. foot; *à* —, on foot.
pierre, f. stone, flint.
pierreu-x, se, stony.
piété, f. piety.
pieu, m. stake, pile.
pieu-x, se, pious.
pilote, m. pilot.
pincée, f. pinch.
pincer, to pinch.
pincettes, f. pl. tongs.
pique, f. pike.
piquer, to prick, to sting, to excite; *se* —, to prick one's-self, to take offence, to get obstinate, to be stirred with.
pire, worse.
pis, worse.
piste, f. track, trace.
pistolet, m. pistol.
pitié, f. pity.
piton, m. peak, screw-ring.
placer, to place, to set, to dispose.
plafond, m. ceiling, floor.
plage, f. shore, beach.
plaider, to plead, to argue, to litigate.
plaie, f. a sore, a wound.
plaindre, to pity, to compassionate.
se plaindre, to complain.
plaine, f. plain, field.
plainte, f. complaint.

plainti-f, ve, plaintive.
plaire, to please, to be agreeable, to give pleasure; *s'il vous plait*, if you please.
plaisamment, pleasantly.
plaisant, e, pleasant, humorous, ludicrous, ridiculous.
plaisanterie, f. joke, jest, jesting.
plaisir, m. pleasure, delight, joy, sport.
plancher, m. floor (of a room).
planter, to plant.
plat, m. dish; —*e*, flat, smooth.
platane, m. plane-tree.
plein, e, full, abounding, entire.
pleurer, to weep, to lament, to cry.
pleurs, m. pl. tears.
pleuvoir, to rain.
pli, m. plait, fold.
plier, to fold, to fold up, to bend; *se* —, to conform one's-self to.
plisser, to crease, to plait.
plomb, m. lead.
plonger, to plunge.
pluie, f. rain.
plume, f. plume, feather, quill, pen.
plupart, f. most or greatest part.
pluralité, f. plurality.
plus, more, most, over, no more, not any more.
plusieurs, many, several.
plutôt, rather.
poche, f. pocket.
poêle, f. frying-pan, pan; —, *m.* stove.
poëte, m. poet.
poids, m. weight, heaviness.
poignée, f. handful.
poindre, to peep, to appear.
point, m. point.
point, no, not, none; — *du tout* — not at all.
pointe, f. point, sharp end, pointed tool.
pointu, e, pointed, sharp.
poire, f. pear.
poisson, m. fish.
poitrail, m. breast (of a horse), chest.
poitrine, f. breast, chest, bosom.

poli, e, polished, smooth; —, *m.* polish, gloss.
poliment, politely, genteelly.
polir, to polish.
politesse, f. politeness, elegance of manners.
pompe, f. pomp, splendour.
pont, m. bridge, deck (of a ship).
pont-levis, m. drawbridge.
populace, f. mob.
populaire(ment), popular(ly).
poreu-x, se, porous.
port, m. port, haven, wharf, harbour.
portail, m. portal, front gate.
porte, f. door, gate.
porte à grille, f. iron gate.
portée, f. scope, pitch; *à — de,* within reach of.
porte-monnaie, m. purse.
porter, to carry, to bear, to support, to wear.
porteur, m. bearer.
poser, to lay, to set, to put, to lay down.
posséder, to possess, to enjoy, to hold, to have; *se —,* to have self-command.
poste, f. post, stage, post-office, post-haste.
poste, m. post, berth.
postérité, f. posterity.
poteau, m. port.
poterne, f. postern gate.
poudre, f. powder.
poudrer, to powder.
poumon, m. lung.
pour, for, on account of, instead of; *— que,* in order that, that; *— lors,* at that time, then; *— le moins,* at least.
pourpre, f. purple.
pourquoi, why, for what; *c'est —,* therefore, so.
poursuite, f. pursuit, running after, prosecution.
poursuivre, to pursue, to follow, to run after.
pourtant, however, notwithstanding.
pourtour, m. enclosure.

pourvoir, to provide, to look to, to supply; *se, —,* to provide one's-self with.
pousser, to push, to thrust, to force, to urge.
poussière, f. dust, spray.
pouvoir, to be able, to be possible; —, *m.* power, authority.
pratique, f. practice, a customer.
pratiquer, to practise, to exercise.
pré, m. meadow.
précieu-x, se(ment), precious(ly), costly.
précipiter, to precipitate, to throw headlong.
précoce, precocious.
prédire, to foretell, to prophesy.
premi-er, ère, first, former, chief; *— ministre,* prime minister; *en — lieu,* in the first place.
prendre, to take, to seize, to catch, to snatch.
préoccupé, preoccupied.
préparatifs, m. pl. preparations.
préparer, to prepare, to fit.
préposé, m. overseer.
près, near, by, nigh to.
presbytère, m. parsonage, rectory.
prescrire, to prescribe, to direct.
présent, m. a present, a gift.
à présent, now.
présenter, to present.
préserver, to preserve, to keep.
présomption, f. presumption.
présomptueu-x, se, presumptuous.
presque, almost, very near.
pressant, e, pressing, urgent.
pressé, e, in a hurry.
presse, f. a press (for printing).
pressentiment, m. presentiment, foreboding.
presser, to press, to squeeze.
prêt, e, ready.
prétendre, to pretend, to claim.
prêter, to lend, to attribute, to afford, to give rise.
prétexte, m. pretext.
prêtre, m. priest, parson.
prêtresse, f. priestess.
preuve, f. proof, evidence, argument.

prévaloir, to prevail on; *se* —, to glory or pride in.
prévenir, to prevent, to go before, to anticipate.
prévoir, to foresee.
prévôt, *m.* provost.
prier, to pray, to implore, to supplicate.
prière, *f.* prayer, entreaty, request.
primevère, *f.* primrose.
primitivement, primitively.
principe, *m.* principle, element.
printemps, *m.* spring.
pris, *e*, taken, seized, caught.
prisonn-ier, *ière*, *m. & f.* prisoner.
priver, to deprive.
prix, *m.* price, value, rate, worth, merit.
probité, *f.* honesty.
procéder, to proceed, to arise out of.
procès, *m.* process, lawsuit, action, trial; — *verbal*, verbal process, minutes of the transactions of a society; *sans autre forme de* —, without further ado.
processionnellement, processionally.
prochain, *e*, next, near, nearest, proximate.
proche, near, near at hand, just by, next to.
proclamer, to proclaim.
procurer, to procure, to get.
procureur, *m.* attorney, solicitor.
prodigue, prodigal.
prodiguer, to lavish, to waste.
prodigieu-x, *se*, prodigious, wonderful.
producti-f, *ve*, productive.
produire, to produce, to bring forth.
proférer, to utter.
profit, *m.* profit.
profiter, to profit, to be a gainer; — *de l'occasion*, to improve the opportunity.
profond, *e*, deep.
profondeur, *f.* depth, deepness, length.
progressivement, progressively.
proie, *f.* prey, booty.

projet, *m.* project, scheme, design, plan, rough draught.
projeter, to project, to contemplate.
prolonger, to prolong, to put off.
promenade, *f.* walk.
promener, to walk; *se* —, to go or walk about.
promesse, *f.* promise.
promettre, to promise, to engage.
promis, *e*, promised, intended, engaged.
prompt, *e*, quick, ready, speedy, sudden.
promptement, promptly, quickly.
prononcer, to pronounce, to mark distinctly.
prononciation, *f.* pronunciation.
propager, to propagate, to spread.
propice, propitious.
propos, *m.* discourse, talk, words; *à* —, opportunely, seasonably, pertinently, fit, fitting; *à* — *de*, with regard to; *mal à* —, *hors de* —, unseasonably, improperly; *à* — *de quoi?* for what reason? *à* — *de rien*, for nothing at all; *de* — *délibéré*, purposely.
proposer, to propose, to present, to offer; *se* —, to purpose doing a thing, to intend.
propre, one's own, proper, fit, suitable, clean.
propreté, *f.* cleanliness, neatness.
propriétaire, *m. & f.* owner, landlord, landlady.
se prosterner, to prostrate one's-self, to fall down.
protecteur, *m.* protector.
protéger, to protect, to patronize.
prouesse, *f.* prowess, feat.
proverbial, *e*, proverbial.
provision, *f.* provision, store.
Prussien, *ne*, Prussian.
publi-c, *que*, public.
puéril, *e*, childish.
puérilité, *f.* childishness.
puis, then, afterwards.
puiser, to draw up, to fetch up, to imbibe, to leak.
puisque, since, seeing that, as.

puissance, f. power, force, dominion.
puissant, e, powerful, mighty, potent, efficacious, forcible.
punir, to punish.
punition, f. punishment.
pur, e, pure, unmingled, genuine, innocent.
pureté, f. purity.
pyramide, f. pyramid.

quai, m. quay, wharf.
qualifier, to qualify, to call, to entitle.
qualité, f. quality, property.
quand, when, what time, whenever, if; —, although, though, even if; — *même,* even though, though, even if.
quant (à), as to, as for, concerning; — *à moi,* as for me.
quantité, f. quantity, abundance, multitude.
quarante, forty.
quart, m. quarter, fourth part.
quartier, m. quarter, fourth part, hind-quarter.
quatorze, fourteen, fourteenth.
quatre, four.
quatre-vingts, eighty.
quatre-vingt-dix, ninety.
quatrième, fourth, fourth part.
quatrièmement, fourthly.
que, that, if, when, as; *de sorte —,* so that, in order that.
que, that, whom, which, what, of whom, of which, to whom, to which.
quel, le, what; — *qu'il soit,* whatever he may be.
quelconque, any, whatever, whatsoever.
quelque, some, any, whatever; — *part,* somewhere.
quelquefois, sometimes.
quelqu'un, une, somebody, some one; *quelques-uns, unes, pl.* some, some people.
querelle, f. quarrel, row.
quérir, to fetch.
questionner, to question.
quête, f. collection (at church); *en — de,* in search of.

quêter, to make a collection (for the poor), to beg.
queue, f. tail, end of a thing, stem.
qui, who, that, whom, which; *à —,* whose, to whom.
quiconque, whoever, whosoever, all those who.
quinze, fifteen; —*jours,* a fortnight.
quinzième(ment), fifteenth(ly).
quitter, to quit, to leave, to let go.
quoi, which, that which, what, whatever; — *qu'il en soit,* be it as it may; —, what! how!
quoique, though, although.
quotidien, ne, daily.

rabattre, to pull down, to beat down, to abate, to descend.
raccommoder, to mend, to repair.
racine, f. root.
raconter, to relate, to tell, to recount.
radoucir, to soften, to appease, to pacify; *se —,* to relent, to soften.
rafraîchir, to refresh.
raide, stiff, tight, steep, rapid, swift.
raidir, to stiffen, to tighten.
raisin, m. grape.
raison, f. reason, cause, motive; *avoir —,* to be in the right.
raisonner, to reason, to argue.
rajeunir, to make young again.
ralentir, to slacken.
rallumer, to light again, to rekindle.
ramasser, to pick up.
rame, f. oar, scull.
ramener, to bring back, to bring again.
ramoneur, m. a chimney-sweep.
rampe, f. hand-rail.
rançonner, to ransom.
rang, m. row, range, rank, dignity.
ranger, to range, to rank, to put in ranks, to arrange.
ranimer, to reanimate, to revive, to cheer up, to stir up.
rapidement, rapidly.
rappeler, to recall, to call back, to call home.

First French Reader. 153

rapporter, to report, to bring forth.
rapprochement, m. drawing nearer.
rapprocher, to draw near again, to bring near again, to bring together.
rare, rare, thin, scarce.
ras, e, shorn, short-haired.
raser, to shave, to raze, to demolish.
rassemblement, m. crowd, mob.
rassembler, to reassemble, to collect, to unite.
rasseoir, to settle, to calm, to replace, to sit down again, to reseat, to be settled.
rassurer, to secure, to encourage.
rattraper, to overtake, to catch again.
rauque, hoarse.
ravager, to ravage, to pillage, to plunder, to strip.
ravir, to ravish, to tear or take away.
rayon, m. ray, beam.
rebâtir, to rebuild.
rebelle, rebellious, stubborn; —, *m.* rebel.
rebut, m. outcast, trash.
rebuter, to reject, to repulse, to refuse.
recéler, to receive, to conceal (stolen goods).
récemment, recently, lately.
recevoir, to receive, to accept.
recherche, f. search, inquiry.
rechercher, to seek again, to search, to try.
récipiendaire, m. new member.
réciproque, reciprocal.
récit, m. recital, relation, account.
réciter, to recite, to rehearse.
réclamer, to beg, to claim, to lay claim to.
recoin, m. nook, corner, by-place.
récolte, f. crop, harvest.
recommander, to recommend, to enjoin.
recommencer, to recommence.
récompense, f. reward.
reconduire, to lead again.

reconnaissance, f. gratitude, thankfulness.
reconnaître, to recognize, to acknowledge, to be grateful.
reconstruire, to rebuild.
recouvrir, to cover again.
reçu, received, allowed, admitted.
recueillir, to gather, to collect, to reap.
reculer, to put back, to pull or draw back, to fall back.
à reculons, backwards.
rédacteur, m. redactor.
redemander, to ask again.
redevenir, to become again
rédiger, to draw up.
redire, to repeat, to tell or say again.
redoubler, to redouble.
redoutable, redoubtable, dreadful.
redoutant, dreading.
redouter, to dread.
redresser, to make straight, to set upright, to set up again.
réduire, to reduce, to subdue, to conquer.
réel, le, real, true.
refaire, to do again, to make again, to mend, to restore.
réfléchir, to reflect, to throw back.
reflet, m. reflection.
refroidir, to cool, to make cold.
se réfugier, to take refuge.
refuser, to refuse, to deny, to withhold.
regagner, to regain, to reach.
régal, m. feast, entertainment, pleasure.
régaler, to treat.
regard, m. look, air, aspect.
regarder, to look at, to behold, to see, to observe, to examine.
région, f. region.
régir, to govern, to rule, to administer, to manage.
règle, f. rule, ruler, precept, statute, maxim.
régler, to rule, to regulate, to set in order.
règne, m. reign, kingdom, prevalence.

régner, to reign, to govern, to rule.
regret, m. regret, grief, sorrow; *avoir — à*, to be sorry for.
reine, f. queen.
rejeter, to reject, to throw back, to drive back.
rejoindre, to join again.
réjouir, to rejoice, to gladden; *se —* to rejoice.
relais, m. change of horses, stage.
relever, to raise up again, to lift up; *se —*, to rise again, to get up.
religieu-x, se, religious; *—, m.* friar, monk; *—, f.* nun.
remarquable, remarkable.
remarque, f. remark.
remarquer, to remark, to take notice of, to note.
rembourser, to reimburse, to repay.
remercier, to thank.
remercîment, m. thanks.
remettre, to put again, to set again, to give back, to put off, to put back, to postpone.
remonter, to go up again, to get up again.
remontrance, f. remonstrance.
rempart, m. rampart, bulwark.
remplacer, to replace.
remplir, to fill again, to fill up.
remuer, to move, to stir.
renaître, to be born again, to come to life again.
renard, m. fox.
rencontre, f. accidental meeting, encounter, engagement.
rencontrer, to meet, to meet with; *se —*, to meet together.
rendre, to render, to restore, to give back; *se —*, to surrender, to yield; *se — à*, to repair to.
rêne, f. rein.
renfermer, to shut up, to confine, to include.
renforcer, to reinforce, to strengthen.
renier, to deny, to disown, to abjure.
renom, m. renown, fame.
renommée, f. fame, reputation.
renoncer, to renounce, to give up.

renouer, to tie again, to resume, to renew.
renouveler, to renew, to refresh, to revive.
renouvellement, m. renewal, renovation.
renseignement, m. information.
rente, f. yearly income, revenue.
rentrer, to put in, to bring in, to get in, to re-enter.
renverser, to overthrow, to pull down.
renvoyer, to send again, to send back, to return.
repaire, m. haunt, den (of a wild beast).
répandre, to spread, to spill, to diffuse.
reparaître, to reappear.
réparer, to repair, to restore, to mend.
répartie, f. repartee, reply.
repartir, to reply, to answer, to set out again.
répartir, to divide, to assess, to distribute.
repas, m. repast, meal, entertainment.
repasser, to call again.
repêcher, to draw out of the water.
repentir, m. repentance; *se —*, to repent.
répéter, to repeat.
réplique, f. reply, answer.
répliquer, to reply, to answer.
répondre, to answer.
réponse, f. answer, reply.
reporter, to carry again.
repos, m. rest, repose, tranquillity.
reposer, to place again, to settle.
repousser, to repulse, to repel, to drive back.
reprendre, to retake, to take again, to recover.
représentation, f. performance.
représenter, to represent, to describe, to show.
réprimer, to repress, to restrain.
reprise, f. re-commencing, renewing.
repriser, to mend.

reproche, m. reproach, shame, infamy.
reprocher, to reproach, to upbraid, to rebuke.
reproduire, to reproduce.
républicain, e, m. & f. republican.
république, f. republic, commonwealth.
répugner, to be repugnant, to feel reluctant.
réputé, reputed.
requérir, to require, to request.
réserve, f. reserve, reservation, limitation; *en* —, in reserve.
résister, to resist, to oppose.
résoudre, to resolve, to determine.
respectueu-x, se(ment), respectfully).
respirer, to breathe.
resplendir, to shine with effulgence.
responsable, responsible, answerable, accountable.
ressaisir, to seize again; *se — de*, to seize upon again.
ressemblance, f. likeness.
ressembler, to resemble; *se* —, to be like each other.
ressentiment, m. resentment, feeling.
resserrer, to tie again, to make tighter, to tighten, to contract, to confine.
restaurer, to restore, to retrieve.
reste, m. rest, residue, remnant.
rester, to remain, to be left, to stay.
restituer, to restore, to give back.
résultat, m. result.
rétablissement, m. re-establishing, recovery.
retard, m. delay, stop.
retarder, to delay, to put off.
retenir, to retain, to detain, to keep back.
retentir, to resound.
retenu, reserved, discreet, modest.
retirer, to draw again, to pull again; *se* —, to withdraw from.
retomber, to fall again, to relapse.
retour, m. return, coming back.

retourner, to turn, to turn up, to return.
se retourner, to turn back.
retraite, f. retreat, retiring, refuge.
retrancher, to retrench, to cut off, to curtail.
rétrécir, to straiten, to contract, to shrink.
rétribution, f. recompence, reward.
rétrograder, to go backward.
retroussé, tucked up.
retrouver, to find again, to recover, to retrieve.
réunir, to re-unite, to join again.
réussir, to succeed.
réussite, f. success.
réveiller, to wake, to awaken.
révéler, to reveal, to discover, to disclose.
revenant, e, m. ghost, apparition.
revendre, to sell again; *en — à*, to outwit.
revenir, to come again, to come back, to return.
rêver, to dream, to rave, to be delirious.
revers, m. back, wrong side, back stroke.
revêtir, to clothe, to coat, to dress, to put on.
rêveu-r, se, thoughtful, pensive.
revoir, to see again, to revise, to review; *au* —, good-bye, till we meet again.
révolte, f. revolt, rebellion.
révolter, to rebel, to excite indignation; *se* —, to mutiny.
rez-de-chaussée, m. ground floor.
rhétorique, f. rhetoric.
rhume, m. cold; *— de cerveau*, cold in the head.
riant, e, smiling, cheerful, pleasing.
riche, rich, wealthy, fertile, copious.
richement, richly.
richesse, f. riches, wealth.
rideau, m. curtain, veil.
rider, to wrinkle.
rien, nothing, nought, anything; *— que*, only, alone; *en moins de* —, in the twinkling of an eye.

rigoureu-x, se(ment), rigorous(ly), severe(ly).
rigueur, f. rigour, severity, harshness.
riposte, f. repartee, reply.
rire, to laugh, to smile, to jest; *se prendre à* —, to begin to laugh.
risque, m. risk, hazard, peril.
risquer, to risk, to hazard, to venture.
rivage, m. shore.
rivaliser, to rival.
rive, f. bank, shore.
riverain, e, inhabitant of the bank of a river, borderer.
rivière, f. river.
riz, m. rice.
robe, f. robe, gown.
robuste, robust, strong, stout.
roc, m. rock.
roche, f. rock, quartz.
rocher, m. rock.
roi, m. king.
rôle, m. part.
Romain, e, Roman.
rompre, to break, to break off, to break through.
rond, e, round, spherical, even.
ronger, to gnaw, to nibble.
roquet, m. pug-dog.
rosée, f. dew.
rossignol, m. nightingale.
rôtir, to roast.
roue, f. wheel.
rouge, m. red.
rougir, to redden, to make red.
rouille, f. rust.
rouler, to roll, to roll up, to roll upon wheels.
rouvrir, to open again, to re-open.
royaume, m. kingdom.
rude, rough, rugged, hard, severe, sharp.
rudement, roughly.
rudesse, f. roughness.
rue, f. street.
ruelle, f. lane.
rugir, to roar, to bellow.
rugissement, m. roaring.
rugueu-x, se, rough, wrinkled.

ruine, f. ruin, fall, decay.
ruiner, to ruin, to destroy, **to demolish**.
ruisseau, m. stream, brook, rivulet.
ruisseler, to stream, to gush.
rumeur, f. rumour, uproar, noise.
ruse, f. cunning, trick, stratagem.
rusé, e, sly, cunning, crafty.
Russe, Russian.

sa, his, her.
sable, m. sand, gravel.
sac, m. sack, bag.
sacré, e, sacred, holy.
sacrifier, to sacrifice.
sacristain, m. sexton.
sage, wise.
sagesse, f. wisdom.
saignant, e, bleeding, bloody.
saigner, to bleed.
sainte, f. saint.
saisir, to seize, to catch.
saison, f. season.
salaire, m. salary.
sale, dirty, filthy, foul.
salir, to soil.
salle, f. hall, room; — *à manger*, dining-room.
salon, m. drawing-room.
saluer, to salute, to greet, to bow.
salut, m. salute, bow, salutation, salvation, safety.
samedi, m. Saturday.
sang, m. blood.
sanglant, e, bloody, cruel, injurious.
sangloter, to sob.
sans, without, besides.
santé, f. health.
sapin, m. fir.
satire, f. satire.
satirique, satirical.
satisfaire, to satisfy, to content, to please.
satrape, m. satrap.
sau-f, ve, safe.
saumon, m. salmon.
saut, m. jump, leap.
sauter, to leap, to jump, to skip.
sauvage, savage, wild, shy, unsociable.

sauvegarde, f. safeguard.
sauver, to save, to preserve, to rescue, to deliver.
sauveur, m. saviour.
savant, e, learned, clever; —, *m.* scholar.
savoir, to know, to understand; *à* —, namely, viz.; —, *m.* learning.
scélérat, e, villanous; —, *m.* villain, profligate.
scie, f. saw.
scier, to saw.
se, one's-self, himself, herself, itself, themselves, each other, one another.
séance, f. sitting.
sec, sèche, dry, dried.
sécher, to dry, to grow dry.
second, second; —, *m.* helper, assistant.
secourir, to succour, to assist, to help.
secours, m. help.
secret, m. secret.
secrétaire, m. secretary.
seigneur, m. lord, nobleman; *grand* —, high personage.
sein, m. breast, heart, bosom, midst, depth.
seize, sixteen, sixteenth.
seizième, sixteenth.
séjour, m. abode, sojourn, stay.
sel, m. salt.
selle, f. saddle, stool.
selon, agreeably to, according to, pursuant to; — *moi,* in my opinion.
semaine, f. week, week's work, week's wages.
semblable, like, alike, such; —, *m.* equal, match.
sembler, to seem, to look, to appear.
semer, to sow, to spread, to scatter.
sénat, m. senate, senate-house.
sénateur, m. senator.
sens, m. sense, judgment, understanding.
sensé, e(ment), sensible, sensibly.
sensible, perceptible, feeling.
sentier, m. path, pathway.

sentir, to feel, to perceive, to smell.
séparément, separately.
séparer, to separate, to disjoin.
sept, seven.
septembre, m. September.
septième, seventh.
sérieu-x, se, serious.
serment, m. oath; *prêter* —, to take an oath.
serrer, to squeeze, to tighten, to fasten.
servante, f. maid-servant.
service, m. service, duty.
serviette, f. napkin.
servir, to serve, to wait upon, to help one at table.
serviteur, m. servant.
ses, plural of *son,* his, her, its.
seuil, m. threshhold.
seul, e, sole, only, alone.
seulement, only.
sévèrement, severely.
sévérité, f. severity, rigour.
sévir, to treat severely, to ill-use.
sexe, m. sex.
shilling, or *schelling,* or *shelling, m.* shilling.
si, if, unless, whether, so; — *que,* and if; — *bien que,* so that.
siècle, m. century, age.
siége, m. seat, chair, siege (of a town).
sien, ne, his, her, its; —, *m.* his own, hers, her own.
siffler, to whistle, to hiss.
sifflet, m. whistle.
signaler, to signalize, to describe, to mark out.
signe, m. sign, token, signal.
signifier, to signify, to mean.
silencieu-x, se(ment), silent(ly), still.
simple, simple, single.
simplement, simply, only, merely.
simplicité, f. simplicity.
simuler, to pretend, to feign, to sham.
sincère(ment), sincere(ly), true, truly.
singe, m. monkey.
singularité, f. peculiarity.

singuli-er, ère, singular, peculiar, particular, strange.
sinistre, unlucky, ominous.
sitôt (que), as soon as.
situé, situated.
six, six.
sixième, sixth.
sixième(ment), sixthly.
sobre(ment), sober(ly), temperate(ly).
sobriété, f. sobriety, temperance.
société, f. society, company.
socle, m. base.
sœur, f. sister.
soi, one, one's-self, himself, herself, itself, themselves; *de —,* of itself; *— même,* one's-self, himself, herself, itself.
soi-disant, e, would-be, self-styled, supposed, so-called.
soie, f. silk.
soierie, f. silk stuff, silk trade.
soif, f. thirst; *avoir —,* to be thirsty.
soigner, to look after, to take care of.
soigneu-x, se(ment), careful(ly).
soin, m. care.
soir, m. evening, eve.
soit, either, or, be it so, let it be so, well.
soixantaine, f. sixty, threescore.
soixante, sixty, threescore; *— et dix,* seventy.
sol, m. soil, ground.
solaire, solar, solary.
soldat, m. soldier.
soleil, m. sun, sunshine.
solennellement, solemnly.
solennité, f. solemnity.
solide, solid, strong, stable.
solidement, strongly.
sollicitation, f. entreaty, solicitation.
solliciter, to solicit, to entreat, to urge.
sombre, dark, dim, dull, gloomy.
sommaire, summary, compendious; *—ment,* summarily, compendiously.
somme, f. sum, amount; *en —,* finally; *—, m.* nap.
sommeil, m. sleep.

sommer, to summon.
somptueu-x, se(ment), sumptuous(ly).
somptuosité, f. sumptuousness.
son, m. sound, bran.
son, sa (pl. ses), his, her, its.
sonder, to sound, to probe (a wound), to search, to scrutinize.
songe, m. dream, dreaming.
songer, to dream, to think, to muse.
sonner, to ring.
sonore, sonorous.
sorci-er, ère, m. & f. sorcerer, wizard.
sordide(ment), sordid(ly), mean(ly), niggard(ly).
sort, m. fate, destiny, lot.
sorte, f. sort, kind, species; *de — que, en — que,* so that.
sortie, f. exit, issue, passage, outlet.
sortir, to issue, to get out, to come out.
sot, te, stupid, silly, foolish.
sottise, f. silliness, folly, foolishness, stupidity.
sou, m. sou, halfpenny.
souci, m. care, solicitude, anxiety.
soudain, e(ment), sudden(ly).
souffle, m. breath, blast, whiff.
souffler, to blow.
souffrance, f. suffering, pain, affliction.
souffrir, to suffer, to bear, to endure.
soufre, m. sulphur, brimstone.
souhait, m. wish, desire; *à —,* according to one's wish.
souhaiter, to wish, to desire.
soûl, e, full, tipsy, drunk.
soulager, to ease, to relieve, to disburden.
soulèvement, m. rising, insurrection.
soulever, to lift, to heave up, to raise up, to rouse, to stir, to excite indignation, to rise; *se —,* to rise, to revolt, to mutiny.
soulier, m. shoe.
soumettre, to submit, to subdue; *se —,* to submit, to yield.
soumission, f. submission, obedience.
soupçon, m. suspicion, distrust.
soupçonner, to suspect.
soupe, f. soup.

souper, to sup; —, *m.* supper.
soupir, *m.* sigh.
soupirer, to sigh.
souplesse, *f.* suppleness, flexibility.
sourd, e, m. & f. deaf man or woman.
sourd-muet, *m.* deaf-mute, deaf and dumb.
souriant, smiling.
sourire, to smile.
sourire, souris, *m.* smile.
souris, *f.* mouse.
sous, under, beneath, below, nigh.
souscription, *f.* subscription.
souscrire, to subscribe.
soustraire, to subtract, to deduct.
soutaché, trimmed.
soutenir, to support, to sustain.
souterrain, e, subterranean, subterraneous; —, *m.* subterraneous place.
soutien, *m.* support, prop, stay.
souvenir, *m.* remembrance, recollection.
se souvenir, to remember, to recollect, to bear in mind.
souvent, often, oftentimes, frequently.
souverain, *m.* sovereign.
soyeu-x, se, silky.
spacieu-x, se(ment), spacious(ly), roomy, widely.
Spartiate, Spartan.
spectacle, *m.* spectacle, show, play.
spectateur, *m.* spectator, looker-on.
spirituel, le(ment), intellectual, witty, wittily.
splendeur, *f.* splendour, brightness.
spontané, e(ment), spontaneous(ly).
squelette, *m.* skeleton.
stimuler, to stimulate.
stratagème, *m.* stratagem, ruse.
studieu-x, se(ment), studious(ly).
stupéfait, e, stupefied, astonished.
suave, sweet.
subir, to undergo, to suffer, to submit to.
sublime, sublime.
submerger, to submerge, to drown.
subsister, to subsist, to exist, to last.
succéder, to succeed, to inherit.

succès, *m.* success, event.
successeur, *m.* successor.
successi-f, ve(ment), successive(ly).
succomber, to succumb.
sucer, to suck.
sucre, *m.* sugar.
sud, *m.* south, south wind.
suer, to perspire, to sweat.
sueur, *f.* sweat, perspiration.
suffire, to suffice, to be sufficient.
suffisamment, sufficiently.
suffisant, e, sufficient.
suggérer, to suggest, to intimate.
suie, *f.* soot.
suite, *f.* consequence, sequel, succession.
suivant, e, following.
suivre, to follow, to go or come after.
sujet, te, subject, exposed.
superbe, superb, proud, haughty, pompous.
supérieur, e, superior, upper, higher.
supériorité, *f.* superiority.
suppléer, to supply, to fill up.
supplice, *m.* torment, punishment.
supplier, to supplicate, to entreat.
supporter, to support, to sustain, to uphold, to prop.
supposer, to suppose.
supprimer, to suppress.
sur, e, sour.
sur, on, upon, over, in, by.
sûr, e, sure, certain.
surdité, *f.* deafness.
sûrement, surely, certainly.
sûreté, *f.* surety, safety.
surface, *f.* surface.
surgir, to arise, to land, to come to land.
sur-le-champ, immediately, instantly.
surlendemain, *m.* the day after.
surnaturel, le(ment), supernatural(ly), extraordinary.
surnom, *m.* surname.
surnommer, to surname.
surnuméraire, *m.* supernumerary.
surpasser, to surpass, to exceed.
surprendre, to surprise, to take by surprise.
surprise, *f.* surprise.

surtout, m. upper coat, riding coat; —, above all things, especially.
surveiller, to survey, to overlook.
survenir, to survene, to come unexpectedly.
suspendre, to suspend, to hang, to hang up, to put off, to delay, to hinder.
syllabe, f. syllable.
symphonie, f. symphony.
système, m. system, scheme, plan.

ta, f. thy.
tabac, m. tobacco; *a fumer* —, tobacco; — *à priser,* snuff.
tabatière, f. snuff-box.
table, f. table, board, index, slab.
tableau, m. picture, painting, description.
tache, f. spot, stain, blot.
tâche, f. task, job.
tâcher, to endeavour, to try.
tacite(ment), tacit(ly), implied.
taille, f. size, height.
tailler, to cut, to hew, to carve.
tailleur, m. tailor.
taire, to conceal, to keep secret; *faire* —, to silence; *se* —, to hold one's tongue.
talent, m. talent.
talus, m. slope, bank.
tambour, m. drum, drummer, tambour.
tandis que, whilst, whereas.
tant, so much, so many, as much, as many; — *de fois,* so often; — *soit peu,* ever so little; — *pis,* so much the worse; — *mieux,* so much the better; — *que,* as long as, so far as.
tante, f. aunt.
tantôt, just now, presently, almost.
tapis, m. carpet, tapestry.
taquin, e, teasing.
tard, late; *plus* —, later; *au plus* —, at latest; *trop* —, too late; *tôt ou* —, sooner or later.
tarder, to delay, to put off, to linger.
tas, m. heap, pile.
tasse, f. cup, mug.

tâter, to feel, to stumble, to grope.
à tâtons, groping, feeling in the dark.
taureau, m. bull.
tavernier, m. tavern-keeper.
taxe, f. tax, taxation.
te, t', thee, to thee, at, for, from, with thee, thyself.
teindre, to dye, to tinge, to tincture.
teint, m. dye, complexion.
teinte, f. tint, tinge.
teinturier, m. dyer.
tel, le, such, like, many a one; — *quel,* such as it is; *un* —, such a one.
tellement, so, in such a manner.
téméraire(ment), rash(ly), bold(ly).
témérité, f. rashness, boldness.
témoignage, f. testimony, evidence, proof.
témoigner, to testify.
témoin, m. witness.
tempête, f. tempest, storm.
temps, m. time, season, weather.
temps en temps (de), from time to time.
tenailles, f. pl. pincers, nippers.
tendon, m. sinew.
tendre, tender, soft, moving; —, to bend, to bow, to stretch out, to reach out.
tendrement, tenderly, passionately, affectionately.
tendresse, f. tenderness.
ténèbres, f. pl. darkness.
ténébreu-x, se, dark, gloomy, underhand.
tenir, to hold, to keep, to contain; — *à,* to care about; *se* —, to stick; to adhere; *s'en* — *à,* to rely on; *se* — *droit,* to stand upright; *se* — *pour,* to consider one's-self; *s'en* — *là,* to stop short; *y* —, to prize much; — *bon,* to hold fast; — *parole,* to keep one's word; — *compte,* to take into consideration.
tente, f. tent, awning.
tenter, to tempt.
terme, m. term, limit, bound, word, end.

terminer, to end, to terminate.
ternir, to tarnish, to dim, to stain.
terrain, *m.* ground, ground-plot, soil.
terrasse, *f.* terrace.
terrasser, to knock down.
terre, *f.* earth, ground, estate, land, world.
terreur, *f.* terror, dread, great fear, awe.
tes, plural of *ton*.
tête, head, brains, mind, wits, judgment.
thé, *m.* tea.
théologien, *m.* theologian.
théorie, *f.* theory.
tibia, *m.* shin-bone.
tiède(ment), lukewarm(ly).
tien, *ne*, thine; —, *m.* thy own, thine.
tiers, third, of a third person.
tige, *f.* stem, stalk.
tigre, *m.* tiger.
timide(ment), timid(ly), timorous(ly).
timon, *m.* pole, shaft, helm.
tirer, to draw, to pull, to lug, to pluck.
titre, *m.* title, title-page, quality; *à — de*, by right of.
toi, thou, thee.
toile, *f.* cloth, linen cloth, linen.
toit, *m.* roof, house, penthouse.
tombe, *f.* grave.
tombeau, *m.* tomb.
tomber, to fall, to fall down, to drop.
ton, *ta*, thy.
ton, *m.* tune, note, sound.
tondre, to shear, to clip, to shave.
tordre, to twist, to writhe, to wring.
tort, *m.* wrong, injury, harm, mischief; *à —*, wrongfully; *à — et à travers*, at random, inconsiderately; *avoir —*, to be in the wrong.
torture, *f.* torture.
tôt, soon, quickly; *— ou tard*, sooner or later.
toucher, to touch, to feel, to handle.

toujours, always, ever, evermore.
tour, *m.* turn, turning, revolution, trick; —, *f.* tower.
tourment, *m.* torment, pain, anguish.
tourner, to turn, to turn round.
tourterelle, *f.* dove.
tous, *pl.* of *tout*.
tout, *e*, all, whole, whatever, any; —, *m.* whole, all; *point du —*, *pas du —*, not at all.
tout-à-coup, all of a sudden.
tout-à-fait, altogether.
tout-à-l'heure, just now, immediately.
tout-de-suite, directly, immediately.
toutefois, yet, however, nevertheless.
trace, *f.* trace, print, footprints, track.
tracer, to trace, to mark out.
tragédie, *f.* tragedy.
trahir, to betray.
train, *m.* train, rate, pace.
traîner, to draw, to drag; *se —*, to crawl.
trait, *m.* arrow, shaft, dash, touch (of a pencil), lash, leather-string, thought, fancy, sentiment, behaviour, action, turn, trick, line, mark, feature.
traitement, *m.* treatment.
traiter, to treat, to negociate, to manage.
traître, treacherous, traitor.
trajet, *m.* voyage, journey.
trancher, to cut off or into, to decide, to determine.
tranquille, tranquil, quiet, still.
tranquillement, tranquilly.
tranquilliser, to tranquillize, to quiet.
tranquillité, *f.* tranquillity, quietness, peace.
transfuge, *m.* fugitive, deserter.
transir, to chill, to benumb.
transmettre, to transmit.
transporter, to transport, to transfer, to remove.
travail, *m.* work.

M

travailler, to labour, to work, to toil.
travailleur, industrious; —, *m.* labourer, workman.
travers, *m.* breath; *à* —, *au* —, across, athwart, through; *en* —, across, sideways; *de* —, awry, across.
traverse, *f.* cross piece, cross road.
traversée, *f.* voyage.
traverser, to cross, to get over.
treize, thirteen.
treizième, thirteenth.
tremblant, *e*, trembling.
tremblement, *m.* trembling, shaking; — *de terre*, earthquake.
trembler, to tremble, to shiver.
trente, thirty, thirtieth.
trentième, thirtieth.
trépas, *m.* death, decease.
très, very, most.
trésor, *m.* treasure, exchequer.
tressaillir, to start, to start up.
tresser, to plait.
tribune, *f.* tribune, pulpit.
tribut, *m.* tribute, retribution.
triomphal, *e(ment)*, triumphal, triumphantly.
triomphateur, *m.* triumpher.
triple, treble.
triste, sad, sorrowful, afflicted.
tristement, sadly.
tristesse, *f.* sadness, dejection.
trois, three.
troisième, third.
troisièmement, thirdly.
tromper, to deceive, to delude, to dupe; *se* —, to be mistaken.
trompeu-r, se, deceiving.
tronc, *m.* trunk (of a tree).
tronçon, *m.* stump.
trône, *m.* throne.
trop, too, too much, too many; — *peu*, too little, too few; *pas* — *bien*, not very well.
trotter, to trot, to run.
trottoir, *m.* foot-path, pavement (of streets).
trou, *m.* hole.
trouble, *m.* disturbance, agitation.
troubler, to trouble, to agitate, to spoil.
truelle, *f.* trowel.
trouer, to bore, to make holes.
troupe, *f.* troop, company, crew, gang.
troupeau, *m.* flock, herd.
trouvaille, *f.* finding (by chance), godsend.
trouver, to find, to find out, to meet with; — *bon*, to approve; — *mauvais*, to disapprove; — *à redire*, to find fault with; *se* —, to be.
tu, thou.
tuer, to kill, to slaughter, to butcher.
tuile, *f.* tile.
tumulte, *m.* tumult, riot, uproar.
tunique, *f.* tunic.
tyran, *m.* tyrant.
tyrannie, *f.* tyranny, cruelty.

un, *e*, a, an, any, one, the number one; — *à* —, one by one; *l*— *et l'autre*, both, each other; *les*, —*s les autres*, each other; *l*— *après*, *l'autre*, one after another; *ni l*— *ni l'autre*, neither; *c'est tout* —, it matters not.
unanimité, *f.* unanimity; *à l'*—, unanimously.
unir, to unite, to join together, to combine.
universel, *le(ment)*, universal(ly).
université, *f.* university.
usage, *m.* use, practice, custom, fashion.
user, to wear out, to wear off, to waste, to consume.
usuel, *le(ment)*, usual(ly).
usure, *f.* usury.
utile, useful, of use, serviceable.

vache, *f.* cow.
vague, *f.* vague, indeterminate; —, *f.* wave, billow.
vaillamment, valiantly, courageously.
vaillance, *f.* valour, valiance.
vaillant, *e*, valiant, courageous,

gallant, brave; —, *m.* whole property.
vain, e, vain, fruitless, frivolous; *en* —, in vain.
vaincre, to vanquish, to subdue, to master.
vainement, vainly, in vain, to no purpose.
vainqueur, conquering, victorious, conqueror, victor.
vaisseau, m. vessel, ship.
valet, m. valet, man-servant, footman, groom.
valeur, f. value, price, worth.
valeureu-x, se, valorous.
valise, f. wallet, portmanteau.
vallée, f. valley, vale.
vallon, m. little valley, dale.
valoir, to procure, to produce; *ne — rien,* to be good for nothing.
vandalisme, m. vandalism.
vanité, f. vanity.
vaniteu-x, se, foolishly vain.
vanter, to cry up, to praise, to extol.
vapeur, f. vapour, fume, steam, damp.
varié, e, varied.
varier, to vary, to alter.
vaste, vast, immense.
vaurien, m. scamp.
végétable, m. vegetable, plant.
veille, f. watching, sitting up, watch.
veiller, to sit up, to watch.
veine, f. vein, luck, run.
velours, m. velvet.
vendre, to sell, to part with, to betray.
vendredi, m. Friday; — *saint,* Good Friday.
vengeance, f. vengeance, revenge.
venger, to revenge, to avenge, to resent.
venir, to come, to be coming, to arrive; *à* —, to come, future.
Venitien, ne, Venetian.
vent, m. wind.
vente, f. sale; *en* —, on sale.
vérification, examination, assay.
vérifier, to verify, to examine.

véritable, true, genuine, real, pure; *—ment,* truly, really.
vérité, f. verity, truth; *en* —, in truth, indeed, truly; *à la* —, it is true.
vernis, m. varnish.
verre, m. glass, glass case.
verrou, m. bolt.
vers, m. verse, line.
vers, towards, to, about.
verser, to pour, to spill, to shed, to decant, to pay, to deposit, to overturn, to overset.
vert, e, green, unripe.
vertu, f. virtue, probity.
veste, f. vest, waistcoat.
vestibule, m. vestibule, hall.
vêtement, m. clothes, garment.
vêtir, to clothe.
veuve, f. widow.
vexer, to vex, to plague, to trouble.
viande, f. meat, flesh, food.
vicomte, m. viscount.
victime, f. victim.
victoire, f. victory.
vide, empty, void, vacant; —, *m.* void; *à* —, empty.
vider, to empty.
vie, f. life, life-time, days.
vieil (vieux), vieille, old, aged, out of fashion.
vieillard, m. old man.
vieille, f. old woman.
vieillesse, f. old age, oldness, old people.
vieiller, to grow old.
vieux, see *vieil.*
vi-f, ve, quick, lively, brisk.
vigoureu-x, se, vigorous, robust.
vigueur, f. vigour, strength, stoutness.
vil, e, vile.
ville, f. town, city.
vin, m. wine.
vinaigre, m. vinegar.
vingt, twenty.
vingtaine, f. score.
vingtième, twentieth.
violemment, violently.
violer, to violate.

visage, m. face, countenance, look, reception.
vis-à-vis, opposite, over against.
viser, to aim, to take one's aim, to have in view.
vision, f. vision, sight.
visite, f. visit, search, searching.
visiter, to visit.
vite, quick, speedy, swift.
vitesse, f. quickness, nimbleness, swiftness.
vitre, f. pane of glass.
vivacité, f. vivacity, liveliness.
vivant, e, living.
vivats, m. pl. hurrah!
vive, from *vif,* lively.
vivement, briskly, sharply, lively.
vivre, to live, to be alive, to exist, to lead a life.
vœu, m. vow, wish, desire.
voici, here is, here are.
voie, f. way, means, road.
voilà, behold, there is, there are, that is, those are.
voile, m. veil, pretence; —, *f.* sail.
voir, to see, to behold.
voisin, e, m. & f. neighbour.
voisin, e, neighbouring.
voiture, f. carriage.
voix, f. voice, cry, vote, suffrage.
vol, m. flight, robbery, theft.
volcan, m. volcano.

voleu-r, se, thief, robber; *au —,* thieves.
volonté, f. will, mind.
volontiers, willingly.
volupté, f. voluptuousness.
vos (de votre), your.
voter, to vote.
votre, your.
vôtre, le —, la —, les vôtres, yours.
vouer, to devote, to consecrate.
vouloir, to will, to be willing.
vous, you, ye; *c'est —,* it is you.
vous-même, yourself.
voyage, m. journey, voyage.
voyageur, m. traveller.
vrai, e, true, real, genuine, sincere.
vraiment, indeed, truly, really.
vue, f. sight, eye-sight, view; *à —,* at sight; *à — d'œil,* visibly.

y, here, there, thither; *il — a,* there is, there are; *vous — êtes,* you are right, you have it; *—,* to him, to her, to it, to them, of them, of her, of it, by it, by them, with him, with her, with it, with them, for it, for them.
yeux, plural of *œil.*

zèle, m. zeal, warmth; *avec —,* zealously.
zélé, e, zealous.
zéro, m. cipher, nought.

*14, Henrietta Street, Covent Garden, London; and
20, South Frederick Street, Edinburgh.*

WILLIAMS AND NORGATE'S
LIST OF

French, German, Italian, Latin and Greek,
AND OTHER

SCHOOL BOOKS AND MAPS.

French.

FOR PUBLIC SCHOOLS WHERE LATIN IS TAUGHT.

Eugène (G.) The Student's Comparative Grammar of the French Language, with an Historical Sketch of the Formation of French. For the use of Public Schools. With Exercises. By G. Eugène-Fasnacht, French Master, Westminster School. 11th Edition, thoroughly revised. Square crown 8vo, cloth. 5s.
Or Grammar, 3s.; Exercises, 2s. 6d.

"The appearance of a Grammar like this is in itself a sign that great advance is being made in the teaching of modern languages. . . . . The rules and observations are all scientifically classified and explained."—*Educational Times.*

"In itself this is in many ways the most satisfactory Grammar for beginners that we have as yet seen."—*Athenæum.*

Eugène's French Method. Elementary French Lessons. Easy Rules and Exercises preparatory to the "Student's Comparative French Grammar." By the same Author. 9th Edition. Crown 8vo, cloth. 1s. 6d.

"Certainly deserves to rank among the best of our Elementary French Exercise-books."—*Educational Times.*

Delbos. Student's Graduated French Reader, for the use of Public Schools. I. First Year. Anecdotes, Tales, Historical Pieces. Edited, with Notes and a complete Vocabulary, by Leon Delbos, M.A., of King's College, London. 3rd Edition. Crown 8vo, cloth. 2s.
—— The same. II. Historical Pieces and Tales. 3rd Edition. Crown 8vo, cloth. 2s.

Little Eugène's French Reader. For Beginners. Anecdotes and Tales. Edited, with Notes and a complete Vocabulary, by Leon Delbos, M.A., of King's College. 2nd Edition. Crown 8vo, cloth. 1s. 6d.

2000/9/89

Krueger (H.) Short French Grammar. 6th Edition. 180 pp. 12mo, cloth. 2s.

Victor Hugo. Les Misérables, les principaux Episodes. With Life and Notes by J. Boïelle, Senior French Master, Dulwich College. 2 vols. Crown 8vo, cloth. Each 3s. 6d.

——— Notre-Dame de Paris. Adapted for the use of Schools and Colleges, by J. Boïelle, B.A., Senior French Master, Dulwich College. 2 vols. Crown 8vo, cloth. Each 3s.

Boïelle. French Composition through Lord Macaulay's English. I. Frederic the Great. Edited, with Notes, Hints, and Introduction, by James Boïelle, B.A. (Univ. Gall.), Senior French Master, Dulwich College, &c. &c. Crown 8vo, cloth. 3s.

Foa (Mad. Eugen.) Contes Historiques. With Idiomatic Notes by G. A. Neveu. 3rd Edition. Crown 8vo, cloth. 2s.

Larochejacquelein (Madame de) Scenes from the War in the Vendée. Edited from her Mémoirs in French, with Introduction and Notes, by C. Scudamore, M.A. Oxon, Assistant Master, Forest School, Walthamstow. Crown 8vo, cloth. 2s.

French Classics for English Schools. Edited, with Introduction and Notes, by Leon Delbos, M.A., of King's College. Crown 8vo, cloth.

No. 1. Racine's Les Plaideurs. 1s. 6d.
No. 2. Corneille's Horace. 1s. 6d.
No. 3. Corneille's Cinna. 1s. 6d.
No. 4. Molière's Bourgeois Gentilhomme. 1s. 6d.
No. 5. Corneille's Le Cid. 1s. 6d.
No. 6. Molière's Précieuses Ridicules. 1s. 6d.
No. 7. Chateaubriand's Voyage en Amérique. 1s. 6d.
No. 8. De Maistre's Prisonniers du Caucase and Lepreux d'Aoste. 1s. 6d.
No. 9. Lafontaine's Fables Choisies. 1s. 6d.

Lemaistre (J.) French for Beginners. Lessons Systematic, Practical and Etymological. By J. Lemaistre. Crown 8vo, cloth. 2s. 6d.

Roget (F. F.) Introduction to Old French. History, Grammar, Chrestomathy, Glossary. 400 pp. Crown 8vo, cl. 6s.

Kitchin. Introduction to the Study of Provençal. By Darcy
B. Kitchin, B.A. [Literature—Grammar—Texts—
Glossary.] Crown 8vo, cloth. 4s. 6d.

Tarver. Colloquial French, for School and Private Use. By
H. Tarver, B.-ès-L., late of Eton College. 328 pp., crown
8vo, cloth. 5s.

Ahn's French Vocabulary and Dialogues. 2nd Edition. Crown
8vo, cloth. 1s. 6d.

Delbos (L.) French Accidence and Minor Syntax. 2nd Edition.
Crown 8vo, cloth. 1s. 6d.

—— Student's French Composition, for the use of Public
Schools, on an entirely new Plan. 250 pp. Crown
8vo, cloth. 3s. 6d.

Vinet (A.) Chrestomathie Française ou Choix de Morceaux
tirés des meilleurs Ecrivains Français. 11th Edition.
358 pp., cloth. 3s. 6d.

Roussy. Cours de Versions. Pieces for Translation into
French. With Notes. Crown 8vo. 2s. 6d.

Williams (T. S.) and J. Lafont. French Commercial Correspondence. A Collection of Modern Mercantile Letters
in French and English, with their translation on opposite
pages. 2nd Edition. 12mo, cloth. 4s. 6d.
For a German Version of the same Letters, vide p. 4.

Fleury's Histoire de France, racontée à la Jeunesse, with Grammatical Notes, by Auguste Beljame, Bachelier-ès-lettres.
3rd Edition. 12mo, cloth boards. 3s. 6d.

Mandrou (A.) French Poetry for English Schools. Album
Poétique de la Jeunesse. By A. Mandrou, M.A. de
l'Académie de Paris. 2nd Edition. 12mo, cloth. 2s.

German.

Schlutter's German Class Book. A Course of Instruction based
on Becker's System, and so arranged as to exhibit the
Self-development of the Language, and its Affinities with
the English. By Fr. Schlutter, Royal Military Academy,
Woolwich. 5th Edition. 12mo, cloth. (Key, 5s.) 5s.

Möller (A.) A German Reading Book. A Companion to SCHLUTTER's German Class Book. With a complete Vocabulary. 150 pp. 12mo, cloth. 2s.

Ravensberg (A. v.) Practical Grammar of the German Language. Conversational Exercises, Dialogues and Idiomatic Expressions. 3rd Edition. Cloth. (Key, 2s.) 5s.

——— English into German. A Selection of Anecdotes, Stories, &c., with Notes for Translation. Cloth. (Key, 5s.) 4s. 6d.

——— German Reader, Prose and Poetry, with copious Notes for Beginners. 2nd Edition. Crown 8vo, cloth. 3s.

Weisse's Complete Practical Grammar of the German Language, with Exercises in Conversations, Letters, Poems and Treatises, &c. 4th Edition, very much enlarged and improved. 12mo, cloth. 6s.

——— New Conversational Exercises in German Composition, with complete Rules and Directions, with full References to his German Grammar. 2nd Edition. 12mo, cloth. (Key, 5s.) 3s. 6d.

Wittich's German Tales for Beginners, arranged in Progressive Order. 26th Edition. Crown 8vo, cloth. 4s.

——— German for Beginners, or Progressive German Exercises. 8th Edition. 12mo, cloth. (Key, 5s.) 4s.

——— German Grammar. 10th Edition. 12mo, cloth. 4s. 6d.

Hein. German Examination Papers. Comprising a complete Set of German Papers set at the Local Examinations in the four Universities of Scotland. By G. Hein, Aberdeen Grammar School. Crown 8vo, cloth. 2s. 6d.

Schinzel (E.) Child's First German Course; also, A Complete Treatise on German Pronunciation and Reading. Crown 8vo, cloth. 2s. 6d.

——— German Preparatory Course. 12mo, cloth. 2s. 6d.

——— Method of Learning German. (A Sequel to the Preparatory Course.) 12mo, cloth. 3s. 6d.

Apel's Short and Practical German Grammar for Beginners, with copious Examples and Exercises. 3rd Edition. 12mo, cloth. 2s. 6d.

Sonnenschein and Stallybrass. German for the English. Part I. First Reading Book. Easy Poems with interlinear Translations, and illustrated by Notes and Tables, chiefly Etymological. 4th Edition. 12mo, cloth. 4s. 6d.

Williams (T. S.) Modern German and English Conversations and Elementary Phrases, the German revised and corrected by A. Kokemueller. 21st enlarged and improved Edition. 12mo, cloth. 3s. 6d.

────── and O. Cruse. German and English Commercial Correspondence. A Collection of Modern Mercantile Letters in German and English, with their Translation on opposite pages. 2nd Edition. 12mo, cloth. 4s. 6d.

For a French Version of the same Letters, vide p. 2.

Apel (H.) German Prose Stories for Beginners (including Lessing's Prose Fables), with an interlinear Translation in the natural order of Construction. 12mo, cloth. 2s. 6d.

────── German Prose. A Collection of the best Specimens of German Prose, chiefly from Modern Authors. 500 pp. Crown 8vo, cloth. 3s.

German Classics for English Students. With Notes and Vocabulary. Crown 8vo, cloth.

Schiller's Lied von der Glocke (the Song of the Bell), and other Poems and Ballads. By M. Förster. 2s.
────── Maria Stuart. By M. Förster. 2s. 6d.
────── Minor Poems and Ballads. By Arthur P. Vernon. 2s.
Goethe's Iphigenie auf Tauris. By H. Attwell. 2s.
────── Hermann und Dorothea. By M. Förster. 2s. 6d.
────── Egmont. By H. Apel. 2s. 6d.
Lessing's Emilia Galotti. By G. Hein. 2s.
────── Minna von Barnhelm. By J. A. F. Schmidt. 2s. 6d.
Chamisso's Peter Schlemihl. By M. Förster. 2s.
Andersen's Bilderbuch ohne Bilder. By Alphons Beck. 2s.
Nieritz. Die Waise, a German Tale. By E. C. Otte. 2s. 6d.
Hauff's Mærchen. A Selection. By A. Hoare. 3s. 6d.

Carové (J. W.) Mærchen ohne Ende (The Story without an End). 12mo, cloth. 2s.

Fouque's Undine, Sintram, Aslauga's Ritter, die beiden Hauptleute. 4 vols. in 1. 8vo, cloth. 7s. 6d.

Undine. 1s. 6d.; cloth, 2s.   Aslauga. 1s. 6d.; cloth, 2s.
Sintram. 2s. 6d.; cloth, 3s.   Hauptleute. 1s. 6d.; cloth, 2s.

Latin and Greek.

Cæsar de Bello Gallico. Lib. I. Edited, with Introduction, Notes and Maps, by Alexander M. Bell, M.A., Ball. Coll. Oxon. Crown 8vo, cloth. 2s. 6d.

Euripides' Medea. The Greek Text, with Introduction and Explanatory Notes for Schools, by J. H. Hogan. 8vo, cloth. 3s. 6d.

———— **Ion.** Greek Text, with Notes for Beginners, Introduction and Questions for Examination, by Dr. Charles Badham, D.D. 2nd Edition. 8vo. 3s. 6d.

Æschylus. Agamemnon. Revised Greek Text, with literal line-for-line Translation on opposite pages, by John F. Davies, B.A. 8vo, cloth. 3s.

Platonis Philebus. With Introduction and Notes by Dr. C. Badham. 2nd Edition, considerably augmented. 8vo, cloth. 4s.

———— **Euthydemus et Laches.** With Critical Notes and an Epistola critica to the Senate of the Leyden University, by Dr. Ch. Badham, D.D. 8vo, cloth. 4s.

———— **Symposium,** and Letter to the Master of Trinity, "De Platonis Legibus,"—Platonis Convivium, cum Epistola ad Thompsonum edidit Carolus Badham. 8vo, cloth. 4s.

Sophocles. Electra. The Greek Text critically revised, with the aid of MSS. newly collated and explained. By Rev. H. F. M. Blaydes, M.A., formerly Student of Christ Church, Oxford. 8vo, cloth. 6s.

———— **Philoctetes.** Edited by the same. 8vo, cloth. 6s.

———— **Trachiniæ.** Edited by the same. 8vo, cloth. 6s.

———— **Ajax.** Edited by the same. 8vo, cloth. 6s.

Dr. D. Zompolides. A Course of Modern Greek, or the Greek Language of the Present Day. I. The Elementary Method. Crown 8vo. 5s.

Kiepert's New Atlas Antiquus. Maps of the Ancient World, for Schools and Colleges. 6th Edition. With a complete Geographical Index. Folio, boards. 7s. 6d.

Kampen. 15 Maps to illustrate Cæsar's De Bello Gallico. 15 coloured Maps. 4to, cloth. 3s. 6d.

Italian.

Volpe (Cav. G.) Eton Italian Grammar, for the use of Eton College. Including Exercises and Examples. New Edition. Crown 8vo, cloth. 4s. 6d.

——— Key to the Exercises. 1s.

Rossetti. Exercises for securing Idiomatic Italian by means of Literal Translations from the English, by Maria F. Rossetti. 12mo, cloth. 3s. 6d.

——— Aneddoti Italiani. One Hundred Italian Anecdotes, selected from "Il Compagno del Passeggio." Being also a Key to Rossetti's Exercises. 12mo, cloth. 2s. 6d.

Venosta (F.) Raccolta di Poesie tratti dai piu celebri autori antichi e moderni. Crown 8vo, cloth. 5s.

Christison (G.) Racconti Istorici e Novelle Morali. Edited for the use of Italian Students. 12th Edition. 18mo, cloth. 1s. 6d.

Danish—Dutch.

Bojesen (Mad. Marie) The Danish Speaker. Pronunciation of the Danish Language, Vocabulary, Dialogues and Idioms for the use of Students and Travellers in Denmark and Norway. 12mo, cloth. 4s.

Williams and Ludolph. Dutch and English Dialogues, and Elementary Phrases. 12mo. 2s. 6d.

Wall Maps.

Sydow's Wall Maps of Physical Geography for School-rooms, representing the purely physical proportions of the Globe, drawn in a bold manner. An English Edition, the Originals with English Names and Explanations. Mounted on canvas, with rollers :

1. The World. 2. Europe. 3. Asia. 4. Africa. 5. America (North and South). 6. Australia and Australasia.
Each 10s.

——— Handbook to the Series of Large Physical Maps for School Instruction, edited by J. Tilleard. 8vo. 1s.

Miscellaneous.

De Rheims (H.). Practical Lines in Geometrical Drawing, containing the Use of Mathematical Instruments and the Construction of Scales, the Elements of Practical and Descriptive Geometry, Orthographic and Horizontal Projections, Isometrical Drawing and Perspective. Illustrated with 300 Diagrams, and giving (by analogy) the solution of every Question proposed at the Competitive Examinations for the Army. 8vo, cloth. 9s.

Fyfe (W. T.) First Lessons in Rhetoric. With Exercises. By W. T. Fyfe, M.A., Senior English Master, High School for Girls, Aberdeen. 12mo, sewed. 1s.

Fuerst's Hebrew Lexicon, by Davidson. A Hebrew and Chaldee Lexicon to the Old Testament, by Dr. Julius Fuerst. 5th Edition, improved and enlarged, containing a Grammatical and Analytical Appendix. Translated by Rev. Dr. Samuel Davidson. 1600 pp., royal 8vo, cloth. 21s.

Strack (W.) Hebrew Grammar. With Exercises, Paradigms, Chrestomathy and Glossary. By Professor H. Strack, D.D., of Berlin. Crown 8vo, cloth. 4s. 6d.

Hebrew Texts. Large type. 16mo, cloth.
Genesis. 1s. 6d. Psalms. 1s. Job. 1s. Isaiah. 1s.

Turpie (Rev. Dr.) Manual of the Chaldee Language: containing Grammar of the Biblical Chaldee and of the Targums, and a Chrestomathy, consisting of Selections from the Targums, with a Vocabulary adapted to the Chrestomathy. 1879. Square 8vo, cloth. 7s.

Socin (A.) Arabic Grammar. Paradigms, Literature, Chrestomathy and Glossary. By Dr. A. Socin, Professor, Tübingen. Crown 8vo, cloth. 7s. 6d.

Bopp's Comparative Grammar of the Sanscrit, Zend, Greek, Latin, Lithuanian, Gothic, German and Slavonic Languages. Translated by E. B. Eastwick. 4th Edition. 3 vols. 8vo, cloth. 31s. 6d.

Nestle (E.) Syriac Grammar. Literature, Chrestomathy and Glossary. By Professor E. Nestle, Professor, Tübingen. Translated into English. Crown 8vo, cloth. 9s.

Delitzsch (F.) Assyrian Grammar, with Paradigms, Exercises, Glossary and Bibliography. By Dr. F. Delitzsch. Translated into English by Prof. A. R. S. Kennedy, B.D. Crown 8vo, cloth. 15s.

Williams (T. S.) **Modern German and English Conversations** and Elementary Phrases, the German revised and corrected by A. Kokemueller. 21st enlarged and improved Edition. 12mo. cloth   3s

Williams (T. S.) and C. Cruse. **German and English Commercial Correspondence.** A Collection of Modern Mercantile Letters in German and English, with their Translation on opposite pages. 2nd Edition. 12mo. cloth   4s 6d

Apel (H.) **German Prose Stories for Beginners** (including Lessing's Prose Fables), with an interlinear Translation in the natural order of Construction. 2nd Edition. 12mo. cloth   2s 6d

—— **German Prose.** A Collection of the best Specimens of German Prose, chiefly from Modern Authors. A Handbook for Schools and Families. 500 pp. Crown 8vo. cloth   3s

German Classics for English Schools, with Notes and Vocabulary. Crown 8vo. cloth.

Schiller's **Lied von der Glocke** (The Song of the Bell), and other Poems and Ballads, by M. Förster   2s
—— **Minor Poems.** By Arthur P. Vernon   2s
—— **Maria Stuart,** by Moritz Förster   2s 6d
Goethe's **Hermann und Dorothea,** by M. Förster   2s 6d
—— **Iphigenie auf Tauris.** With Notes by H. Attwell.   2s
—— **Egmont.** By H. Apel   2s 6d
Lessing's **Minna von Barnhelm,** by Schmidt   2s 6d
—— **Emilia Galotti.** By G. Hein   2s
Chamisso's **Peter Schlemihl,** by M. Förster   2s
Andersen (H. C.) **Bilderbuch ohne Bilder,** by Beck   2s
Nieritz. **Die Waise,** a Tale, by Otte   2s
Hauff's **Mærchen.** A Selection, by A. Hoare   3s 6d

Carové (J. W.) **Mæhrchen ohne Ende** (The Story without an End). 12mo. cloth   2s

Fouqué's **Undine, Sintram, Aslauga's Ritter, die beiden Hauptleute.** 4 vols. in 1. 8vo. cloth   7s 6d
Undine. 1s 6d; cloth, 2s. Aslauga. 1s 6d; cloth, 2s
Sintram. 2s 6d; cloth, 3s. Hauptleute. 1s 6d; cloth, 2s

Latin, Greek, etc.

Cæsar de Bello Gallico. Lib. I. Edited with Introduction, Notes and Maps, by ALEXANDER M. BELL, M.A. Ball. Coll., Oxon. Crown 8vo. cloth   2s 6d

Euripides' Medea. The Greek Text, with Introduction and Explanatory Notes for Schools, by J. H. Hogan. 8vo. cloth   3s 6d

——— **Ion.** Greek Text, with Notes for Beginners, Introduction and Questions for Examination, by the Rev. Charles Badham, D.D. 2nd Edition. 8vo. 3s 6d

Æschylus. Agamemnon. Revised Greek Text, with literal line-for-line Translation on opposite pages, by John F. Davies, B.A. 8vo. cloth   3s

Platonis Philebus. With Introduction and Notes by Dr. C. Badham. 2nd Edition, considerably augmented. 8vo. cloth   4s

——— **Euthydemus et Laches.** With Critical Notes, by the Rev. Ch. Badham, D.D. 8vo. cloth   4s

——— **Convivium,** cum Epistola ad Thompsonum, "De Platonis Legibus," edidit C. Badham. 8vo. cloth   4s

Dr. D. Zompolides. A Course of Modern Greek, or the Greek Language of the Present Day. I. The Elementary Method. Crown 8vo.   5s

Kiepert New Atlas Antiquus. Maps of the Ancient World, for Schools and Colleges. 6th Edition. With a complete Geographical Index. Folio, boards   7s 6d

Kampen. 15 Maps to illustrate Cæsar's De Bello Gallico. 15 coloured Maps. 4to. cloth   3s 6d

Italian.

Volpe (Cav. G.) Eton Italian Grammar, for the use of Eton College. Including Exercises and Examples. New Edition. Crown 8vo. cloth (Key, 1s)   4s 6d

Racconti Istorici e Novelle Morali. Edited, for the use of Italian Students, by G. Christison. 12th Edition. 18mo. cloth   1s 6d

Rossetti. Exercises for securing Idiomatic Italian, by means of Literal Translations from the English by Maria F. Rossetti. 12mo. cloth   3s 6d

——— **Aneddoti Italiani.** One Hundred Italian Anecdotes, selected from "Il Compagno del Passeggio."

Williams and Norgate's School Books and Maps.

Being also a Key to Rossetti's Exercises. 12mo. cloth 2s 6d

Venosta (F.) Raccolta di Poesie. Crown 8vo. cloth 5s

Wall Maps.

Sydow's Wall Maps of Physical Geography for Schoolrooms, representing the purely physical proportions of the Globe. An English Edition, the Originals with English Names and Explanations.

Mounted on canvas, with rollers : each 10s

1. The World; 2. Europe; 3. Asia; 4. Africa; 5. America; (North and South); 6. Australia and Australasia.

——— Handbook to the Series of Large Physical Maps for School Instruction, edited by J. Tilleard. 8vo. 1s

Miscellaneous.

Fyfe (W. T.) First Lessons in Rhetoric. With Exercises. By W. T. Fyfe, m.a., Senior English Master, High School for Girls, Aberdeen. 12mo. 1s

Reiff's Russian Grammar for Englishmen. 4th Edition, cloth 6s

De Rheims (H.) Practical Lines in Geometrical Drawing, containing the Use of Mathematical Instruments and the Construction of Scales, illustrated with 300 Diagrams, 8vo. cloth 9s

Hebrew Texts. Large type. 4 vols. 16mo. cloth. 1 Genesis; 2 Psalms; 3 Job; 4 Isaiah. each 1s

Hebrew Grammar, with Exercises, Paradigms, Chrestomathy and Glossary. By Professor H. Strack, d.d., of Berlin. Crown 8vo. cloth 4s 6d

Arabic Grammar. Paradigms, Literature, Chrestomathy and Glossary. By Dr. A. Socin, Professor, Tübingen. Translated into English. Crown 8vo. cloth 7s 6d

Attwell (Prof. H.) Table of Aryan (Indo-European) Languages, showing their Classification and Affinities, with copious Notes; to which is added Grimm's Law of the Interchange of Mute Consonants, with numerous Illustrations. A Wall Map for the use of Colleges and Lecture-rooms. 2nd Edition. Mounted with rollers 10s

——— The same Table, in 4to. with numerous Additions. Boards 7s 6d

www.ingramcontent.com/pod-product-compliance
Lightning Source LLC
Chambersburg PA
CBHW031444160426
43195CB00010BB/847